# 高速铁路网格化管理理论与实现技术

王　峰　刘仍奎　编著

中国铁道出版社

2014年·北京

**图书在版编目(CIP)数据**

高速铁路网格化管理理论与实现技术/王峰,刘仍奎编著. —北京:中国铁道出版社,2014.1

ISBN 978-7-113-17954-0

Ⅰ.①高…　Ⅱ.①王…②刘…　Ⅲ.①高速铁路—铁路运输管理—研究—中国　Ⅳ.①F532.1

中国版本图书馆 CIP 数据核字(2014)第 008147 号

**书　　名**:**高速铁路网格化管理理论与实现技术**
**作　　者**:王　峰　刘仍奎

---

**策　　划**:陈小刚
**责任编辑**:王　健　　　**编辑部电话**:010-51873065
**封面设计**:崔　欣
**责任校对**:龚长江
**责任印制**:郭向伟

---

**出版发行**:中国铁道出版社(100054,北京市西城区右安门西街 8 号)
**网　　址**:http://www.tdpress.com
**印　　刷**:北京铭成印刷有限公司
**版　　次**:2014 年 1 月第 1 版　2014 年 1 月第 1 次印刷
**开　　本**:787 mm×1 092 mm　1/16　印张:11.5　插页:1　字数:200 千
**书　　号**:ISBN 978-7-113-17954-0
**定　　价**:60.00 元

---

# 前　言

# PREFACE

高速铁路是高新技术的系统集成，具有速度高、密度大、智能化程度高等特点，高速铁路的建设和运营在一定程度上反映了科技的实力，其安全性对设备的质量要求更高。高速铁路采用白天公交化运行，夜间进行设备质量检查、维修的天窗修管理模式，需要动态掌握设备的健康状况和设备状态的演变规律，对设备未来的变化作出预测，并基于预测结果精准维修，确保设备长期处于良好的工作状态。

高速铁路往往是按照特定地理环境个性化设计和建造，具有高度集成、高精度的技术特点，运营后又经受列车重量、速度、密度等多种因素影响，准确掌握其状态劣化规律一直是高速铁路管理的难题。网格化管理理论是将空间上连续分布的管理对象划分成较小的单元网格，从空间位置角度研究管理对象状态的变化规律和管理方法。随着物联网技术、地理信息系统技术、大数据技术的迅猛发展，网格化管理理论的独特优势受到国内外学术界的高度重视，也给高速铁路设备管理带来了新的视角。对于高速铁路而言，往往同等技术标准、同样设备型号，但在不同线别上，因建造条件不一致，会发生设备衰减差异性；同样，即使在同一条高铁线路不同区段，设备也存在着衰减的差异性。因此，基于位置概念来统筹各专业的管理，研究设备的变化状态就显得十分有意义了。

谷歌公司研究部主任彼得·诺维格(Peter Norvig)在谈到大数据的价值时说“所有的模型都是错误的”的震撼论断，促使我们铁路管理者深深思考传统的铁路设备管理手段、方法如何改进，高速铁路在建设、运营阶段产生的设备状态数据是典型的大数据集，蕴涵着新的设备管理知识，有待我们去发现，铁路网格化管理能辅助我们寻找这些新的知识。

本书结合京沪、宁杭高速铁路联调联试及初期运营期间的工作具体实践，提出了高速铁路网格化管理的定义、模式、技术路线和框架。全书分为六章，分别是：背景及问题(第一章)，分析了高速铁路设备技术新特点、维修管理面临的新挑战，提出了基于位置的管理模式给铁路设备管理带来的优越性；高速铁路网格化管理的基本原理(第二章)，介绍了网格化管理基本概念和原理，研究分析了利用全生命周期理论、地理信息系统、大数据技术实现高速铁路网格化管理的技术路线；高速铁路网格化管理编码设计（第三章），从高速铁路设备全生命周期管理角度进行网格、部件、事件等编码设计，建立了编码管理体系和标准；高速铁路数据整合技术（第四章），贯穿设备全生命周期的各个阶段，明确了高速铁路设备数据采集、整理的技术标准；基于网格化管理的个性化建模及状态评定方法（第五章），研究了基于大数据的设备个性化寿命分布模型建模及网格可靠性判定问题；高速铁路网格化管理信息系统架构（第六章），介绍高速铁路网格化管理电子文库、设备状态分析、数据采集和维护管理等方面的具体实践。本书为从事铁路设备管理理论研究的读者提供了新视角、新方法，可作为铁路工程技术人员和设备管理人员的理论参考书。

参加本书编著的人员还有张骏、周钧、王福田、王宏坤、孙全欣、郭玉坤、吉章伟、徐京海、白磊、王子腾、汤劲松等同志，感谢徐伟昌、程岩、王纪然、谭社会、杨建峰、楼旭珍、崔强等同志提出的有益建议，感谢北京交通大学轨道交通控制与安全国家重点实验室同志们的大力帮助与支持。由于作者水平所限，错误在所难免，欢迎广大读者批评指正，以求改进。

编　者

2013.12

# 目　　录
# CONTENTS

# 第一章 绪　论

高速铁路是指通过原有线路直线化、轨距标准化，使运营速度达到 200 km/h 以上，或者专门修建新的高速线路，使运营速度达到 250 km/h 以上的铁路。高速铁路与其他运输方式相比，具有运载能力大、运行速度快、运输效率高、运载成本低、安全系数高的特点，具有高平顺性、高安全性、高便捷性等优势，是当今社会的一种绿色交通工具，是当今世界重点发展的交通运输方式。

## 第一节　高速铁路发展背景

### 一、世界高速铁路的发展

第一条真正意义上的高速铁路是日本东海道新干线，1964 年 10 月正式通车，运营速度达210 km/h；1981 年，法国巴黎与里昂高铁（TGV）开通，此后德国开发了高铁系统，意大利修建了罗马至佛罗伦萨线。

在 1990 年至 20 世纪 90 年代中期，高速铁路表现出新的特征，更多体现了国家能源、环境、交通政策的需要。一是已建成高速铁路的国家进入高速铁路网规划建设阶段，日、法、德等国对高速铁路网进行了全面规划。二是跨越国境的高速铁路建设成为趋势，欧洲国家大规模修建本国或跨国界高速铁路，逐步形成了欧洲高速铁路网络。1994 年英吉利海峡隧道把法国与英国连接在一起，建成了第一条高速铁路国际连接线。1997 年，从巴黎开出的“欧洲之星”又将法国、比利时、荷兰和德国连接在一起。

从 20 世纪 90 年代中期至今，高速铁路建设波及到亚洲、北美、澳洲以及整个欧洲，形成了交通领域中铁路的一场复兴运动。其特征主要表现为：一是多数国家在高速铁路新线建设初期制定了修建高速铁路的全国规划；二是虽然建设高速铁路所需资金较大，但从社会效益、节约能源、治理环境污染等诸多方面分析，修建高速铁路对整个社会具有较好的效益，成为各国政府的共识；三是高速铁路促进地区之间的交往和平衡发展,欧洲国家已经将建设高速铁路列为一项政治任务,各国呼吁在建设中携手打破边界的束缚;四是高速铁路从国家公益投资转向多种融资方式筹集建设资金,建设高速铁路出现了多种形式融资的局面;五是高速铁路的技术创新正在向相关领域辐射和发展。

国外高速铁路在综合维修管理上比较成熟的有日本、法国和德国等国家,基于不同的社会经济及路网条件,各国高速铁路设施维修模式不尽相同,但都朝着集中维修、综合维修、缩短维修天窗的方向发展。这三个国家日常的维护维修由保养人员、维修人员两部分组成;都在推进铁路维修工作的社会化,大的维修基本委托第三方进行,维修管理部门对路外维修单位的铁路维修事务进行制约;其高速铁路养护维修工作的突出特点是管理、检测、养护、维修严格分开,同时除法铁外,德铁和日铁都采取了客、货线共管的方式。

## 二、中国高速铁路的发展

我国高铁的规划和建设起步较晚,但是发展非常迅速。2003 年 10 月 12 日,第 1 条高速客运铁路线——“秦沈客运专线”正式开通,标志着我国从此迈入了高铁时代。“九五”时期,针对铁路客运速度慢、运输能力严重不足等突出问题,我国先后进行了三次大提速。在此基础上,铁道部“十五”期间提出初步建成以北京、上海、广州为中心,连接全国主要城市的快速客运网,客运专线列车最高速度达到 200 km/h 及以上,实现高速铁路、部分繁忙干线客货分线。目前我国高速铁路网已将重点城市基本串联起来,直辖市、计划单列市、省会(首府)约 75% 通了动车组。截至 2013 年 7 月,我国已开通 30 条高速铁路,投入运营的高速铁路总里程已超过 1 万 km,居世界首位。根据国家发改委批复的《中长期铁路网规划(2008 年调整)》(发改基础〔2008〕2901 号),到 2020 年我国铁路运营里程将达到 12 万 km 以上。其中,新建高速铁路将达到 1.6 万 km 以上,连接所有省会城市和 50 万人口以上城市,覆盖全国 90% 以上人口。总体上说,我国已成为世界上高速铁路系统技术最全、集成度最高、运营里程最长、运行速度最快、在建规模最大的国家;我国已掌握高速铁路线形精测精调、客站功能完善、路基沉降控制、长大梁制运架、大跨高桥长隧、无砟有砟轨道等设计与建造成套关键技术,实现了具有世界先进水平的动车组国产化,形成了具有世界先进水平的中国高速铁路技术标准体系和成套工程技术。

传统上我国铁路主要采用分专业对设备进行养护和“故障修”+“周期修”的维修管理模式。如工务专业负责轨道工程的专项养护、中修、大修管理。高速铁路网络快速建设与投入运营的同时,如何保障高铁运行安全畅通、有效控制养护维修成本,给铁路运营管理部门提出了巨大的挑战。在高速铁路高修理标准、高平顺性、高稳定性、高可靠性的要求下，需对高速铁路管理理论、方法和技术进行创新，采用新理念、新技术、新手段，使我国高速铁路不仅设计、建设具有国际一流水平，而且管理达到国际一流水平。

## 第二节 高速铁路技术特点

高速铁路是高新技术的系统集成，高速铁路的建设和运营在一定程度上反映了一个国家的科技实力。高速铁路应满足结构稳定、免维修或少维修、使用寿命长、精密控制、动态优化、灾害预防、环境友好等要求，其设备具有高度智能化、集成化和关联化的特点。

### 一、高度智能化

高速铁路的设计与建造涉及到材料、施工、测量、控制、通信、计算机等多种学科领域的最新技术成果，智能化程度显著提高。

围绕精密控制技术，高速铁路建立了勘测设计、工程施工和运营维护“三网合一”的精密测量控制网，实现了对设计、施工、运营及维护等全过程的测量控制，确保高速铁路线形、线位准确，如无砟轨道所使用的每一块轨道板的坐标均使用 CPⅢ精密定位，误差被控制在毫米级之内。针对灾害预警和预防，高速铁路沿线设置了监测风、雨、雪、异物侵限、地震等防灾安全监控系统，确保运行中的高速动车组遇到自然灾害和突发事件时能及时采取相关措施，保障列车运行安全。高速铁路信号系统具有高度信息化、自动化、集中化的特点，主要由调度集中、列车运行控制、车站联锁、集中监测等子系统组成；应用 CTC 运输调度指挥系统，对运行的列车进行集中调度、控制，取消了传统铁路在沿线各个车站设置的行车指挥人员；采用 CTCS-3 高速铁路列车运行控制系统，实现了本线列车最高时速 350 km、最小追踪间隔 3 min 的运行控制要求；采用信号集中监测系统对信号设备的电气特性和转辙设备机械特性的异常状况进行及时监测记录，监测和记录信号设备与电力、车务、工务等结合部的有关状态，实现了预警分析和故障诊断。采用了 GSM-R 铁路数字移动通信系统，实现了移动话音通信和无线数据传输。牵引供电系统采用 SCADA 系统对牵引供电、电力等子系统运行及设备状态进行实时综合一体化远程监控，实现了事故报警、事故追忆、自动控制、调度事务等自动化管理，为列车高速、安全、稳定、高效运营提供动力保障。车站采用数字化旅客服务系统，实现了自动售票、自动检票、网络售票及到发列车自动预报等新功能。

## 二、系统高度集成

高速铁路由高质量及高稳定的基础设施、性能优越的高速列车、先进可靠的列车运行控制、高效的运输组织与运营管理架构等综合集成。各子系统之间既自成体系，又相互关联，既有硬件接口，又有软件联系，围绕整体统一的管理目标，彼此兼容，完整结合，形成一个复杂的巨系统。图 1—1 为高速铁路系统构成，图 1—2 为动车组与各子系统主要技术接口。

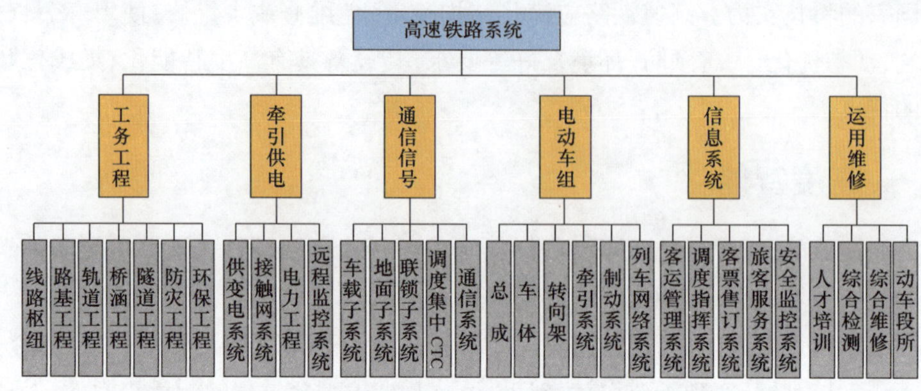


图 1—1　高速铁路系统构成

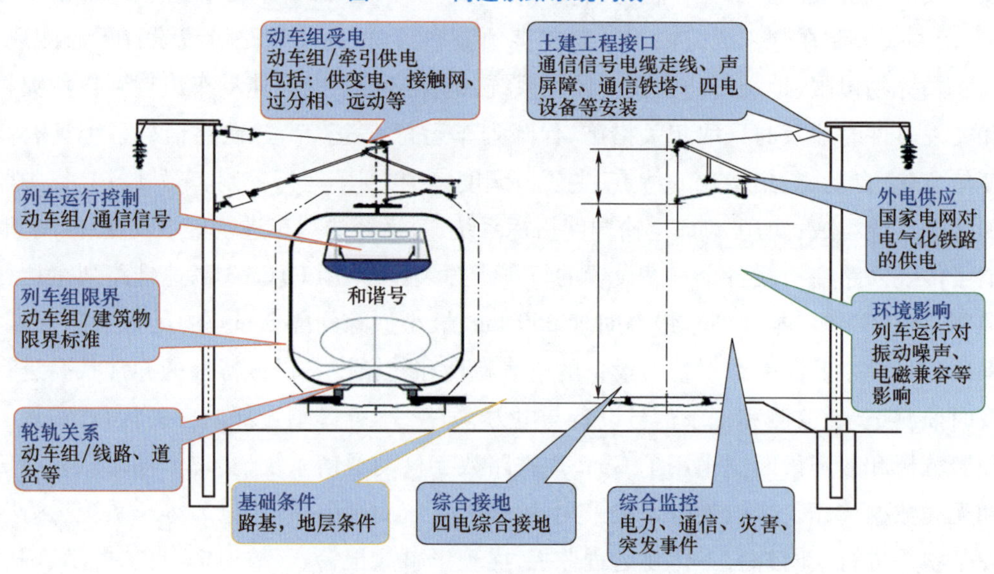


图 1—2　动车组与各子系统主要技术接口

高速铁路系统从系统整体出发将系统进行分解，深入研究各子系统的技术方案和匹配关系，不断优化子系统接口关系和工序衔接，通过对设计研发、装备制造、施工安装及调试评估等各种技术和资源的优化整合，最终实现系统整体功能最优的技术目标和高效率。如工务专业的钢轨主要作用是承载列车运行，但其同时是轨道电路的一部分，也是牵引供电回路的一部分；道岔的转辙需要三个专业共同作用，工务提供基本的辙叉设备，信号专业提供转辙指令，供电专业提供转辙的动力。另外，高速铁路由于列车牵引电流大、牵引网短路电流大和钢轨对地泄漏电阻高等特点，导致牵引供电系统与电力配电系统、信号系统、通信系统之间的电磁环境恶化，钢轨电位升高，需要进行综合接地；而综合接地需要对路基、桥梁、房屋建筑等接地极进行处理，沿线敷设综合贯通地线，沿线各种电气设施和金属构筑物接入。

### 三、状态高度关联

高速铁路设备在运营过程中受到列车运行的冲击和自然环境的影响，其状态总的趋势是不断劣化的，并具有一定的规律性，同一地理位置，相同专业不同设备之间，或不同专业设备之间的状态变化具有高度关联的特征。

由于高速铁路的设备高度关联，在空间位置上相互依赖，导致他们状态演变的关联性。如在空间位置关系上，路基、桥梁和隧道建筑物是起到支撑物的作用，他们支撑轨道、接触网和通信信号设备，它们的变形直接影响到所承载的设备状态。受电弓和接触网在高速条件下应实现良好接触，这要求接触网保持良好的状态，影响接触网状态的一个重要因素是接触网的高度，准确的说是接触网与轨面的相对高度，当轨道出现变形病害，弓网设备也将出现故障。同时，设备状态变化规律受地理环境因素、运输组织因素、设计及建造因素、养修管理因素等多种因素的影响，其中地理环境因素尤为重要，这不仅是由于不同的地理环境，地质条件、气候条件、水文条件可能不同，更是由于地理位置的不同，轨道结构、列车重量、速度、密度、修理历史等运输组织因素、设计及建造因素、养修管理因素往往也不同。

## 第三节 高速铁路管理新要求

### 一、安全管理新要求

铁路安全主要包括铁路线路安全和铁路运营安全两个方面。铁路运营安全包括铁路运输设备的正常运行、设备状态良好以及运输组织的规范操作。铁路运输安全管理是整个铁路运输管理的基础部分，是通过科学的手段和管理方法，研究人、机器和环境之间的相互作用，需车、机、工、电、辆等多部门紧密联系，协同工作，使铁路运输以安全、准确、迅速、协调的方式运行，保持正常的运输秩序和生产秩序。高速铁路运输安全管理面临新的要求和挑战，高速铁路主要以客运为主，其运输质量特性比货物运输更加复杂多样，直接关系人民群众生命安全。高速铁路具有速度快，密度大，自动化、智能化程度高等特点，采用天窗修的管理模式，白天公交化运行，夜间进行设备质量检查、维修，其安全管理对设备的质量要求更高，更需要总结和分析设备变化规律，建立预判、评价体系，提前发现设备质量安全隐患。高速铁路安全管理涉及项目生产规划、设计、建造、运营、维修、更新等各个阶段，安全影响因素众多，需要建立与之相适应的设备安全质量信息管理、存储、分析体系。这就要求从设备质量源头控制，把好设计审查关，严格新建项目审查，不断提高新建高铁工程质量；提高高速铁路设备制造质量，加强监督检验，从源头保障设备质量；完善高速铁路安全监控体系，加强高速铁路线路应力监测、重点桥梁及路基沉降监测、道岔及钢轨伸缩调节器状态等实时监测，提高安全保障能力；建立覆盖各个层面、各个环节、各种设备的专业制度、管理制度、作业标准和作业程序，形成动态优化的高铁规章制度体系等。

## 二、高标准养修要求

为了确保高速铁路绝对安全可靠，高速铁路的设备维修标准远远高于普速铁路，高速铁路设备维修高标准体现在偏差容许值更小、维修精度更高，以及对于设备状态等级的划分更精细，管理更严格等方面。如高速铁路轨道区段动态整体不平顺管理标准较普速线路要求更严格，轨道质量指数见表1—1。

表1—1　轨道质量指数（TQI）管理值

| 项　目 | | | 高低 | 轨向 | 轨距 | 水平 | 三角坑 | TQI |
|---|---|---|---|---|---|---|---|---|
| 管理值 | $v_{max}$≤160 km/h | | 2.5×2 | 2.2×2 | 1.6 | 1.9 | 2.1 | 15.0 |
| | 160 km/h<$v_{max}$<200 km/h | | 1.5×2 | 1.6×2 | 1.1 | 1.3 | 1.4 | 10.0 |
| | 200 km/h≤$v_{max}$≤250 km/h 波长范围：1.5～42 m | | 1.4×2 | 1.0×2 | 0.9 | 1.1 | 1.2 | 8.0 |
| | 无砟轨道 | 250 km/h<$v_{max}$≤350 km/h 波长范围：1.5～42 m | 0.8×2 | 0.7×2 | 0.6 | 0.7 | 0.7 | 5.0 |
| | 有砟轨道 | 250 km/h<$v_{max}$<300 km/h 波长范围：1.5～42 m | 0.8×2 | 0.7×2 | 0.6 | 0.7 | 0.7 | 5.0 |

注：波长范围为1.5～42 m的单项标准差计算长度200 m。

## 三、维修管理新要求

1. 预防性维修

传统上我国铁路主要采用“故障修”+“周期修”维修模式，即当设备技术指标超过相应管理标准，或者该设备使用达到相关的修理规则所规定的维修周期，则安排进行相应的修理。由于高速铁路安全管理的新要求，传统的“故障修”+“周期修”维修模式显然已不能满足安全管理的需要，预防性维修是高速铁路设备养修的必然选择。预防性维修是指以设备状态为基础的“状态修”维修管理模式，根据当前设备状态和设备状态变化规律,科学合理的安排维修计划,集中安排综合维修作业,杜绝设备病害(或故障)出现和发展,实现对设备的精确修和准确修,保持设备完整和质量均衡,以取得较好的技术经济效益。

全面、及时感知设备状态,是指全方位测量并全面采集设备的设计数据、建造数据,以及各种检查、检测、监测的数据,空间地理信息数据,维修数据,设备运用信息(如列车通过总重数据、速度数据等),实现对设备更透彻的感知。通过全面、及时感知设备状态,可帮助铁路运营部门分析设备病害,掌握设备变化规律,找到设备状态薄弱区段和影响运输安全的关键设备,为预防性维修计划的制定提供依据,进一步防止设备欠维修或过度维修,使设备状态有较长时间的稳定性。

2. 多专业集中维修

目前普通铁路维修模式以分专业为主,即工务、牵引供电、通信信号等设施维修自成体系,其维修机构按专业分为段、车间、工区三级,形成隶属关系,相对独立作业,具有管理简单直接的特点。高速铁路系统之间关联更加紧密,牵一发而动全身,若分专业维修,维修天窗的利用率较低,专业之间的关联性较差,如接触网维修作业是以线路的定位为基准,一旦线路改变,必然引起线与网相对关系的改变,若专业配合不紧密,容易出现漏修错修。可见,由于高速铁路的高维修标准、高稳定性和高可靠性要求,以及设备之间的高度联动性技术特点,传统的维修模式已不适应高速铁路的维修需求。

集中修又称为综合性维修,是集中调配机械、人员、材料,综合利用作业天窗,集中完成设备大中修和技术改造任务的一种管理模式。我国高速铁路具有高速度、高密度、运营时间长等运营特点,采用集中维修体制,在统一的维修天窗下,共同安排各专业维修作业,是保证我国高速铁路短时维修"天窗"得以实现的关键性措施之一。各维修专业的集中管理,为沟通和合作构建了更好的平台,为提高维修效率、维修质量创造了条件,可充分发挥人员机具的规模效用,充分发挥好大型养路机械的优越性,充分利用天窗时间、减少对运输的影响,实现对作业安全的有效监控。集中修实现了高速铁路的高安全、高效率、专业化、节约型、信息化维修,体现了"管理综合、专业强化;严检慎修、检重于修;养修分离、综合值守"的基本思想。

## 四、建设运营衔接新要求

可持续发展、和谐发展,保证项目成品质量更好地为经济社会发展和运营服务,突出和深化中国高铁品牌,需要建立建设与运营无缝衔接的设备管理体系。紧密衔接的设备管理新模式可以进一步发挥项目管理机构的工程建设管理能力和铁路局专业处室、设备管理单位的运营维护优势,保障高速铁路建设向运营的有效过渡,保障设备的有效接管和基于设备基础数据的维修管理。

高速铁路的设计、生产、建造等基础数据是运营阶段科学诊断和高效维修的基础。高速铁路设备的相关技术状态数据需要从设计、建造和运营阶段全方位采集，设备的基础数据能够实现运营阶段快速反应、全生命追溯、掌握变化规律，为运营维护提供保障；而上述阶段的数据分别来源于铁路建设、设计、施工、运营等单位，涉及众多单位和人员，基础数据流转效率有待进一步提高，为了确保高速铁路建设与运营的无缝衔接，保障数据的快速高效流转、有效传递，需要建立一套新的管理体系。

## 第四节　高速铁路网格化管理新理念

### 一、高速铁路网格化管理的理念

智慧地球是从一个总体产业或社会生态系统出发，针对该产业或社会领域的长远目标，调动该生态系统中的各个角色以创新的方法做出更大更有效的贡献，充分发挥先进信息技术的潜力以促进整个生态系统的互动，以此推动整个产业和整个公共服务领域的变革，形成新的世界运行模型。智慧铁路是智慧地球在铁路管理上的应用，是通过更透彻的感知和度量、更全面的互联互通和更深入的智能化，实现智能信息的网络化，进而在整个铁路系统实现信息的互联、共享和智慧管理，即在更全面的信息收集基础上，通过信息整合、分析及数据建模将战略或运营决策与新锐洞察结合起来，进而更好地监控运营，并更加主动地采取措施，提高服务质量、提高服务安全性、提高服务可靠性以及提高铁路运营效率并节约成本。

网格化管理是将管理对象按照一定的标准划分成若干网格单元，利用物联网技术、地理信息系统技术等现代信息技术，以及网格单元各相关专业间的协调机制，使管理人员能够快速感知设备状态，有效地进行信息交流，透明地共享组织资源，以最终达到整合组织资源、提高管理效率的现代化管理思想。网格化管理的最大特点是从空间的角度而不是从专业的角度管理，实现管理流程的创新。高速铁路网格化管理是智慧铁路、数字铁路发展的关键，是以信息系统技术为支撑，以整合资源、提高管理效率为目标的一种现代化管理思想，可以构建能够实时监控设备状态、及时进行设备状态评定的虚拟高铁，这恰恰是高速铁路设备管理的核心需求，可真正地实现设备闭环管理，如图 1—3 所示。

数字铁路的本质是强调铁路不同专业的信息基于空间位置进行整合与可视化共享；智慧铁路则是在数字铁路基础上实现信息的智能化和智慧决策，是数字铁路更高

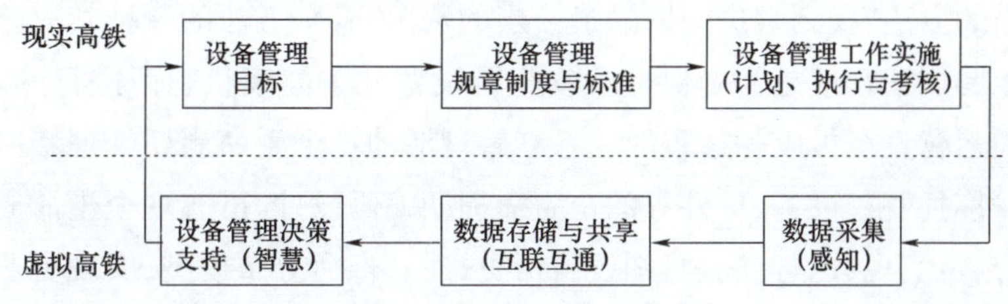


图 1—3 基于信息技术的设备闭环管理

层次的发展。高速铁路网格化管理是智慧铁路的一个子集(三者的关系如图 1—4 所示),是智慧铁路理念在设备领域的综合体现,综合了数字铁路与智慧铁路二者的技术优势和管理理念,在高速铁路设备管理领域进行了应用创新。高速铁路网格化管理在积累形成的大数据集基础上建立设备故障诊断模型、设备状态变化规律模型和设备寿命分布规律模型,强调对网格、部件、事件进行全面、透彻和及时的感知,可实现设备状态检测、设备状态评定、设备故障诊断、设备状态安全预警、设备维修计划编制等功能,辅助铁路管理部门做出更智慧的决策。

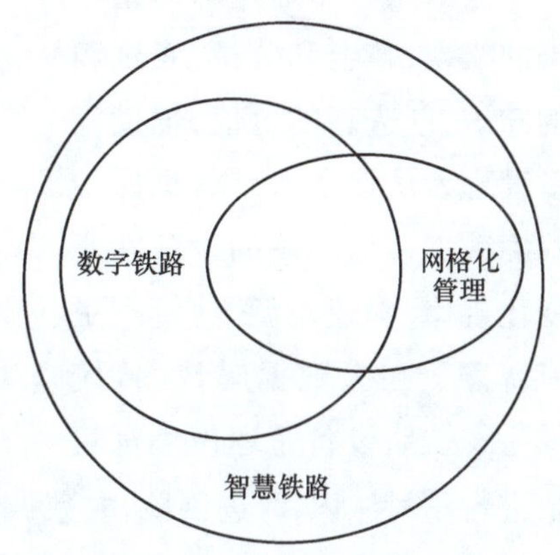


图 1—4 网格化管理与数字铁路、智慧铁路的关系

## 二、高速铁路网格化管理基础

高速铁路网格化管理以全寿命周期管理、数字铁路、智慧铁路、可靠性数学等理论为依托,涉及到物联网技术、数据仓库技术、大数据技术、地理信息系统技术等关键技术,是多种学科理论和技术相互融合的成果。通过信息技术将现实高铁中的设备管理流程形成对称的虚拟高铁,通过对设备管理流程中产生的数据进行实时全面采集,辅助管理者实现对设备状态的感知;利用数据库技术,对采集到的数据进行存储和共享;利用数据挖掘技术、统计学及可靠性数学理论、数学建模理论等,发现隐藏在海量数据中的新模式、新知识甚至新规律,诊断病害或故障产生的原因,对风险源进行科学识别与预防,实现设备管理更智慧的决策。设备管理部门通过反馈来的数据分析结果,判断影响设备管理目标实现的原因或对设备管理目标进行修正,形成真正意义上的设备闭环管理。高速铁路网格化管理与相关理论技术关系如图 1—5 所示。

### 1. 设备全生命周期管理理论

设备全生命周期管理是从设备的调查入手,对生产设备的规划、设计、制造、选购、安装、使用、维修、改造、更新、直到报废的全过程进行管理,是“在最恰当的时候、利用最恰当的方法、找到解决问题的最恰当的资源”管理方法的一种新思路。高速铁路设备全生命周期管理是为确保运输安全及设备处于健康状态而进行的基于规划、设计、建设、运营直至报废等过程的一系列管理活动。全生命周期管理和网格化管理相融合，通过对网格、设备、事件等的全生命周期编码设计，可实现全生命周期的信息关联与整合，可实现数据追溯、感知设备历史，建立寿命分布模型，实现更透彻的感知设备，更智慧的决策。

2. 大数据技术

大数据技术通过对海量数据的交换、整合和分析，发现新的知识，创造新的价值，辅助设备管理者从设备状态数据库中找到数据背后隐藏的设备状态变化规律，构建模型，使管理更有智慧。在大数据时代，传统的一切铁路设备管理模型都将要进行重新认识，改进创新，大数据技术使高速铁路设备个性化建模成为现实，可实现设备状态劣化预测，设备状态和设备剩余寿命个性化预测，从而使维修决策更具针对性，实现精准地预防性维修。

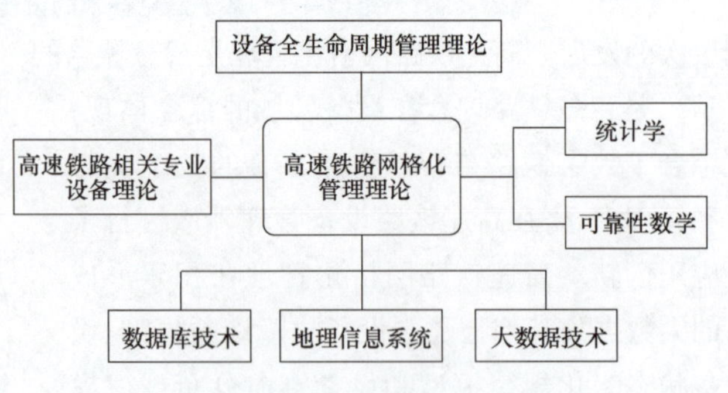


图 1—5　高速铁路网格化管理理论基础构架

3. 可靠性数学

统计学是应用数学的一个分支，主要通过利用概率论建立数学模型，收集所观察系统的数据，进行量化的分析、总结，并进而进行推断和预测，为相关决策提供依据和参考。可靠性数学是研究产品寿命特征的主要数学工具，它是应用概率、应用数理统计和运筹学的一个重要分支。高速铁路网格化管理利用统计学和可靠性数学理论，基于设备在生命周期过程中产生的不同时刻的状态数据，针对不同的设备管理需求，结合大数据、数据库、信息系统等技术，构建个性化的设备状态劣化规律模型和寿命分布模型，对单个设备未来状态和寿命等进行评估，同时推断与设备寿命有关的可靠性指标。

4. 数据库技术

数据库技术是信息系统的核心技术，通过数据的统一组织和管理，按照需要的结构建立相应的数据库和数据仓库，利用数据库管理系统和数据挖掘系统，结合物联网技术对设备随时随地的测量、捕获和传递设备的相关信息，实现“海量、多源、异构、多尺度、多时空关系”的高速铁路设备状态数据的交换和共享，实现设备与设备互联、人与设备互联，为设备管理人员快速感知设备状态，实现更及时、更透彻感知设备状态提供强大技术支撑。

5. 地理信息系统

地理信息系统(Geographic Information System,简称 GIS)是用于采集、存储、查询、分析和显示地理空间数据的计算机系统,其精髓在于挖掘基于位置的数据之间的关系与演变规律,为满足高速铁路设备管理中对空间数据的分析需求提供技术手段。采用 GIS 技术,集成地理空间框架数据、单元网格数据、部件和事件数据、地理编码数据等多种数据资源,通过多部门信息共享、协同工作,实现对综合业务网格化管理和对各专业部门进行综合绩效评价;通过对设备状态劣化规律和寿命分布模型建模,快速确定轨道薄弱地段,找到影响运输安全的关键设备,分析同一位置不同设备之间状态变化的关联关系,从空间的角度,多维度、深层次分析与诊断设备病害或故障产生的原因,实现多专业高效地集中维修,整合维修资源,降低维修成本。

# 第二章

# 高速铁路网格化管理理论

## 第一节　网格化管理的概念

网格化管理是指将管理对象按照一定的标准划分成若干网格单元，利用物联网技术、地理信息系统技术等现代信息技术，以及网格单元各相关专业间的协调机制，使管理人员能够快速感知设备状态，有效地进行信息交流，透明地共享组织的资源，以最终达到整合组织资源、提高管理效率的现代化管理思想。网格化管理的核心思想在于从地理的观点出发而不是从专业的观点出发对管理对象进行管理，从地理的观点出发进行管理具有四个方面的突出作用。

（1）可以促进不同管理部门之间的横向联合，缩短对某一空间位置发生问题的感知周期、处理周期，避免部门之间的推诿，有助于降低运营成本，提高风险控制能力。

（2）可以帮助管理者更好地把握管理对象状态的变化特点。一般来说，管理对象状态的变化与其所处地理环境密切相关，基于地理的观点看问题往往会使管理者发现意想不到的新知识，从而做出更佳的管理决策。

（3）可以帮助管理者建立更有价值的管理对象历史记录档案。许多管理记录由于缺乏准确空间位置信息而降低了它们的利用价值，增加地理要素的记录信息可提升其准确性、可靠性及决策参考价值。

（4）可使企业利用 GIS 信息平台提升管理水平，特别是提升基于位置的决策水平。GIS 工具对企业管理的辅助作用可用图 2—1 表示。基于 GIS 的地图和可视化技术可以更好的帮助管理者认识局势和描述事件的发展情况，是一种新的语言，可以增强不同的团队、部门、学科、专业领域、机构和公众之间的沟通。

### 一、网格化管理发展现状

古代的格网地图强调把空间不确定性因素控制在相应的尺度范围内，如裴秀的计里画方、元代的格网地图等，适应于定位精度不高的、粗略的地理分布现象。现代

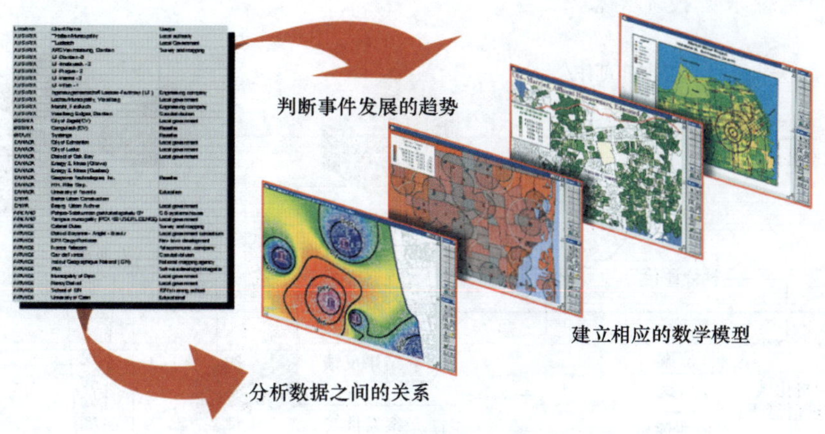


图 2—1　GIS 工具对企业管理的辅助作用示意图

的地理格网是用于对地球空间的划分、空间数据的组织以及检索的信息技术，如“美国国家格网”（United States National Grid）和我们国家的“天地图”工程，致力于向政府部门和公众提供标准化的、权威的国家基础地理信息服务和基础地理信息数字产品。以空间信息格网为基础，地理信息系统（GIS）得到了迅猛发展，其最大优势在于通过将地理空间数据与空间目标属性数据的统一处理，给使用者提供一个最友好的图形化界面、最符合人类思维习惯的时空分析平台，如现在流行的 WebGIS 平台有 ARCIMS、MapGIS IMS、Super Map IS、TopMap World、MapXtreme 等。

网格化管理是计算机信息技术发展，特别是地理信息技术（地理信息网格）发展的产物，它是基于地理信息系统技术，以信息化、网络化为手段，以整合资源、提高管理效率为目标的一种现代化管理思想。在网格化管理的具体运用方面，城市管理中有了较为系统的探索。城市网格化管理是一种数字化城市管理模式，其特点是在控制论基础上，综合利用移动通信和网络地图等高科技手段，实行全方位、高效率的城市管理活动。2005 年，建设部确定了深圳、成都、杭州等 10 个城市为数字化城市管理的第一批试点城市；2006 年，确定了天津河西区、重庆高新区等 17 个城市（区）为数字化城市管理的第二批试点城区；2007 年，又确定了 23 个城市（区）为第三批数字化管理城市，为城市网格化管理模式的进一步推广提供了实践经验。城市网格化管理强调基于空间的管理方式，按整个区域、街道、社区和网格单元进行管理，实现了管理空间的精细化；强调监督和管理两个轴心的管理体制，通过对各部门城市管理职能的整合，将监督和管理职能分开，改变了过去管理和监督不分的城市管理弊端；革新了业务管理流程，新的工作流程包括信息收集、案卷建立、任务派遣、任务处理、处理反馈、核实结案和综合评价等环节，如图 2—2 所示。城市网格化管理的关键技术有城市单元网格划分方法、城市部件管理方法、城市事件管理方法和信息采集技术等。

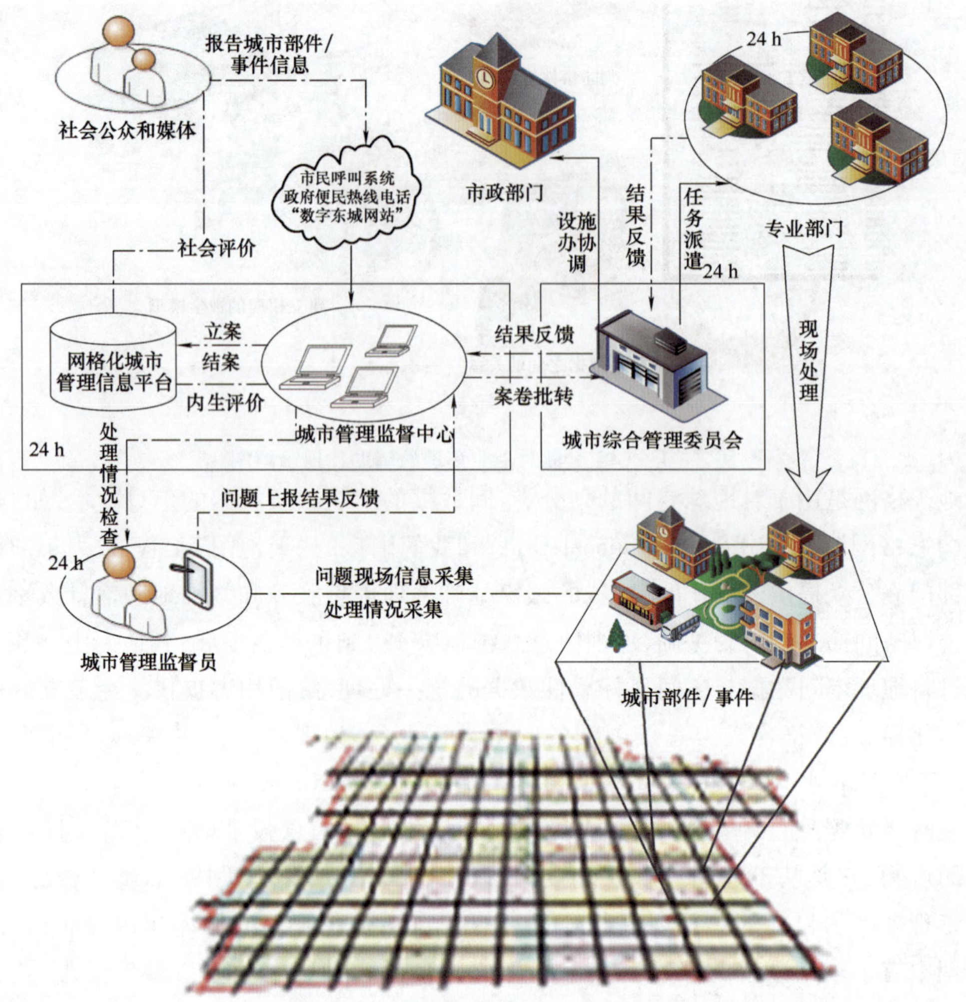


图 2—2　城市管理新模式的基本流程

(1)城市单元网格划分方法。城市网格化管理的基本管理单元是运用网格地图的技术,以一定面积(如 1 万 $m^2$)为一个独立的管理单元,各个单元互相连接,形成不规则边界线的网格管理区域,对网格中的数据资源、信息资源、管理资源、服务资源进行整合,实现共享。在纵向对管理空间进行分层分级、全区域管理,如北京市东城区 25.38 $km^2$ 划分为在空间层次上递进的、逐渐细化的 4 个管理层面(图 2—3),即东城区整个区域、10 个街道、137 个社区以及 1 652 个网格单元,并对每一个单元网格在时间和空间定义上赋予一个唯一的编码,每个网格单元有 12 位编码,其中区县编码 6 位、街道办事处编码 2 位、社区编码 2 位、网格单元编码 2 位。

(2)城市部件管理方法。把物化的城市管理对象作为城市部件进行管理,运用地理编码技术，将城市部件按照地理坐标定位到单元网格地图上，通过信息平台进行分类管理。部件划分为大类和小类，部件的大类分为公用设施、道路交通、市容环境、园林绿化、房屋土地、其他设施以及扩展部件。如按照不同功能，北京东城区将全区168 339个城市部件分为6大类56种，建立了多个数据库，对每个部件赋予16位代码，标注在相应的万米单元网格图中，输入任意一个代码，都可以通过信息平台找到它的名称、现状、归属部门和准确位置等有关信息。

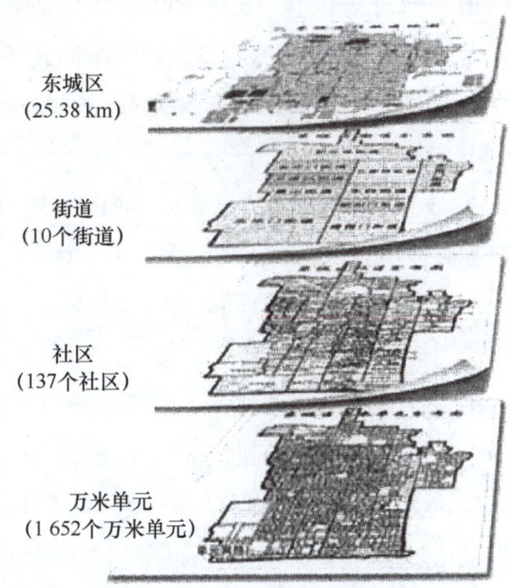

图2—3　北京市东城区城市网格管理层级细划示意图

(3)城市网格化管理事件分类方法。按照其性质和特点划分为大类和小类，事件的大类包括市容环境、宣传广告、施工管理、突发事件、街面秩序以及扩展事件。事件分类代码由10位数字组成，依次为6位县级及县级以上行政区划代码、2位大类代码、2位小类代码。

(4)信息采集技术。为城市管理监督员快速采集与传输现场信息需要研发专用工具，如装有网格化地图的城管通，具有接打电话、信息提示、图片采集、表单填写、位置定位、录音上报、地图浏览等多项功能。通过专用工具监督员可以对城市部件、事件发生的问题进行拍照、录音，并将有关信息发往监督中心，也可以接受监督中心的指令。

## 二、网格化管理的基本要素

网格化管理的基本要素主要有网格、部件和事件。

1. 网格

在地理学中，网格是将连续工作区域的平面空间离散化，即按一定规则进行分割，形成许多多边形，每个多边形称为网格单元，并赋予标识符(即地理编码)。网格有边界、面积、空间位置以及管理对象等各种元素，如国家行政管理，将国家版图划分为省、市、县、乡、村等不同层次的区域，区域内包含人口、资源、环境、设施设备等隶属不同管理机构的管理对象。同一网格内的管理对象，经过较长时间的交流、沟通、相互影响等演变过程，会形成自己独特的历史信息和知识。

网格化管理的第一步是按照一定的网格划分标准划分网格单元，使网格单元的构建和管理规范化，以便于网格化管理的实施。网格划分将管理理念从专业角度出发转向从地理角度出发，是实现横向跨专业管理的基础。网格的划分一般会有多种划分标准，并具有层次隶属关系，最小的网格称为基本单元网格。单元网格划分应综合考虑以下原则：

(1)法定基础原则。单元网格的划分应基于法定的地形测量数据进行，地形测量数据比例尺一般以 1∶500 或 1∶1 000 为宜，但不应小于 1∶2 000。

(2) 属地管理原则。单元网格的最大边界为最小管理单位的边界，不应跨管理单位分割。

(3)地理布局原则。按照自然地理布局进行划分。

(4)方便管理原则。应尽可能便于业务管理的精细化、信息化。

(5)负载均衡原则。兼顾管理部件的完整性，单元网格的边界不应穿越管理部件，并使各单元网格内的管理部件的数量大致均衡。

(6) 无缝拼接原则。单元网格之间不应有漏洞，不应重叠。

(7)相对稳定原则。单元网格的划分宜保持相对稳定。

网格编码是指按照某种规则给地理网格赋予唯一标识符，是整合多源空间信息资源的一个关键环节。单元网格在时间和空间定义上应有唯一的编码，单元网格变更时，其原代码不应占用，变更后的单元网格按照原有编码规则进行扩展。网格属性是对地理网格进行时空分析必不可少的数据集，属性的定义应从空间、专题、时间等特征出发进行设计。

2. 部件

部件是指网格内的管理对象，隶属不同专业类别，可能是人，也可能是各种设施设备。根据精细化管理要求，部件根据专业可进一步划分为不同的大类，每一大类下又可细分为不同的小类。

每一个部件也应有唯一的编码，以便确定其身份，部件编码一般由管理单位代码、大类代码和小类代码，以及顺序号等组成。根据网格化管理的需要对部件建立属性，记录部件状态的演变历史，主要包括部件的空间信息、专题信息和时间信息等。

3. 事件

事件是指人为或自然因素导致部件的状态受到影响或破坏，并得到感知，需要专业部门处理并使之恢复正常的现象和行为。事件与部件相互关联，按照其性质和特点划分为大类和小类。

每一个事件也应具有唯一的编码，事件编码一般由管理单位代码、大类代码和小类代码、顺序号等组成。对事件应建立规范的描述信息，也称为事件的属性信息，事件的描述应尽可能详细，不仅要记录发生位置、发生过程、涉及人员等，还应该用多媒体手段记录照片、视频、声音等数据。这些数据是进行网格化管理的基础。

## 三、网格化管理平台

网格化管理信息平台是网格化管理必不可少的组成部分，是网格化管理的神经中枢。网格化管理信息平台是基于计算机软硬件和网络环境，集成地理空间框架数据、单元网格数据、部件和事件数据、编码数据等多种数据资源，通过多部门信息共享、协同工作，实现对综合业务网格化管理和对各专业部门进行综合绩效评价的计算机应用系统。

1. 基本架构

网格化管理信息平台应包括部件状态数据采集、部件状态评定、协同工作、地理编码、监督指挥、综合评价、应用维护、基础数据资源管理、数据交换等子系统，基本结构框架如图2—4所示。

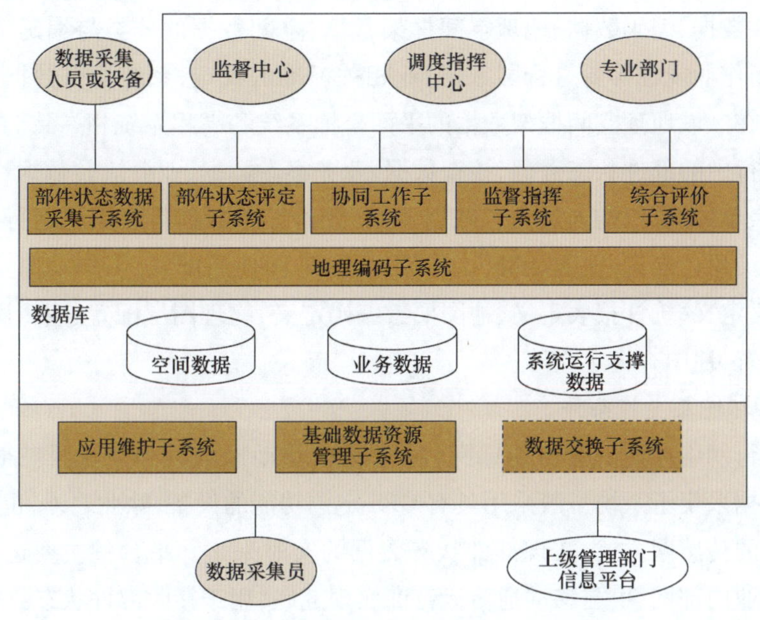


图2—4 网格化管理信息平台基本结构框架

2. 主要功能

部件状态数据采集子系统通过部件状态数据采集设备，实现采集、报送部件状态问题信息。部件状态评定子系统，接收采集系统报送数据，按照评定指标计算模型对部件状态进行评定，并将评定结果发送至协同工作子系统。协同工作子系统供监督中心、调度指挥中心、专业部门使用，将任务派遣、任务处理、处理反馈、核查结案等环节关联起来，实现监督中心、调度指挥中心、专业部门之间信息同步、协同工作和协同督办等功能。监督指挥子系统整合各类基础信息和业务信息，实现基于地图的监督指挥功能，对发生问题位置、问题处理过程、数据采集人员在岗情况、综合评价等进行实时监控。综合评价子系统根据综合业务管理工作过程、责任主体、工作绩效等评价模型，对区域、部门、岗位进行综合统计、计算评估，生成评价结果。地理编码子系统为部件状态数据采集子系统、协同工作子系统等提供地理编码服务，实现地址描述、地址查询、地址匹配等功能。应用维护子系统对机构、人员、业务、工作表单、地图、工作流等相关信息及查询、统计方式进行配置，完成系统的管理、维护和扩展工作。基础数据资源管理子系统实现对空间数据的管理、维护和扩展功能，并对空间数据的显示、查询、编辑和统计功能进行配置。数据交换子系统实现与上一级单位网格化管理信息平台的数据交换，交换信息可包括部件问题信息、业务办理信息、综合评价信息等。

3. 数据库建设

平台运行数据包括空间数据、业务数据和系统运行支撑数据。空间数据包括网格数据、部件数据、编码数据、地理空间框架数据，空间数据的分类与编码、精度及数据采集、更新作业规程等要符合国家、行业相关标准的规定，系统运行数据的空间参考系要与所在区域地理空间框架数据的平面坐标系统和高程系统相一致。业务数据包括系统运行中的部件状态数据、核查数据、业务案卷数据、业务流转数据、业务督办数据、业务表单数据、机构人员角色数据、综合评价结果数据等。系统运行支撑数据包括机构人员角色配置、业务配置、工作流配置、地图使用配置、工作表单定义、文号定义、惯用语定义、统计报表定义、地图要素编码定义、物理图层配置、逻辑图层配置、专题图层配置、地图查询定义等。

4. 网络环境及支撑条件

平台运行网络环境一般由传感网(物联网)、移动通信网和互联网三部分组成。部件状态数据采集子系统一般采用具有 GPS 定位功能的设备，除此之外，也可采用多传感器组成的传感网方式，实现部件状态数据的实时采集。平台的主要运行环境为互联网或企业内部网，可与移动通信运营商实现互联，用于接收部件状态数据。

平台运行的支撑软件主要包括数据库和地理信息系统平台软件。数据库软件要求能够实现空间数据与属性数据统一存储及组织，目前比较常用的空间数据库引擎有 Oracle Spatial、Arc SDE、MapInfo SpatialWare 插件，国产的有 SuperMap SDX +。地理信息系统软件可支持数据仓库中的空间数据和属性数据的统一操作，提供 WebGIS 服务，实现基于浏览器的空间数据显示、查询等基本功能，也能够实现对海量空间数据的显示、存取操作和空间数据编辑功能。目前比较常用的 WebGIS 软件平台有 Esri 的 ArcGIS for Server、MapInfo 的 MapXtreme、国产的 SuperMap IS 和国遥新天地的 EV-Globe。

## 四、网格化管理的特点

### 1. 全面及时的部件状态感知

网格化管理具有对部件状态进行全面、透彻和及时感知的特点，管理者能够快速检索到部件状态演变历史过程中的每一个数据，使数据做到可追溯，并且能够从多种角度快速把握部件状态。一是从历史的角度进行感知，采用计算机技术管理网格数据，可以从历史的角度，针对网格中的部件，全面采集其历史状态信息，统一编码，分类存储管理，根据管理工作需要方便准确地进行检索查询。二是从多角度进行感知，针对部件状态，采用多种检测方式，从多个角度进行部件状态感知。每种检测方式的检测频率、内容和标准不尽相同，但可以相互补充，全方位覆盖网格部件的状态特征。三是基于传感网技术实时感知，针对某些关键部件或一些状态采集实时性要求比较高的部件，可采用传感网技术，对其状态进行实时监测，实现管理者与管理对象之间的实时互联。

### 2. 网格及网格部件状态评定

对网格及网格部件的状态进行评定是网格化管理的关键，应遵循以下步骤：首先，制定网格和部件状态的评定标准，部件状态标准可按照部件状态受到影响的程度及针对部件问题的处理方法进行分类分级，而网格状态应该是网格内部件状态的整体反映，是一类综合性指标，也需建立不同等级的管理值标准；其次，建立网格部件和网格状态的分析评价计算模型和工具，对部件问题定性和定量进行评价和分析，计算状态指标，实现网格及部件状态评定的自动化；最后，针对网格部件的特点，从空间的角度，按部件空间位置，综合考虑同一网格内部件间的状态联动特性、部件的历史信息和自然地理空间因素，分析部件问题产生的根源和发生机理，为部件问题的处理提供决策依据。

### 3. 综合调度与管理资源整合

网格化管理改变原有的分专业管理工作模式，在将管理区域划分为若干网格单元基础上，根据部件和网格状态的评定结果，按照网格（空间位置）进行任务分配，各业务部门根据调度命令执行被派遣的任务，包括人员、机具和材料，协同工作，共同处理网格中的部件问题，充分利用现代信息技术并结合业务流程重组来实现资源共享和业务协同，最终达到提高效率、节约成本的目标。

### 4. 过程的精细化管理

网格化管理全过程采用信息技术，网格的内部件状态、事件信息、部件问题信息、调度指挥信息、核查验收信息等都全部记录在案，信息处理快速和透明，为管理工作的综合评价创造条件。可以按一定周期对不同层面的管理区域（包括单元网格）进行区域评价，对专业部门和各责任主体进行部门评价，对各类管理人员和业务处理人员进行岗位评价。与传统的分专业管理相比，部件状态检查、综合调度指挥、问题处理结果核查等业务从专业部门相对分离出来，相对于原来的自查自纠，既提高了效率，又避免了专业部门内部掩盖问题或处理问题不彻底的现象。

5. 闭环的业务流程

网格化管理的基本流程可以抽象为部件状态感知、部件状态评定、任务派遣、部件问题处理、监督核查（处理后的结果感知、验收）等过程，形成一个闭环，如图 2—5 所示。由数据采集人员或设备收集部件状态数据，上报监督中心；监督中心根据管理标准，并通过长期积累的历史数据及数据分析方法和工具，评定部件状态，给出部件“健康”状况的判断结论，建立案卷；调度指挥中心基于部件“健康”状况制定工作计划，进行任务派遣，发布调度命令；各业务部门根据调度命令执行被派遣的任务，并在处理后进行反馈；监督中心发送核实、核查工作任务，数据采集人员或设备重新检查处理后的部件状态，核查结案，形成一个完整闭环。

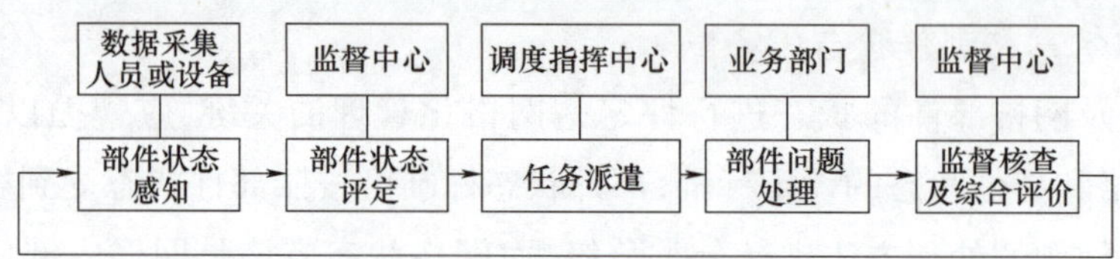


图 2—5 网格化管理业务流程

综上所述，实行网格化管理具有 3 个方面的优势：

（1）实现流程再造。网格化管理的基本流程可抽象为管理对象状态感知、部件状态评定、任务派遣、部件问题处理、监督核查和综合评定六个组成部分，改变了原有按专业条线化管理流程，引进为条块联动的管理流程，这种新型的管理流程克服了问题上报过程中人为因素的干扰，能够及时发现问题，解决问题。

（2）资源整合。网格化管理的管理方法能够将网格内的设备、维修资源、信息资源、人力资源充分利用，使其发挥最大效益。在每一个单元网格内，设备管理不再是原有的分专业管理，而是将其统一管理，统一检测、统一维修，每个设备的良好状态能得到更好保证，进而提高安全管理水平。

（3）技术优势。网格化管理方法能在最大程度上整合信息资源，管理者通过对数据的统筹分析、建立模型，预测设备未来的状态，从而提高管理部门对管理对象状态的预知能力，使得管理对象的抗风险能力提高。

# 第二节　高速铁路网格管理概念

除在城市管理领域外，近年来我国电力设施安全管理、物流资源管理、食品安全管理、健康档案管理、风沙源治理管理、火灾防控管理、林业生态工程管理、沿海水上交通安全管理等领域均开展了网格化管理方面的探索，实行网格化管理较传统管理模式的优越性越来越多地受到社会各界的关注和认可。随着我国高速铁路的不断发展，在高速铁路装备制造、基础设施建设等方面，我们已经走到了世界的前列，但对于高速铁路设备管理，我们还存在一定的不适应、不协调，如何更加科学高效地对高速铁路进行全方位管理，是我们面临的挑战和使命，借鉴先进的管理理念和方法，是高速铁路建设和运营管理发展的大势所趋。

## 一、高速铁路网格化管理的定义

高速铁路网格化管理是将高速铁路线路按照一定的标准划分成若干网格单元，利用现代信息技术和协调机制，更彻底、更及时的进行设备状态感知，实现更全面的设备状态信息互联互通，更智慧的进行设备维修决策，以最终达到保障运营安全、控制运营风险、整合维修资源、降低维修成本和提高管理效率的现代化铁路设备管理模式。高速铁路网格化管理的基本要素包括网格、部件和事件。

高速铁路网格是将连续的铁路线路离散化，即按一定规则进行分割，形成许多小的线路区段，每个线路区段称为网格单元，并赋予标识符（即网格编码）。高速铁路网格化管理中的部件是指工务、电务、牵引供电等不同专业的设备，为方便读者理解，在后文中统一将“部件”称为“设备”，两者不做概念上区分；不同的设备在空间布局、组成结构方面有各自不同的特点。高速铁路网格化管理中的事件是指铁路设备的一种属性信息，反映铁路设备的一种状态，可通过检查或检测手段获得，也包括与设备有关的各种管理行为。

## 二、高速铁路的网格划分

由于铁路用地呈带状分布，线长、点多、面广，设备分布密集，而且铁路用地两侧的地界宽度是确定的，因此铁路网格可不同于其他领域中的按面积划分，而以线路的长度来划分并结合高速铁路设备特点等因素综合分析确定。

高速铁路设备涉及工务、电务和牵引供电等多专业，如在空间位置上，工务专业的路基和桥隧建筑物承载着电务和牵引供电专业的设备，电务和牵引供电专业设备的空间位置是以工务专业设备为基准，设备具有高度的关联性。因此，高速铁路网格的划分可侧重于工务专业设备的管理需要，并统筹考虑其他专业设备的管理需求。

在高速铁路线路设备管理中，针对轨道整体质量状态，主要采用轨检车和动检车检测数据对轨道不平顺状态进行整体评价，评价指标称为轨道质量指数（TQI）。《铁路线路修理规则》、《高速铁路无砟轨道线路维修规则（试行）》和《高速铁路有砟轨道线路维修规则（试行）》（后文统一简称为“铁路线路维修规则”）中规定计算轨道质量指数（TQI）的轨道单元区段长度为 200 m；另外，在工务线路设备的维修管理中，200 m区段也是经常采用的维修单元长度；同时，网格长度 200 m 符合多专业精细化管理的需要。因此，高速铁路可采用 200 m 线路区段作为基本网格单元，以高速铁路的百米标作为相邻网格的分界点。图 2—6 为高速铁路线路网格单元划分示意图。

图 2—6　高速铁路网格单元划分示意图

根据网格划分的属地管理原则，单元网格的最大边界为最小管理单位（工区）的边界，不应跨管理单位分割，高速铁路在划分 200 m 线路区段的基本网格单元时，还应针对不同管理单位的分界点进行特殊处理，以分界点进行分割，有可能出现小于 200 m 的网格单元。图 2—7 为上海铁路局管内宁杭高速铁路上行网格划分图（局部），背景显示了划分完成的网格单元，叠加的其他信息显示了网格内的曲线、坡度、钢轨、轨道板等设备信息，蓝色横道显示的是宁杭高速铁路联调联试阶段的维修信息，红色圆点显示的是联调联试阶段发现的设备问题点。

## 三、高速铁路设备分类

高速铁路设备（部件）与网格的关系较为复杂，按设备分布不同可大致分为以下三种情况：

（1）设备点状分布。在空间特征上，有的设备是点状设备，如工务专业的水准基点、里程标志、三维精测观测桩，电务专业的信号机、应答器、绝缘节，牵引供电专业的变压器、支柱、断路器、隔离开关，这类设备每一个将属于唯一的一个网格。

（2）设备集成分布。在组成结构上，有的设备是集合设备，如车站、道岔、锚段等，既需要整体管理，又需要对其组成部分（子设备）进行管理；有的设备虽然是单个设备，也由多个组成单元（材料或器件）构成。

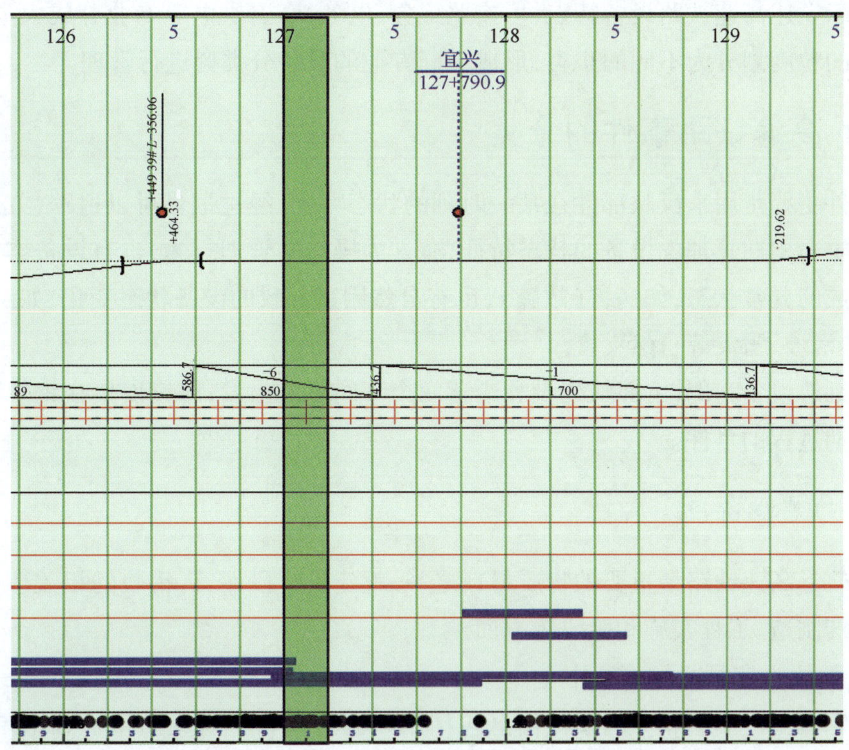


图 2—7　宁杭高速铁路网格划分图(局部)

(3)长大设备连续分布。如工务专业的轨道、路基、桥梁、隧道,电务专业的轨道电路、供电专业的接触网等,它们要横跨多个网格。以高架长桥为例,宁杭高速铁路京杭运河特大桥全长 29. 188 km,该桥经过德清、杭州两个城市,如图 2—8 所示。对于连续设备或长大设备,从空间上可将其划分为多个长度较小的网格,有利于设备状态细分、病害定位与维修工作安排,符合精细化管理的需要。

图 2—8　宁杭高速铁路京杭运河特大桥地理位置图

基于上述高速铁路设备特点，可按照工务、电务、牵引供电等专业分成大类，再根据设备的粒度划分为不同的小类，形成不同专业的设备分类树进行管理。

## 四、高速铁路事件的分类

事件主要是用来反映部件在某一时刻的状态特征，经过记录可以追踪，方便进行设备全生命周期管理。设备的状态特征，有人为操作的管理行为，也有设备本身状态演变形成的异常状态，如病害（故障），也有自然因素导致的设备状态变化，如洪水、地震、山体滑坡、雪灾等自然灾害。

以钢轨设备为例，下面从建设和运营两个不同阶段出发，解读发生在钢轨设备全生命周期过程的事件。

### （一）建设阶段

钢轨是高速铁路最重要的物质材料之一，就建设阶段而言，钢轨的相关事件主要涉及生产制造、工程实施和验收等方面。

1. 钢轨生产制造相关事件

和钢轨生产制造相关的事件信息包括钢轨制造过程中有关质量检查记录、钢轨出厂质量说明书（含钢轨设计标准、采用的生产工艺、使用寿命）、钢轨腹部和头部标记（含钢轨的型号、生产厂家、生产年月、钢轨成份、熔炉号）等。

2. 工程实施过程相关事件

在工程实施阶段，涉及钢轨运输、铺设等实体工程的进度、质量、安全、验收等方面。其中，在质量管理方面，以检验批为例，根据铁路建设工程（WBS）分解，与钢轨设备相关的单位工程为轨道工程，针对高速铁路无砟轨道线路，相关的分部工程为铺设无缝线路，相应的分项工程和检验批划分见表2—1。

表2—1　高速铁路无砟轨道铺设无缝线路检验批划分

<table>
<tr><th>分部工程</th><th>分项工程</th><th>检验批规模</th><th>检验批表格名称</th></tr>
<tr><td rowspan="8">09 铺设无缝线路</td><td>01 基地钢轨焊接</td><td>500 个焊接接头</td><td>基地钢轨焊接检验批质量验收记录表</td></tr>
<tr><td>02 长钢轨铺设</td><td rowspan="3">一个区间</td><td>长钢轨铺设检验批质量验收记录表</td></tr>
<tr><td rowspan="2">03 工地钢轨焊接</td><td>工地钢轨焊接检验批质量验收记录表（Ⅰ）</td></tr>
<tr><td>工地钢轨焊接检验批质量验收记录表（Ⅱ）</td></tr>
<tr><td>04 无缝线路应力放散及锁定</td><td>单元轨节</td><td>无缝线路应力放散及锁定检验批质量验收记录表</td></tr>
<tr><td>05 钢轨伸缩调节器</td><td>组</td><td>钢轨伸缩调节器检验批质量验收记录表</td></tr>
<tr><td rowspan="2">06 轨道整理及钢轨预打磨</td><td rowspan="2">5 km</td><td>轨道整理及钢轨预打磨检验批质量验收记录表（Ⅰ）</td></tr>
<tr><td>轨道整理及钢轨预打磨检验批质量验收记录表（Ⅱ）</td></tr>
</table>

3. 验收有关事件

验收阶段的事件主要包括静态验收、动态验收、初步验收过程中的相关事件。如静、动态验收中针对轨道专业发现问题、整改追踪、复验等。

## (二)运营阶段

运营阶段钢轨有关的事件主要包括在钢轨检查、钢轨状态评定、钢轨病害(伤损)和钢轨维修等环节中。

1. 钢轨检查

钢轨检查分探伤和表面伤损检查。每一次检查作业均为一次事件。如钢轨探伤主要采用以探伤车为主、探伤仪为辅的方式对钢轨进行周期性探伤;钢轨外观及表面伤损检查主要采用巡检设备与人工巡视相结合的方式定期进行检查。

2. 钢轨状态评定

依据检查检测数据对钢轨每进行一次状态评定,为一次事件,事件的内容为钢轨状态评定结果。钢轨状态评定主要参照铁路线路维修规则规定的钢轨(含道岔、调节器和胶接绝缘用轨)伤损形式与评价标准进行评定。

3. 钢轨病害(伤损)

钢轨每发生一次病害,应记录为一次事件。如钢轨制造缺陷造成的轨头表面金属碎裂或剥落、轨头顶面擦伤、轨头顶面淬火层金属碎裂或揭盖、轨头波纹磨耗、钢轨螺栓孔裂纹、轨腰上下连接圆弧部分的纵向水平裂纹、轨底横向裂纹或破裂、钢轨锈蚀、焊接工艺缺陷造成的轨底横向裂纹等,某线路钢轨波磨病害照片如图2—9所示。

图2—9 钢轨波磨病害

4. 钢轨维修

每一次钢轨维修作业会产生若干个事件,如维修计划、计划执行情况等。每一个事件均有规定的表格需要填写记录。钢轨维修分为钢轨修理作业和钢轨打磨作业。钢轨修理作业分为钢轨综合修理、钢轨重伤处理和钢轨折断处理;钢轨打磨是线路养护维修中的重要手段,对于预防钢轨波磨,控制接触疲劳、裂纹扩展和磨耗有较好的效果。

5. 维修验收

每一次钢轨维修作业完成后要产生工作验收事件,包括修理完成后的钢轨状态,修理质量评定等内容。

由上述案例可以看出，高速铁路网格管理中的事件内容较为庞杂，且种类众多，可按照建设和运营两个大的阶段进行划分。如建设阶段的可行性研究、初步设计、施工图设计、施工准备、生产制造、工程实施、竣工验收，以及运营阶段的状态检测、状态评定、病害（故障）、维修可作为事件的大类，围绕大类可再划分若干小类事件。

# 第三节　全生命周期管理理论的实践

## 一、设备全生命周期管理的发展

1. 全生命周期的概念

生命周期（Life Cycle）一词最早出现于生物学领域的术语当中，用来描述某种生物从出现到灭亡的演化过程，即指具有生命现象的有机体从出生、成长到成熟衰老直至死亡的整个过程。目前，应用生命周期理论进行研究的较为成熟的例子是产品生命周期（Product Life Cycle，常常简称为 PLC）与企业生命周期。产品生命周期是产品从进入市场到退出市场所经历的市场生命循环过程，典型的产品生命周期可分为进入期、成长期、成熟期和衰退期四个阶段，如图 2—10 所示。产品全生命周期的概念和内涵不断发展变化，随着并行工程的提出，延伸为产品开发阶段、产品制造阶段、产品销售阶段、产品使用阶段、产品回收阶段等 5 个阶段。

2. 设备全生命周期管理的概念

设备管理是一个古老的课题，自从人类进入工业社会以来，人们就在寻找各种方法加强对企业设备的管理，以期望达到节能、减耗、提高加工质量的目的。国际设备管理协会（IFMA）为设备管理所做的定义是：把一组织中的人和工作协调成一个工作整体的实践。我国对设备管理的定义是：根据企业生产经营的宏观目标，通过采取一系列技术、经济、组织措施，对企业主要生产设备的规划、设计、制造、购置、安装、调试、使用、维修、改造、更新，直至报废的一生全过程进行管理，以保证设备良好的状态，并不断提高设备的技术素质，保证设备的有效使用和获得最大的经济效益。

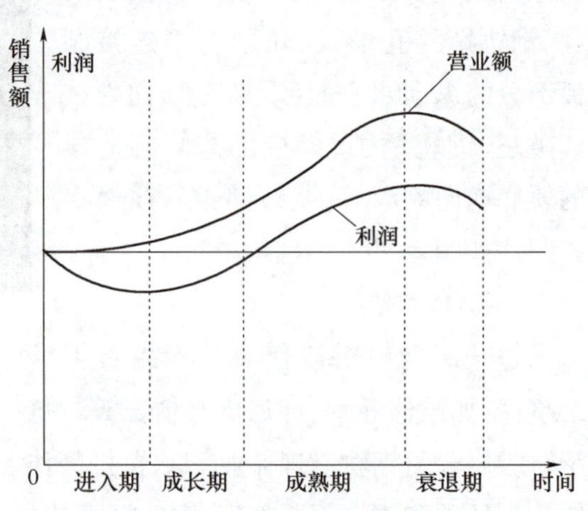

图 2—10　产品生命周期曲线

20 世纪中后期以来,新的设备管理理论、管理方法不断出现,已经逐渐从传统的对设备的维修管理发展到对设备实施综合管理,来追求设备寿命周期费用的经济性。美国在 20 世纪 60 年代提出后勤工程学观点,强调对设备的系统管理,同时提出设备寿命周期费用最经济的目标及可靠性、维修性设计的问题。20 世纪 70 年代英国提出以设备寿命周期为基础的设备综合工程学观点,将设备寿命周期内的各个不同阶段作为研究的管理对象,以寿命周期费用优化作为研究的目的。随着军事和航空领域设备预防性维修和可靠性管理的发展,以可靠性为中心的维修 RCM(Reliability Centered Maintenance)成为全新的设备维修指导,促进现代企业设备管理以最低的成本确保设备达到可能达到的最大安全性和可靠性。综合考察不同时期产生的设备管理理论,其理论基础体系架构如图 2—11 所示。

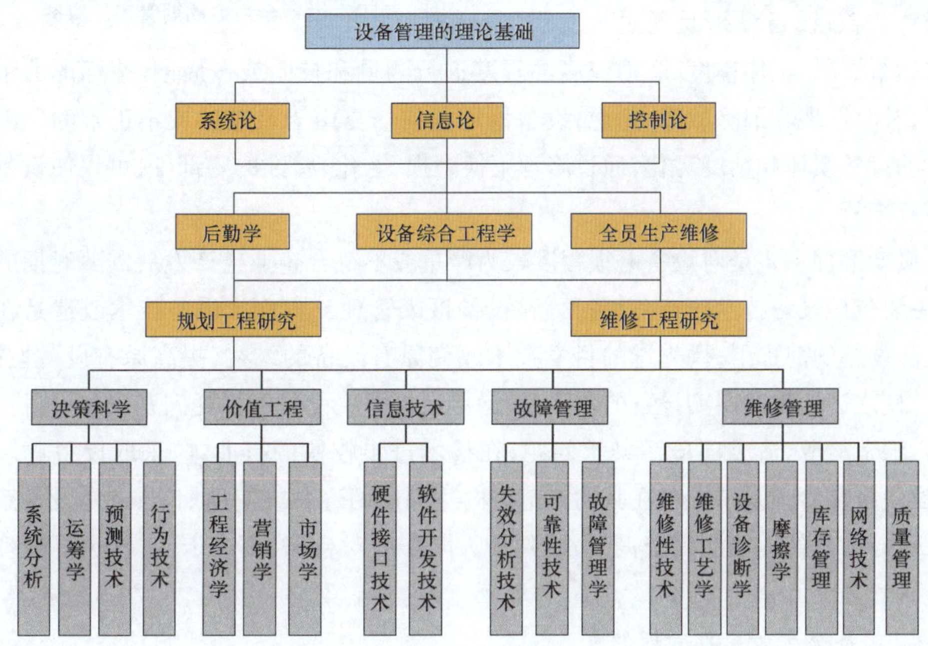


图 2—11 设备管理理论体系架构

3. 设备全生命周期的阶段划分

设备全生命周期共包括 12 个节点,分别为规划、设计、制造、选型、购置、安调、使用、维护、维修、改造、更新、报废。设备全生命周期管理可大致分为设备的前期管理、中期管理和后期管理三部分,如图 2—12 所示。

前期管理包括设备规划、设计、制造、选型、购置、安装。对于设备的规划,需遵循做好充分调研、立足企业实际、优先考虑新产品、力求经济合理的原则,在设备规划与设计完成后达到采购可行性时,一般就进入设备采购程序,设备安装完毕,应建立设备台账,做好生产准备,设备技术档案是使用和维护设备的重要技术资源,必须妥善、安全地保管好。

中期管理是指设备经过试运行后，达到验收标准正式投入使用后，对设备进行的管理。中期管理比较繁杂且持续时间长，主要是设备的使用、维护、维修管理。设备的使用管理占设备全生命周期的大部分时间，正确的使用和维修设备可使设备保持良好的状态，防止和减少突发性故障和非正常停机，使设备发挥最大效能，提高企业经济效益；设备维护是通过人对设备的运行情况、工作精度、磨损或腐蚀程度进行测量和校验或按周期、按标准的跟踪检查，及时发现和消除故障、隐患；设备修理是指修复由于日常的或不正常的原因而造成的设备损坏和精度劣化，通过修理更换磨损、老化、腐蚀的零部件，可以使设备性能得到恢复。

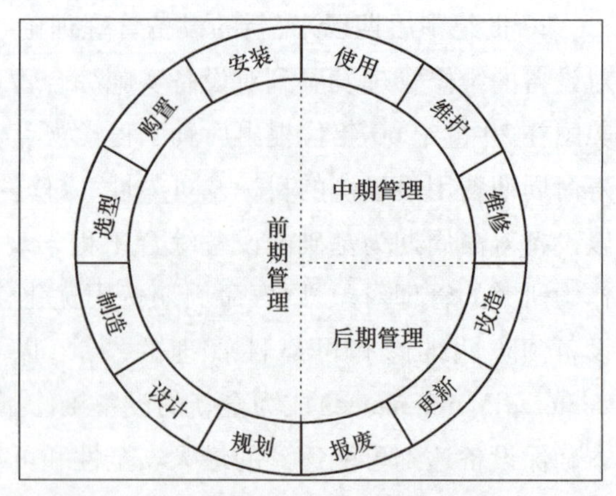


图 2—12　设备全生命周期管理示意图

后期管理主要是对设备磨损程度较为严重或不符合企业生产发展需要时期的管理，主要包括设备技术改造、设备更新、设备报废管理三方面。设备技术改造是在不引进新设备的前提下，用先进的科学技术改变原有设备的结构，提高原有设备性能、效率，使之达到现代新型设备的水平；设备更新是解决设备的损耗问题以及设备技术落后、浪费能源、造成环境污染等问题，在技术进步较快的行业，应采取设备更新形式；设备报废管理是指设备在其功能范围内达到使用寿命或使用期限，或是设备意外事故而导致其使用功能完全丧失，被判断为废弃后对台账、资产卡、实物进行处理的全过程管理。

4. 设备全生命周期管理的相关技术

设备全生命周期管理涉及的技术很多，包括设备寿命评估、风险评估与管理、全生命周期成本管理（LCC）、信息化技术等，是各种理论的综合应用。

设备寿命评估。设备从研究、设计、制造（建设）、安装直至运行和维护的全过程，都对其寿命有影响，同一种型号的工程设备，由于设计水平、制造质量、所处的地理位置以及使用维修单位的技术和管理水平不同，其使用寿命差别很大。所谓寿命评估就是一种预报（预估或估计）方法，一般是由实验室（或现场）收集的数据（包括载荷、环境条件、强度试验、寿命试验和可靠性试验）来预测零部件或系统在现场实际使用的寿命的一种方法，通过对设备使用状态、老化状态和寿命损耗的有效、连续监测，及时准确地将全生命周期过程中设备状态和寿命评估的信息反馈给管理部门，来支撑设备管理的决策。

风险评估与管理。从风险评估与管理角度来看,设备的故障率不是一成不变的而是随着设备生命周期的不同阶段而有所变化的,通过全生命周期的管理对各阶段中的各类风险因素进行分析、评价和控制,从而实现对设备风险全面评价的目的。设备在不同时期所面临的风险类型是不同的,设备的前期选型阶段主要是与设备工程项目相关的风险,中期设备运行阶段主要是关于设备故障的风险,后期的报废更新阶段则主要是设备报废决策和更新决策的风险。风险评价是采用定量或定性风险评价方法,预测危险源导致事故的可能性及严重程度,进行危险性的分级,并确定可接受风险。有关设备风险评估的技术研究,多采用设备故障概率分析和设备故障后果分析方法。

全生命周期成本管理(LCC)。全生命周期管理以追求 LCC 最小为目标,从 LCC 管理角度对设计、定购及使用与保障中的问题做出正确的决策,优化设备质量,谋求最佳费用,以获取最大的利润。LCC 管理注重控制设备系统的总费用而非局部某个阶段或项目的费用,常用现值法、净现值法等作为主要方法来评价收益与费用之差,以此为评价指标为设备(项目)与管理决策提供科学依据,谋求最少的费用来获得最大的效能。

信息化技术。随着设备的复杂度及安全性要求提高,设备生命周期过程中产生了海量的状态数据,信息技术正在设备全生命周期管理中扮演着越来越重要的角色,需要企业根据设备管理的特点和业务流程,对设备全生命周期管理中各种信息进行结构化集成以及管理过程的业务建模。

## 二、高速铁路全生命周期的管理概念

传统的铁路设备管理偏重后半生(运营阶段)的管理,对设备全生命周期过程缺乏有效的控制,需要改进的方面有:

(1)设备的维护修理只是一种后天性的保养、救护工作,而设备建设阶段存在的缺陷和弱点(如故障多、可靠性低、维修不便、影响人身安全、污染环境等)可能是先天性的、固有的,单靠维护修理无法完全解决,因此,设备的管理应当从建设阶段抓起。

(2)铁路设备建设阶段和运营阶段管理衔接不够紧密,设备的相关管理信息在移交过程中可能会发生部分遗失。设备信息资料在建设和运营单位间移交的过程中,若衔接不当,许多重要的设备信息可能遗漏,将给设备运营阶段管理带来许多障碍和困难。

(3)对设备从建设、运营直至报废的大量过程管理数据缺乏高效率的管理手段。各种原始记录,如设备的故障史、诊断与维修经验的积累和理论性的总结工作,大部分存储在技术人员和维修工人头脑中,缺乏比较系统的整理、归档,维修工作的延续性和精准度不高。

(4)铁路设备全生命周期管理软件系统较少，目前设备管理系统一方面主要集中在设备后期(运营阶段)管理，即设备台账管理，设备状态管理，设备维修管理等，并使用其查询、统计和报表等简单功能；另一方面各类应用系统缺乏整合，存在信息孤岛现象，设备管理资料难以实现多层次的数据共享。

高速铁路的高安全性、高可靠性需求决定了应对传统的设备管理方法进行完善，而全生命周期管理法对于克服上述问题具有重要价值。高速铁路全生命周期管理是指对高速铁路设备，基于建设、运营直至报废的全生命周期过程，为确保运输安全及设备处于健康状态而进行的管理活动，为实现在最恰当的时候、利用最恰当的方法、找到解决问题的最恰当的资源提供了一种新思路，这种设备管理模式可更有效地统筹铁路建设与运营相互协调发展，实现信息可追溯、病害或故障诊断更科学、维修周期预测更准确以及寿命分布模型构建，进而能够帮助高速铁路最大程度降低运营安全风险和维修成本。图 2—13 显示了高速铁路设备设备生命周期管理的流程。

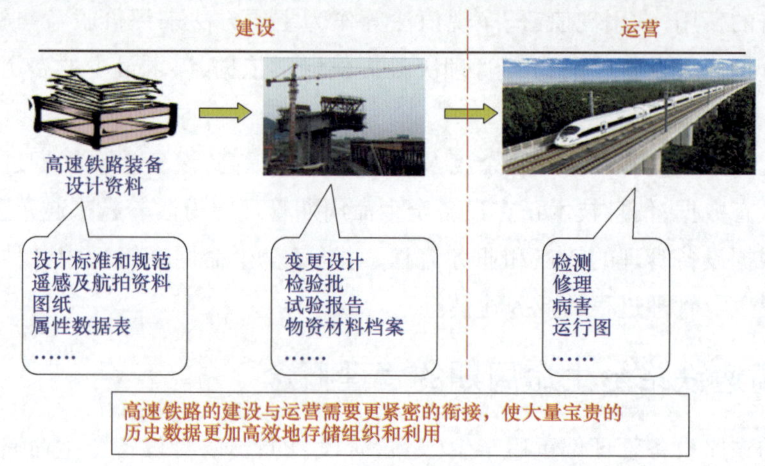


图 2—13　铁路设备生命周期管理

## 三、全生命周期管理理论同网格化管理的融合

高速铁路全生命周期管理是对设备整个生命周期进行监控理念的贯彻。对高速铁路设备实行网格化管理，是为实现更彻底、更及时的设备状态感知，更全面的设备状态信息互联互通，更智慧的设备管理决策。因此，高速铁路设备全生命周期管理同网格化管理二者的目标是相吻合的。

设备全生命周期管理通过对设备规划、设计、实施、运营直至报废等阶段的事件信息统一管理，全面地采集其历史和当前信息，可辅助管理者实现在时间维度上更透彻地感知设备历史，做到对历史数据的快速追溯，这是一种主动意识的追踪，实现了从下游生命周期至上游生命周期阶段的设备数据信息的追踪。高速铁路网格化管理强调将设备所有相关数据采集起来,按照空间结构进行编码和整合,实现设备相关资料多层次的数据共享,比如,通过原始记录,可以得到某一设备或该类设备的的故障史以及有关的维修经验,可以迅速有效的采取处理措施。因此全生命周期管理理论同网格化管理的相互结合,能够实现设备数据快速追溯,多角度、多方位查询,更加透彻地感知设备状态。

全生命周期管理强调对设备的寿命分布规律建模,掌握设备状态的变化规律,预测设备实际使用寿命,对设备不同阶段的各类风险因素进行分析、评价和控制,实现对设备风险全面评价的目的。设备网格化管理是从基于位置管理观点出发的管理理念,围绕高速铁路设备状态演化对空间位置的依赖性这一基本事实,利用现代信息技术和协调机制,整合维修资源,按照空间位置把握设备薄弱环节、安排维修计划,从而提高设备管理效率,实现智慧的维修决策。基于时间维度的设备全生命周期管理与基于地理空间维度的网格化管理相结合,可真正实现基于时间维度与空间维度的时空分析,对不同空间位置上设备全寿命周期的分布规律进行个性化建模,满足设备劣化异质性对设备个性化分析的需求,辅助管理者精准管理,对安全隐患科学预判,做到风险控制的科学管理,从而实现更智慧的设备管理决策。

设备全寿命周期管理与网格化管理的融合,从技术层面来说,主要体现在以下三个方面:

(1)编码技术。在全生命周期管理中,编码技术强调的是对同一型号同一批次产品进行唯一编码,与网格化管理融合后,它强调的是对网格、设备及事件在设备全生命周期管理过程中进行唯一编码。

(2)设备寿命评估技术。在全生命周期管理中,设备寿命评估技术强调的是对同一型号的产品寻找其寿命分布规律,与网格化管理融合后,它强调的是对网格中的单个设备进行个性化建模,寻找其独特的状态劣化规律和寿命分布规律。

(3)风险评估与管理技术。在全生命周期管理中,风险评估和管理技术强调的更多是设备何时进行更新和报废处理方面的决策,与网格化管理融合后,它强调的更多是如何准确预测网格中的何种设备在何时存在何种影响铁路行车安全的风险,并采取相应有效的预防性维修措施。

## 第四节 大数据技术的融合

### 一、大数据的基本概念

技术的发展使得人们在数据搜集能力、数据传输能力、数据存储能力以及数据处理能力等方面取得了极大进步，使得人类能够以前所未有的速度生产数据，即催生了“大数据”现象的诞生。从开始采用数据库作为数据管理的主要方式开始，人类社会的数据产生方式大致经历了运营式系统阶段、用户原创内容阶段和感知式系统阶段，而正是数据产生方式的巨大变化才最终导致大数据的产生。

(1)运营式系统阶段。人类社会数据量的第 1 次大的飞跃正是从运营式系统广泛使用数据库开始，数据库的出现使得数据管理的复杂度大大降低。数据库大都为运营系统所采用，作为运营系统的数据管理子系统，如超市的销售科记录系统、银行交易系统等。运营式系统阶段的主要特点是数据往往伴随着一定的运营活动而产生并记录在数据库中，如超市每销售出一件产品就会在数据库中产生相应的一条销售记录，这些数据产生的方式是被动的。

(2)用户原创内容阶段。互联网的诞生促使人类社会数据量出现第 2 次大的飞跃，但是真正的数据爆炸产生于 Web 2.0 时代。这类数据近几年一直呈爆炸性的增长，主要有两方面原因，首先是以博客、微博为代表的新型社交网络的出现和快速发展，使得用户产生数据的意愿更加强烈；其次就是以智能手机、平板电脑为代表的新型移动设备的出现，这个阶段数据的产生方式是主动的。

(3)感知式系统阶段。人类社会数据量第 3 次大的飞跃最终导致了大数据的产生，今天我们正处于这个阶段，这次飞跃的根本原因在于感知式系统的广泛应用。随着技术的发展，人们已经有能力制造极其微小的带有处理功能的传感器，并开始将这些设备广泛地布置于社会的各个角落，通过这些设备来对整个社会的运转进行监控。这些设备会源源不断地产生新数据，这种数据产生方式是自动的。

大数据本身是一个比较抽象的概念，从字面来看，它表示数据规模的庞大，但是仅仅数量上的庞大显然无法看出大数据这一概念和以往的海量数据（Massive Data）、超大规模数据（Very Large Data）等概念之间有何区别。对于大数据尚未有一个公认的定义，但可从大数据的特征出发，通过这些特征阐述和归纳给出其定义。围绕大数据特征，比较有代表性的是 3V 定义，即认为大数据需要满足规模性（Volume）、多样性（Variety）、高速性（Velocity）3 个特点。规模性指大数据的规模很大，突破了 PB 级数据量；多样性指大数据来源广泛，包括结构化和非结构化数据，如报表、邮件、文本、传感器数据、视频、音频、网络日志等；高速性指大数据对数据实时处理能力要求极高。除此之外，还有提出 4V 定义的，即尝试在 3V 的基础上增加一个新的特性，国际数据公司（International Data Corporation，IDC）认为大数据还应当具有价值性（Value），而 IBM 认为大数据必然具有精确性（Veracity）。

随着大数据时代的到来，战略需求发生了重大转变。高新技术企业关注的重点转向数据，计算机行业正在转变为真正的信息行业，从追求计算速度转变为大数据处理能力，软件也将从编程为主转变为以数据为中心，数据已成为矿物和化学元素一样的原始材料。2007 年，已故的图灵奖得主吉姆·格雷（Jim Gray）在他最后一次演讲中描绘了数据密集型科研“第四范式”（the Fourth Paradigm）的愿景（图 2—14 是微软公司出版的纪念吉姆·格雷的关于第四范式的专著），将大数据科研从第三范式（计算机模拟）中分离出来单独作为一种科研范式。

大数据科学这一新的科研范式，与实验科学、理论分析和计算机模拟这三种经典范式相比，其特征是将计算技术与科学工程领域有机结合，实现各领域海量数据的获取、存储、管理、深度分析和可视化展现。大数据分析可以做到没有模型和假设也能从数据中发现新知识、新规律。与传统的逻辑推理研究不同，大数据研究是对数量巨大的数据做统计性的搜索、比较、聚类和分类等分析归纳，因此继承了统计科学的一些特点，强调的是相关性分析，目标是从各种类型的数据中提取有价值的信息，给人后见之明（Hindsight）或预见（Foresight），但一般不强调对事物的洞察力（Insight），不强调因果逻辑。

图 2—14 《第四范式》封面

以轮轨关系研究为例，轮轨关系问题是铁路运输中基础性的关键科学技术问题之一，是国际性的难题，为此世界各国尤其是铁路发达的国家都投入了大量的人力和物力开展了轮轨关系系列问题的研究，主要包括轮轨磨耗机理、轮轨弹塑性滚动接触理论、轮轨粘着机理、脱轨机理、轮轨噪声、轮轨滚动接触波浪形磨损、滚动接触疲劳、轮轨几何型面和轮轨新材料的研究，然而现有的这些理论不能完全解决轮轨关系研究中的疑难问题。对于这些问题，可从大数据研究的角度出发，利用铁路现场网格内设备的全生命周期数据，为每个网格单独建模，分析影响钢轨上线、劣化直至报废的各种相关的因素，挖掘出哪些异质性因素在影响钢轨劣化中起着主导作用，或者找出某种措施与减缓钢轨劣化有较强相关性，进一步采取有效的维修方式，保障行车安全。

## 二、高速铁路大数据特征

高速铁路设备数据集呈现“海量数据 + 复杂类型数据”的状态，已具有大数据的 5V 特征，即规模性（Volume）、多样性（Variety）、高速性（Velocity）、精确性（Veracity）和价值性（Value）等五个方面。

1. 规模性

按易安信公司(EMC)的界定,大是指大型数据集,一般在10 TB规模左右,多用户把多个数据集放在一起,形成PB级的数据量。目前,我国投入运营的高速铁路总里程超过1万km,设备管理所产生的数据规模远远超过了EMC的界定。如轨道检查车检测数据,按正线每周检测一次,将相应的波形数据和超限数据存放在Oracle数据库,一年的的数据量约17 TB;高速铁路综合视频监控系统产生的视频数据规模每年约为142 PB。轨道检测车数据以及视频监控数据仅是高速铁路设备数据集中的一部分,可见高速铁路具有大数据的规模性特征。

2. 多样性

多样性是指数据来自于多种数据源,数据种类和格式冲破了以前所限定的结构化数据范围,囊括了半结构化数据和非结构化数据。高速铁路设备数据集具有多样性特征,体现在以下4个方面。

(1)从高速铁路专业的角度出发,设备系统由工务、电务、牵引供电等专业构成,并且每个专业都是一个庞大而复杂的系统,以工务系统为例,涵盖了线路、桥隧和路基等不同子专业,每个子专业都会产生不同种类的数据。(2)从数据产生时间所在的设备生命周期阶段出发,高速铁路设备数据分为建设阶段和运营阶段数据,其中每个阶段都会产生种类众多、内容庞杂的设备数据。(3)从数据格式的角度出发,高速铁路设备数据集包含有设备纸质台账、人工检查记录本等纸质类数据,轨检车(或动检车)的geo和iic格式的数据,便携式(或机载式)添乘仪、轨道检查小车的Excel数据,道岔铺设图、桥梁布置图、线路设备综合图、车站竣工图等CAD数据,设备录像的AVI(或WMV)数据,设备照片、设备病害照片等JPG数据。(4)从数据结构的角度出发,高速铁路设备数据集包括结构化数据和非结构化数据,如设备各种检查、检测和监测等结构化数据,设备图纸、照片及录像等的非结构化数据。

3. 高速性

大数据的数据挖掘技术与传统的技术不同,在于其处理速度非常快,具体来说,数据流往往为高速实时数据流,而且往往需要快速、持续的实时处理。高速铁路网格化管理要求实现对设备的更全面、更及时的状态感知,实现这一目标,高速性是必然选择。如高速铁路综合视频监控系统、CTC/TDCS系统、供电SCADA系统、电务微机监测系统、防灾监测系统、机房动力环境监控系统等,实时处理着各种监测数据,快速判断现场发生的病害或事故,及时反馈给铁路运营部门,保障铁路运行安全。

4. 精确性

精确性是指某些数据具有不确定性。追求高数据质量是一项重要的大数据要求和挑战,但即使最优秀的数据清理方法也无法消除某些数据固有的误差。以轨道检测数据为例，一方面存在有里程偏差，既有记录的采样点的里程与线路上对应的真实里程之间的偏差，又有同一采样点上轨检车多次检测记录的里程之间的偏差；另一方面检测数据中也存在针对某一检测项目轨检车检测系统输出的偏离真实值的检测值，称为异常值。因此，轨检车检测数据存在不确定性。虽然高速铁路设备数据集具有不确定性，但是通过积累网格内的所有相关数据，利用其中各类数据之间的相互关系，可有效减少数据不确定性对设备状态及寿命预测的影响。

5. 价值性

高速铁路设备数据集的价值性主要体现为铁路运营部门可利用积累的设备相关历史数据，通过各种统计、算法，对与设备状态相关的大规模数据进行“冶炼”，从数据中发现关联、发现知识，成为风险控制、科学制定设备养护维修决策的依据。

## 三、大数据技术辅助实现高速铁路网格化管理

大数据的巨大价值在于促使各行各业的决策从“业务驱动”转变为“数据驱动”，大数据技术同网格化管理相结合，可以更好地实现对高速铁路设备的状态感知，以及更智慧的管理决策，大数据对高速铁路网格化管理的支撑作用如图 2—15 所示。

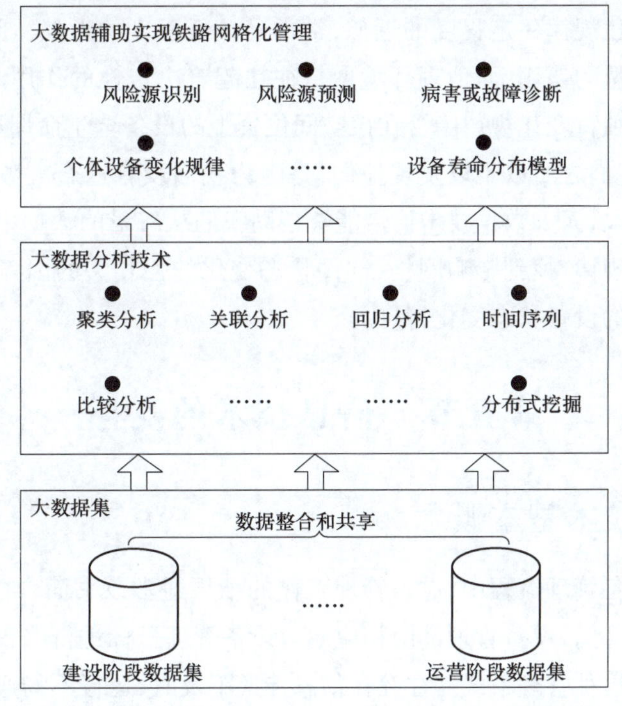


图 2—15 利用大数据技术辅助实现高速铁路网格化管理示意图

1. 数据整合与共享

利用大数据技术可辅助实现多源、异构、多尺度的高速铁路基础数据的高效组织

管理，为网格化管理奠定数据基础。大数据技术将网格、设备（部件）、事件的所有属性数据基于统一的编码标准整合在一起，使管理者快速感知设备的当前状态，以及设备生命周期中某一历史时刻的历史状态，实现所有历史数据的可追溯。同时，高速铁路工务、电务、牵引供电等不同专业管理者共享同一网格内的所有属性数据，有助于解决铁路传统管理中存在的信息孤岛问题，实现基于位置的多专业信息互联互通。

2. 风险源识别和预测

高速铁路网格化管理的目标之一是实现科学的风险管理，风险管理的核心内容是对风险源的科学识别与预测，传统风险管理的最大困难是很难找到风险源，同时当病害或故障发生后又找不到问题的源头，世界上不存在一个数学公式，告诉管理者风险在什么时间、什么地点发生，但风险及产生风险的原因一定隐藏在设备的大数据之中，通过数据挖掘与分析，我们能够找到他们，并通过及时采取对策实现对风险的控制。

3. 设备状态变化规律分析

高速铁路网格化管理最核心的内容是研究处于不同空间位置上的设备的状态独特变化规律，现有国内外的所有研究成果尚不能解决这一问题，统一的经验公式或统计模型都是对变化规律一定程度的近似，常常是较低程度的近似。因为这些公式忽略了地理环境变量的作用，而地理环境变量往往起着决定性的作用。不同空间位置上的设备的状态独特变化规律隐含在该空间位置上的设备全生命周期过程中产生的大数据中，过去我们之所以难以发现他们，是因为我们没有这个大数据，其次是乏相应的数据分析手段，而大数据技术恰恰能够帮助我们从海量的数据中发现新的模式、新的知识和新的规律，找到影响网格、部件状态变化的强相关的因素，辅助管理者掌握不同空间位置的设备状态变化特点。

## 第五节　信息技术的支撑

### 一、信息技术基本概念

在传统的设备管理流程中，设备管理工作的结果通常以书面（或电子表格）形式反馈给设备管理部门，设备管理部门相应地对设备管理目标进行修正，从而形成一个闭环循环流程。这种管理模式往往存在信息传递不及时、运行不畅通、权责不明确等不足，往往由于管理人员懈怠、管理约束力不强、执行力差等原因，导致设备的安全隐患可能逾期处理，甚至长期积累，最终可能导致事故发生。同时，设备相关的数据以纸质（或电子表格）形式保存，数据缺乏整合，隐藏在数据中的新知识、新规律难以发现,数据的真实性、完整性难以保证。

信息技术对设备管理的作用在于可真正地实现设备闭环管理,这也恰恰是高速铁路设备管理的核心需求。利用信息技术可将现实世界中的设备管理流程形成对称的虚拟世界。在虚拟世界中,通过数据采集技术对设备管理流程中产生的数据进行实时全面采集,可辅助管理者实现对设备状态的感知;利用数据库技术,对采集到的数据进行存储和共享,可在所有管理者之间实现数据间的互联互通;利用统计学、可靠性数学理论、数学建模理论以及数据挖掘技术,发现隐藏在海量的数据中新的模式、新的知识甚至新的规律,对风险源进行科学识别与预防,诊断病害或故障产生的原因,实现设备管理更智慧的决策支持。设备管理部门通过虚拟世界反馈来的数据分析结果,判断影响设备管理目标实现的原因或对设备管理目标进行修正,形成真正意义上的设备闭环管理。高速铁路设备网格化管理涉及的信息技术主要有物联网技术、数据仓库技术和地理信息系统技术等。

物联网(Internet of Things)概念最早于1999年由麻省理工学院Auto－ID研究中心提出,被看作信息领域一次重大的发展和变革机遇。狭义上的物联网指连接物品到物品的网络,实现物品的智能化识别和管理;广义上的物联网则可以看作是信息空间与物理空间的融合,将一切事物数字化、网络化,在物品之间、物品与人之间、人与现实环境之间实现高效信息交互方式,并通过新的服务模式使各种信息技术融入社会行为,是信息化在人类社会综合应用达到的更高境界。物联网技术已广泛用于铁路运输领域,如自动车号识别系统、雨量监测、轨温监测、大风监测、信号微机监测、信号检测系统、远动系统等系统。在高速铁路网格化管理中采用物联网技术,有助于实现人与管理对象的互联互通,使设备管理人员快速感知设备状态。

数据仓库(Data Warehouse,简称DW)的概念由美国著名工程学家WH Inmom博士于20世纪90年代在《建立数据仓库》一书中最先提出,是一个面向主题的、集成的、时变的、非易失的数据集合,支持管理部门的决策过程。数据仓库能有效集成企业的业务数据,可以对分布在不同系统的业务数据按照面向主题的原则进行清洗和加工,使它们成为统一格式的易于使用的支持决策的数据,可以在一个查询中对不同阶段的数据进行纵向或横向比较等。高速铁路设备状态数据具有海量、多源、异构、多尺度、多时空关系的特点,这决定了需要采用数据仓库存储和管理方式,将多种不同格式数据进行融合加工,实现设备数据交换和共享,为数据深度挖掘分析提供高度整合的数据。

地理信息系统(Geographic Information System,简称GIS)是用于采集、存储、查询、分析和显示地理空间数据的计算机系统,地理信息系统技术的发展为满足高速铁路设备管理中对空间数据的分析需求提供了技术手段,其精髓在于挖掘基于位置的数据之间的关系与演变规律。高速铁路设备管理信息均与空间位置有关,设备管理过程中所产生的基础台账信息、检查检测监测数据、维修数据等生产数据具有极强的空间属性;同时,不同空间位置的设备具有不同的状态劣化规律,即空间位置因素对设备状态变化规律有决定性影响作用。上述原因决定了需要采用 GIS 技术,从基于位置的角度出发,对设备状态劣化规律和寿命分布建模进行研究,进而快速确定薄弱地段,找到影响运输安全的关键设备,并从空间的角度,多维度、深层次分析与诊断设备病害或故障产生的原因,实现风险预控,以及多专业高效地集中维修。

## 二、地理信息系统的特点

计算机制图、计算机辅助设计、数据库管理系统、遥感影像处理技术奠定了地理信息系统的技术基础,地理信息系统是这些学科的综合,但又有自己的技术特点。

1. 基于空间位置的数据采集技术

数据采集就是运用各种技术手段,通过各种渠道收集数据的过程。地理信息系统的数据采集工作包括空间数据采集和属性数据采集。空间数据采集的方法主要包括野外数据采集、现有地图数字化、摄影测量方法、遥感图像处理方法等,每一种空间数据采集方法,都有相应的 GIS 软件支撑。属性数据采集主要是从相关部门的观测、测量数据,各类统计数据,专题调查数据,文献资料数据等渠道获取。此外,遥感图像解译也是获取属性数据的重要渠道。

2. 基于时间、空间和专题的数据整合与管理技术

地理信息系统可以实现空间数据与属性数据的一体化管理,地理信息系统是空间数据及属性数据的管理系统,这些数据包括了现实世界各种现象的三大基本特征,即空间、专题和时间特征。空间数据库管理技术可以实现海量、多源、异构、空间多尺度性和时间多尺度性的空间数据的集中管理,以空间位置为纽带建立不同数据之间的关联关系,通过建立高效的空间索引机制,提供强大的空间信息检索能力,实现空间数据的整合。

3. 基于空间信息的可视化表达技术

地理信息系统的一个最基本功能是能够实现电子地图的可视化表达,实现电子地图的查询浏览功能。地理信息系统平台一般都提供专题图绘制功能,在基础地理信息基础上叠加专题信息,创建地图和图表以揭示数据行列背后的真正含义,方便地将数据和地理信息的关系直观地展现,帮助用户从地理的角度更好地理解各种信息,可以增强报表和数据表现能力,找出以前无法看到的模式和趋势,创建高质量的专题地图以便做出高效的决策。

4. 基于空间的信息查询与分析技术

地理信息系统不仅仅是一个空间数据的管理系统,它还提供了丰富的数据查询功能,以及复杂而科学的空间分析模型和分析工具,使得我们可以通过 GIS 的空间分析功能,获取隐藏在 GIS 数据之中的信息和关系。地理信息系统集成了多学科的最新技术,如关系数据库管理、高效图形算法、插值、区划和网络分析,为空间分析提供了强大的工具,使得过去复杂困难的高级空间分析任务变得简单易行。常用的 GIS 空间分析模型有空间数据查询、空间数据的叠合分析和分类、空间数据的网络分析、空间数据的邻近分析、数字高程模型分析等。

5. 基于网络服务的地理信息共享和互操作技术

地理信息共享和互操作一直是地理信息系统技术要解决的关键问题之一。目前已经发展了多种技术和标准实现地理信息共享技术与互操作,其中基于网络服务方式的地理信息共享和互操作方法是目前公认的最好方法。ISO、OGC 和 FGDC 等标准化组织依据网络服务、地理信息共享和互操作特性制定了相关标准和规范,定义了统一的地理信息服务接口,使得用户可以通过相同方式访问不同数据源的数据,而无须掌握数据源的位置和内部结构。很多 GIS 厂商竞相推出基于网络服务标准的网络 GIS 平台,如 ESRI 的 ArcIMS、ArcExplore,MapInfo 的 MapXtreme,国产的 SuperMap IS,并在此基础上基于 OGC 规范开发了地理信息服务组件,如网络地图服务(Web Map Service,WMS)和网络要素服务(Web Feature Service,WFS)等服务组件,使得网络 GIS 平台可以为用户提供地图影像数据和地理要素矢量数据。

6. 基于时间空间关系的数据挖掘技术

空间数据挖掘和知识发现(SDMKD)在空间数据库的基础上,综合利用统计学方法、模式识别技术、人工智能方法、神经网络技术、粗集、模糊数学、机器学习、专家系统和相关信息技术等,从大量空间的生产数据、管理数据、经营数据或遥感数据中析取人们可信的、新颖的、感兴趣的、隐藏的、事先未知的、潜在有用的和最终可理解的知识,从而揭示出蕴含在数据背后的客观世界的本质规律、内在联系和发展趋势,实现知识的自动获取,提供技术决策与经营决策的依据。

## 三、地理信息系统技术对网格化管理的支撑

高速铁路设备管理过程中所产生的数据几乎都与空间位置有关,设备管理的大部分业务也具有鲜明的时间空间分析特色,这些特点决定了设备管理需要采用 GIS 技术。GIS 技术可为网格化管理提供其他技术难以替代的基于位置的数据时空分析功能,以下是 GIS 技术在高速铁路网格化管理中的典型应用。

## （一）空间信息的可视化

数据可视化技术的基本思想是将数据库中每一个数据项作为单个图元元素表示，大量的数据集构成数据图像，直观地传达关键的特征。网格化管理应基于GIS技术，结合虚拟现实技术以及网络视频技术和图片等多媒体技术实现设备数据的可视化。

### 1. 基于GIS的网格、设备、事件的空间定位可视化

高速铁路设备管理的空间定位可视化主要基于网格、设备、事件的空间定位特征，可采用一维、二维和三维等多种方式描述相关对象的空间布局。

一维分布专题图采用一维的里程坐标系反映网格、设备、事件的空间分布特征，比较常用的有线路设备综合图、允许速度图、施工计划图等。如沪杭高速铁路线路设备综合图（图2—16），$X$轴为线路里程，$Y$轴为不同设备，图形主要显示不同设备分布并标注其简要特征。线路设备综合图信息内容丰富，不仅能够反映线路设备的空间位置，而且同时反映设备之间的空间关系，是设备管理人员重要的管理工具。GIS软件可在一维分布专题图中实现里程定位、设备定位等查询功能，也可以查询设备图标背后的设备属性信息。

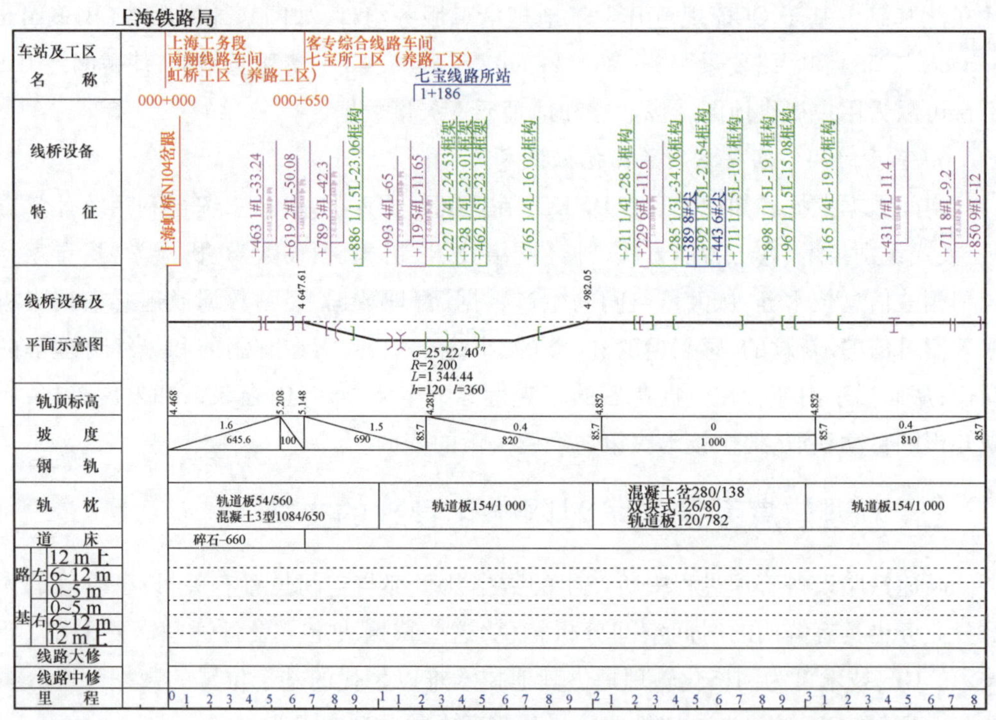


图2—16　沪杭高速铁路线路设备综合图（局部）

网格、设备、事件二维分布专题图主要在国家基础地形图基础上，叠加网格、设备、事件二维的分布信息，形成相关的分布专题图。GIS 软件可在二维分布专题图中进行线路、车站、区间、网格、设备、事件的空间定位，也可以查询对象图标背后的属性信息。图 2—17 为在基础地形图基础上叠加京沪高速铁路上海铁路局管段丹昆特大桥所在线路区段曲线、坡度、车站等相关设备图层后的二维专题图。

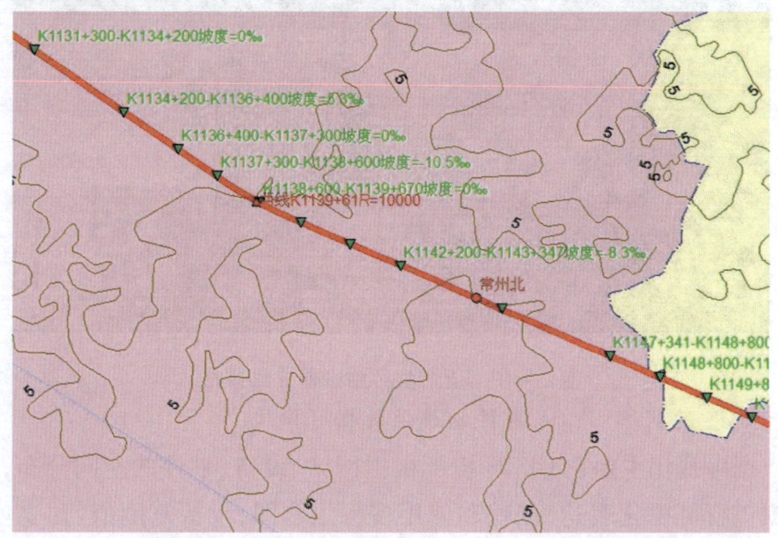


图 2—17　京沪高速铁路上海铁路局管段设备分布图二维图（局部）

网格、设备、事件三维空间表达主要基于数字高层模型（DEM）数据，叠加海量遥感影像信息形成三维地形，如图 2—18、图 2—19 所示。三维环境下可以进行线路、车站、区间、网格、部件、事件的空间定位和空间关系表达，可查询对象图标背后的属性信息，也可沿线路进行飞行浏览，查询沿线的网格、设备、事件分布信息。

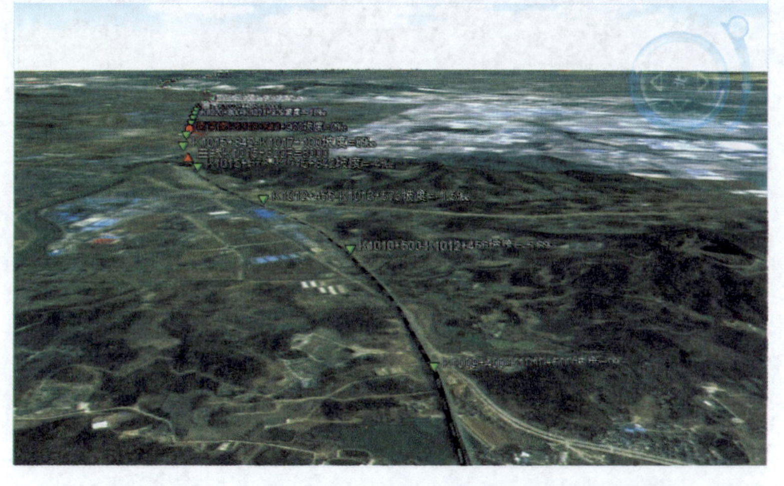

图 2—18　京沪高速铁路三维地形分布（南京南站附近）

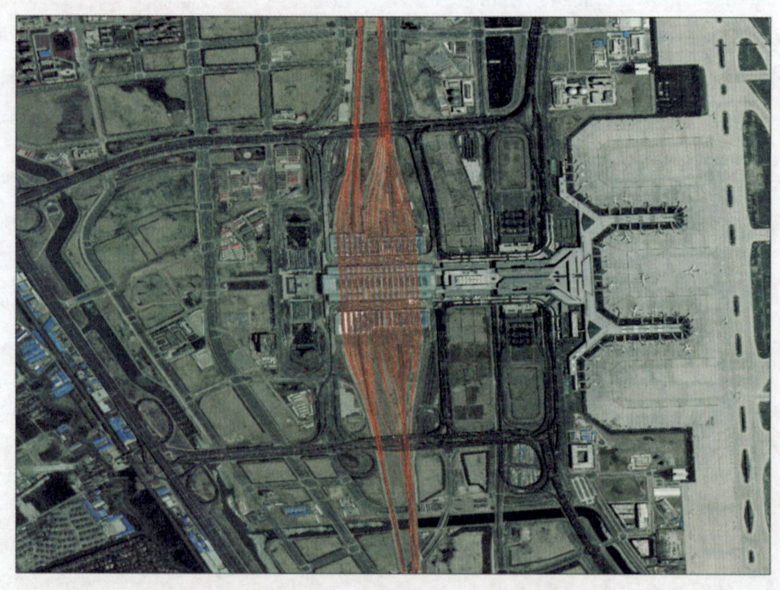

图 2—19　上海虹桥站设备三维分布

2. 基于 GIS 的网格、设备、事件的属性数据可视化

属性数据可视化主要在 GIS 环境下根据网格、设备、事件的空间分布，将其背后的属性数据进行可视化表达，创建和使用多种主题图，包括范围值、独立值、分级符号、点密度、饼图、条形图，格网专题图等，常用的 GIS 平台软件都具有功能强大的专题图绘制功能。在一维、二维和三维的网格、设备、事件分布专题图的基础上，针对网格、设备、事件等对象根据其属性数据，绘制专题图，如图 2—20 为基于坡度的坡度数字段绘制的京沪高速铁路上海铁路局管段坡度分布专题图。

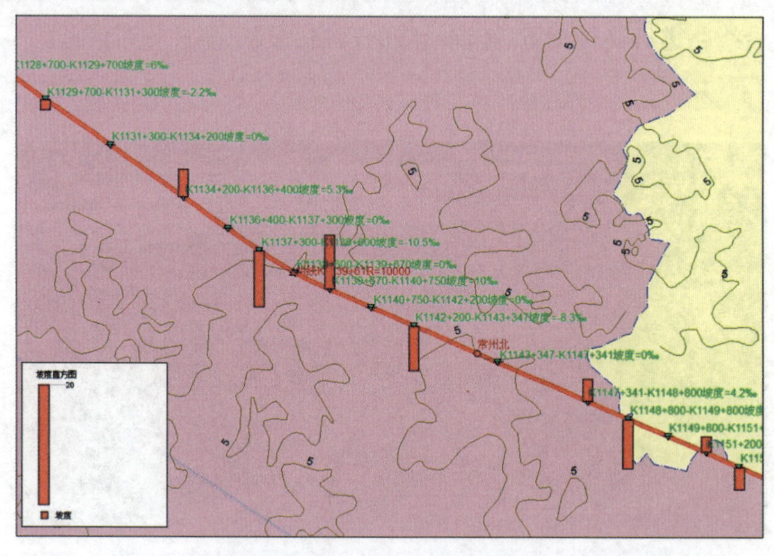


图 2—20　京沪高速铁路上海铁路局管段坡度分布专题图

3. 设备管理多源信息集成可视化技术

将二维电子地图、三维数字地形场景及网络视频结合起来,多个窗口整合在一个屏幕中进行联动,可以形成两图联动、三图联动甚至多图联动。这种方式可以集成多源信息,从不同角度高效表达网格、设备和事件的空间位置信息、空间关系信息和设备属性信息。

图2—21为三图联动画面,包含三个图形窗口,有视频窗口、线路设备综合图和三维数字地形场景,三个窗口从不同角度反映设备布局及其特征。窗口可以进行联动,联动的基础是三个窗口都有反映线路设备空间位置的坐标系,视频窗口有帧位坐标、线路设备综合图有一维里程坐标、三维数字地形场景有三维空间坐标,三个坐标系可以相互转换,实现位置的同步。可以从线路设备综合图和三维数字地形场景查询网格、设备和事件的相关信息。

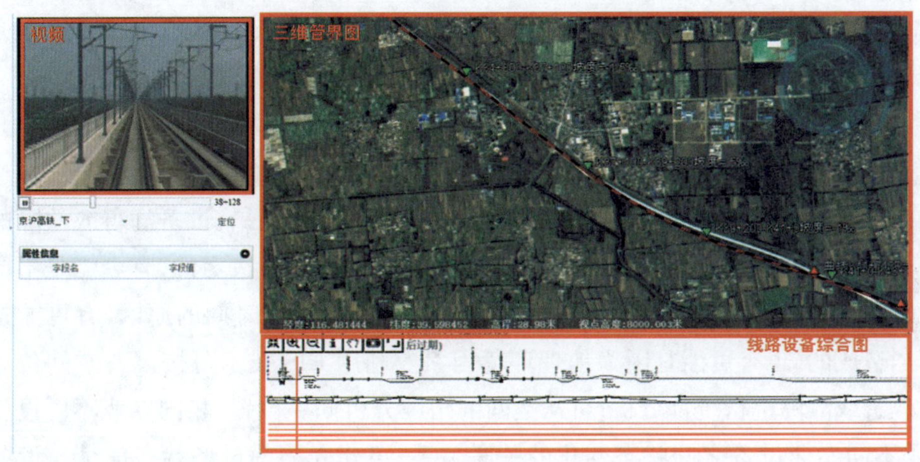


图2—21 三图联动示意图

4. 网格化管理空间分析结果的可视化

采用GIS技术可实现所有空间分析模型的可视化,将各种空间分析结果绘制成专题图,如设备状态评定结果、设备病害(故障)诊断、设备安全风险源分布、设备安全预警等专题图。如在管界图的基础上叠加质量风险源可形成质量风险分布图,如宁安铁路质量风险专题图(图2—22),它使项目质量风险关键和状态显性化,质量主次风险一目了然,有益于全盘掌握项目总体状态。

## (二)确定网格薄弱地段

确定网格薄弱地段是从高速铁路设备数据库中抽取并融合网格、设备的历史及当前病害数据,利用GIS技术,基于网格、设备的状态评定理论,计算网格、设备各项可靠性指标,根据计算结果可以用网格的单项指标(如病害率,病害或故障密集程度、重复程度等)或多项指标综合评定,作为判断薄弱地段的标准。利用 GIS 技术对抽取、融合的综合性数据,按空间位置进行叠合分析、基于时间空间关系进行数据挖掘分析,经过综合排序找到状态最差的地段。利用 GIS 基于空间信息可视化表达技术,将基于业务模型分析的结果自动绘制成相应的专题图,并叠加在基础地理信息地图上,将数据和地理信息的关系直观的展现,给用户提供易于理解的业务模型分析结果。

### (三)寻找影响运输安全关键设备

利用 GIS 技术可以寻找影响运输安全的关键设备。设备的状态一般使用可靠性指标评价描述,故用户只需根据实际的业务需要,制定相应可靠性指标的阈值,进而建立判定标准。若设备当前的可靠性指标小于或大于规定的阈值时,则可判定该设备为影响运输安全的关键设备;如当设备的病害率或病害密集度超过相应规定的阈值,或者设备的预计剩余寿命小于相应规定的阈值时,则可判定该设备为影响运输安全关键设备。

### (四)分析与诊断设备病害或故障原因

设备的病害或故障一般来说只是表面现象,或者说是结果,设备病害或故障的产生有其深刻的产生或发生机理,有可能是设备本身的特点所决定的,有可能是不同设备之间相互影响的结果,有可能是设计缺陷,有可能是建设时期的原因,有可能是维修不当造成的,也有可能是因为地理环境因素。利用 GIS 技术可按设备空间位置对设备病害或故障进行统计分析;可从空间的角度分析同一位置,相同专业不同设备之间,或不同专业设备之间状态变化的关联关系;可建立当前设备状态信息与设备设计、建造等不同历史时期状态信息的关联关系;可建立当前设备状态信息与设备修理工作、维修作业方式的关联关系;可建立当前设备状态信息与设备运用信息的关联关系;可建立设备状态信息与高速铁路沿线的水文、地质、地形地貌、气象和灾害等自然因素的关联关系。采用 GIS 的数据叠合、邻近分析技术和基于时间空间关系的数据挖掘技术,可以较好地完成上述工作,从空间的角度,多维度、深层次分析与诊断设备病害或故障产生的原因,使维修决策更具针对性。

### (五)整合维修资源

综合维修计划、进度编制的业务,需要了解高速铁路不同专业的设备病害或故障在空间上的分布情况,明确不同专业的设备管理人员如何进行协调配合。对不同专业设备的病害、故障和安全隐患从空间的角度进行分析,科学确定维修任务,按空间位置整合不同专业的维修资源,包括人员、机具和材料,以及天窗资源。同时,在维修施工任务确定后，不同施工活动之间存在着时间约束、空间距离约束，科学编制施工计划既需要一个可视化的强大信息工具，便于参加人员之间高效交流，又需要一个强大的时空分析与优化工具，保证施工安全、施工质量，并节约维修成本。采用 GIS 的数据叠合分析技术、基于时间空间关系的数据挖掘技术、可视化表达技术能够满足上述业务模型需求，可很好地完成上述工作，实现维修资源的整合，辅助管理人员达到不同专业设备进行综合维修的管理要求。

# 第三章 高速铁路网格化管理编码及属性设计

设备编码是进行信息资源整合、识别管理对象的基础,基于高速铁路设备全生命周期管理进行网格、部件、事件等编码设计,建立覆盖全生命周期过程的编码管理体系和标准,可实现全生命周期的信息关联、整合与追溯。

## 第一节 编码设计

科学的编码可使管理者快速掌握设备状态,查找设备的设计、制造、性能等基础特征。高速铁路网格化管理编码设计应有助于管理者对设备进行科学评价,对设备供应、设备使用、设备维修进行管理优化,为制定设备维修计划、提高铁路风险控制水平、降低管理成本提供科学依据。

### 一、编码原则

高速铁路网格化管理的编码设计应基于业务管理标准,对网格、设备和事件的主要属性信息进行标准化定义,对网格、设备和事件等要素进行统一的编码,赋予唯一身份证式的标识。高速铁路网格化管理的编码设计应首先遵循信息编码的普适性原则,这些原则是所有行业编码管理所应具备的共同特征,同时还应按照铁路设备全生命周期管理的原则来进行编码。

(1)唯一性原则。如果两种不同业务对象的编码一样,系统可能会将两个不同业务对象的信息资料混淆在一起,容易造成信息错乱,失去应有的管理价值;在编码时必须保证一个编码对象仅赋予一个编码,一个编码只反映一个编码对象,即一物一码原则。

(2)标准化原则。编码尽可能采用已颁布的国际、国内有关标准,统一编码形式。

(3)简短性原则。服从全局、注意实用,在考虑发展扩充的前提下尽量压缩编码位数,以减少差错率、节省存储空间、缩短数据处理和传送时间。

(4)分类性原则。根据不同行业、不同企业的实际情况,对系统的编码进行分类整理,以企业产品设计、生产制造、经营管理和质量管理等企业内的全部相关信息为分类编码对象，根据相互依存、相互制约和相互补充的内在联系，建立信息分类编码体系结构。

（5）柔性原则。编码系统在描述不同类别事物时，在编码位数和码位顺序上要具有弹性，各码段与信息特征之间形成内在的逻辑对应。

（6）稳定性原则。分类体系选择各要素最稳定的特征和属性作为分类依据，能在较长时间里不发生重大变更。

（7）完整性和可扩展性原则。在指定编码规则时，所有的现存编码对象都由编码归档，并为未来可能的编码对象预留空间；编码规则的完整性，具体体现在物料分类的覆盖面，即已有的物料，必须能找到分类的编码字段，将来可能用到的物料也要预留分类的编码字段，在实际编码中，合理预测编码字段最能体现专业性，是检验编码能否经得起时间考验的重要标准。

（8）识别性原则。编码应尽可能反映编码对象的特点，以助于记忆并便于人们了解和使用；长度尽量统一，编号长度统一，可以在阅读或录入时很容易发现编号长度不对、漏输或多输。

（9）一致性原则。高速铁路的全生命周期管理要求同一设备（物料）在不同的阶段有统一编号，这一编码从建设阶段、运营阶段直至报废阶段是固定不变的。

（10）可追溯性原则。实现高速铁路的全生命周期管理要注意设备历史信息的可追溯性管理，当对某一设备进行修理时，通过编码能够快速查找到该设备历史事件信息、维修设备所需物资的供应商信息等。

（11）准确定位原则。输入某一设备的编码后能准确定位该设备所处的地理位置。

（12）逻辑性原则。对于复合设备而言，组件设备的编码要体现出原设备的隶属关系。

## 二、编码设计

高速铁路设备全生命周期模型是对设备全生命周期管理中各种信息的结构化集成，如图 3—1 所示，这些信息集中体现在设备、事件、地理空间、寿命周期阶段 4 个维度。对高速铁路管理者来说，地理空间位置信息是所有信息的基础；从设备信息形成过程来看，设备信息又具有阶段性。网格、设备和事件的编码，应综合考虑部件维、事件维、地理空间维和寿命周期阶段维信息。

### （一）编码阶段

编码时机是实现高铁网格化管理的关键，若不及时，许多重要的属性信息将会流失或沉淀，结合设备全生命周期阶段划分（图 3—2）对编码的时机进行研究。

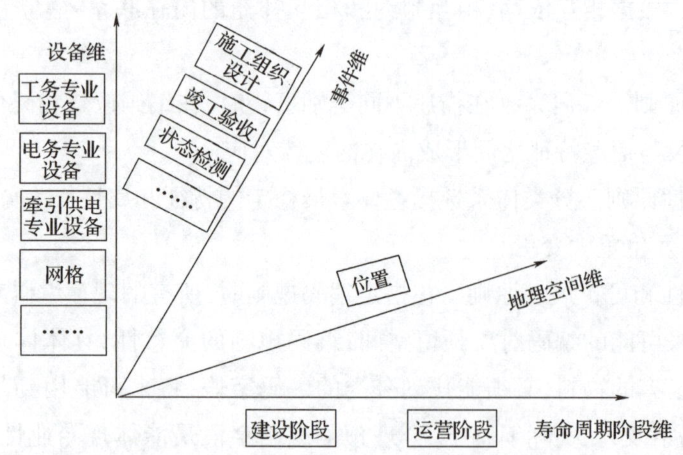


图 3—1　设备全生命周期四维视图模型

A、B、C 三个阶段是设备定型前的"孕育阶段",主要确定设备的功能需求和技术规范和设计要求等。A 阶段首先产生需要实现某种功能的想法,继而提出满足该功能需求的设备。B 阶段确定功能需求的具体参数,提出技术规范。C 阶段考虑建设环境因素和地理位置,提出进一步的设计要求,功能要求规范趋于完整。

D 阶段是设备定型的"出生阶段",在该阶段必须及时地给予设备编码,即身份证式标识。具体来说,D 阶段基于设备的技术需求、设备定型,确定了设备的唯一标识,同时确定了该设备的具体零部件规格型号定义及清单。从这个阶段开始,确定的设备编码,将贯穿其全生命周期的过程,使设备从设计、建造、运营直至报废的大量过程管理数据得到有效管理。设备零部件的编码应基于设备编码确定,从而可以将物资信息,如供应商信息、零部件规格型号信息等与设备的全生命周期管理相关联。

铁路传统的设备管理往往在 G 阶段竣工验收后,铁路建设部门将新建线路移交给运营部门,由运营部门负责创建维护设备的编码。与全生命周期编码相比,设备在设计和建设阶段(A ~ G 阶段)的许多重要信息可能会发生遗失。

在 K 阶段若设备因为修理,需要进行零部件更换时,设备相关零部件的型号可能需要发生改变,即与该设备相关的零部件编码可能需要被更换,但是设备的编码不发生变化。

## (二)编码设计

### 1. 网格编码

网格编码主要与地理空间维信息相关。D 阶段,随着设备定型及编码确定,网格的编码也随之确定;在 K 阶段,若因修理造成线路的地理布局发生变化会引起单元网格变更,但原编码应处于存档状态,不得用于其他单元网格。针对高速铁路网格,其

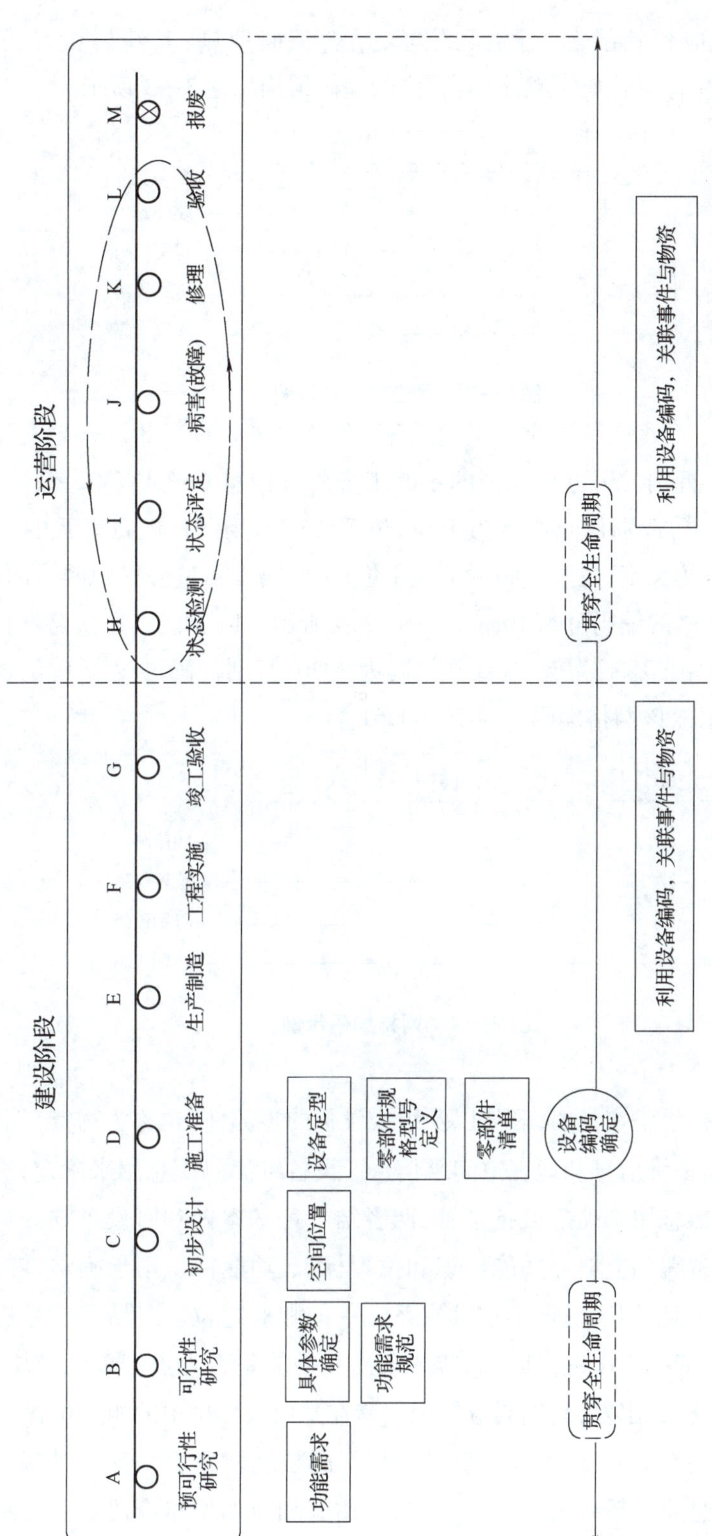


图 3—2 设备编码与设备全生命周期不同阶段的关系图

地理空间维信息应包括线名、行别和位置，结合编码原则，其编码设计可为线别代码+行别代码+位置代码+顺序码，相应的编码结构如图3—3所示。

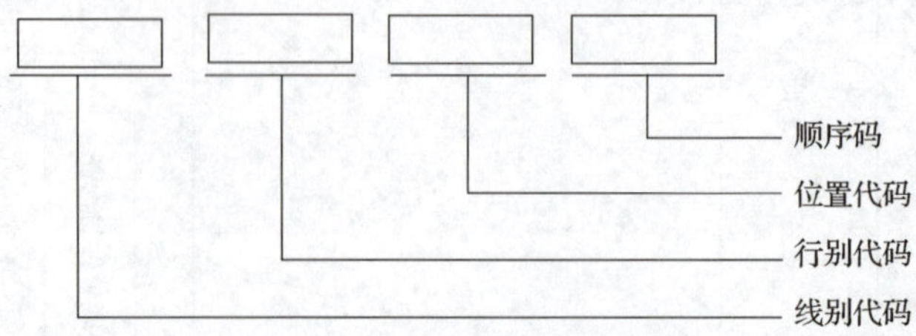


图3—3 网格编码结构图

网格编码的各项编码位数应基于我国高速铁路设备管理现状及未来发展需求确定。如线别代码、行别代码可与现行的铁路工务管理信息系统PWMIS保持一致，线别代码可定为4位，行别代码可定为1位；位置代码可用网格起点里程的公里数表示，根据铁路线路的长度，位置代码可定为4位；顺序码表示整公里内网格的顺序号，可定为1位；故网格的编码可为10位，如图3—4所示。以宁杭高速铁路上行K26～K26+200单元网格的编码为例，其线别代码为3026，行别代码可设为1，位置代码为0026，顺序码为1，故该网格编码为3026100261。

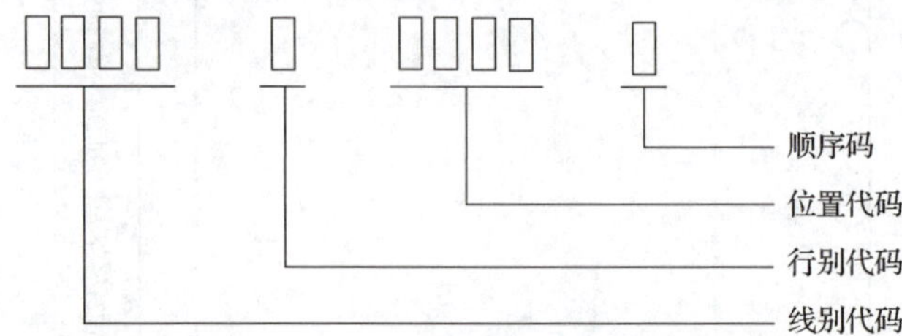


图3—4 网格编码示例

2. 设备编码

设备编码包括设备本身的编码，以及组成设备的零部件（也称为物资）编码；应有两部分构成，即设备维信息和地理空间维信息。设备维编码信息用来确定设备类别，地理空间维编码信息用来确定设备位置，两者结合可基本做到对设备唯一标识。零部件编码是在设备编码上增加功能标识和位置标识，功能标识用于确定零部件在系统中的作用，位置标识用于确定零部件在系统中的相对定位。以站内信号机的零部件编码为例，从功能标识出发，其编码应体现出其功能是否为点灯单元模块，或者报警模块等；从位置标识出发，其编码应体现出其在站内信号机中的相对位置。

针对高速铁路设备，其设备维信息是指按不同粒度划分的设备类别，见表3—1。其地理空间维信息应包括线名、行别、位置，可用其相应的网格编码表示。结合编码原则，其编码设计为网格编码+设备大类代码+设备小类代码+顺序码，相应的编码结构如图 3—5 所示,通过网格编码可将设备与相对应的网格建立关系。如表 3—1中高速铁路工务设备分类,设备大类代码和设备小类均可定为 2 位;顺序码表示同一网格内同一类设备的顺序号,可定为 2 位;故设备的编码共为 16 位,如图 3—6 所示。以宁杭高速铁路中心里程为 K5 +380 的秦淮河特大桥编码为例,秦淮河特大桥对应的网格编码为 3026200052,设备大类代码可设为 03,设备小类代码可设为 01,顺序码为 01,故秦淮河特大桥的编码为 3026200052030101。

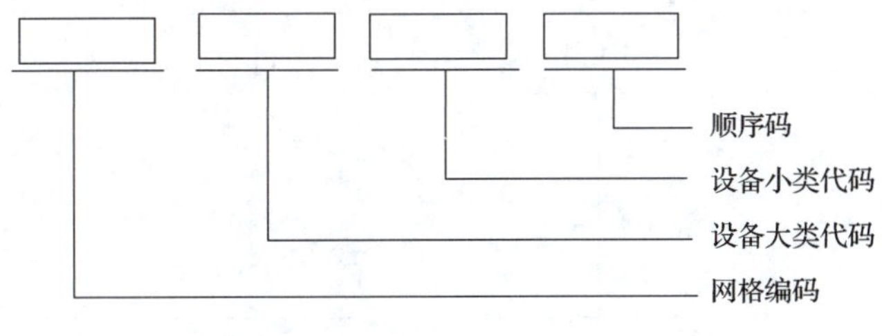


图 3—5 设备的编码结构图

表 3—1 高速铁路设备分类

| 专业 | 大类 | 小类 |
|---|---|---|
| 工务专业 | 线路设备 01 | 钢轨 01 |
| | | 曲线 02 |
| | | 道岔 03 |
| | | 坡度 04 |
| | | …… |
| | 路基设备 02 | 路基本体设备 01 |
| | | 路基附属设备 02 |
| | | 路基排水设备 03 |
| | | 路基防护加固设备 04 |
| | | …… |
| | 桥隧设备 03 | 桥梁 01 |
| | | 隧道 02 |
| | | 涵洞 03 |
| | | 立交 04 |
| | | …… |
| | …… | |
| …… | | |

零部件编码设计为设备编码 + 功能代码 + 位置代码 + 顺序码,相应的编码结构如图 3—7 所示,可将零部件与相关的设备建立关系。如功能代码是零部件在设备运用中功能作用的标识,可定为 2 位;位置编码是零部件在系统结构中位置的编码,用于表述零部件在设备结构中的相对定位,可定为 2 位;顺序码表示设备中同一类功能

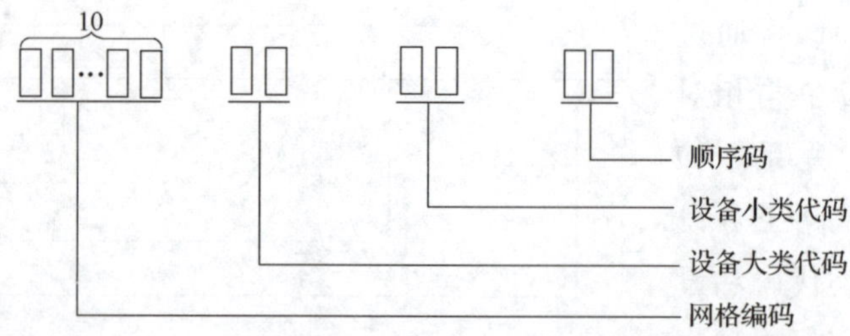


图 3—6　设备编码示例

同一部位的物资的顺序号，可定为 1 位；故零部件的编码共为 21 位，如图 3—8 所示。以宁杭高速铁路秦淮河特大桥的第 3 个桥墩编码为例，秦淮河特大桥的编码为 302620005203010 1，其第 3 个桥墩的功能代码可设为 01，位置代码为 03，顺序码为 1，故秦淮河特大桥的第 3 个桥墩编码为 302620005203010101031。

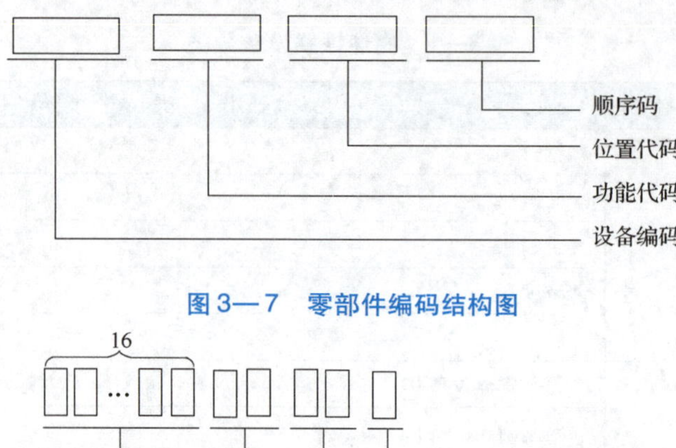


图 3—7　零部件编码结构图

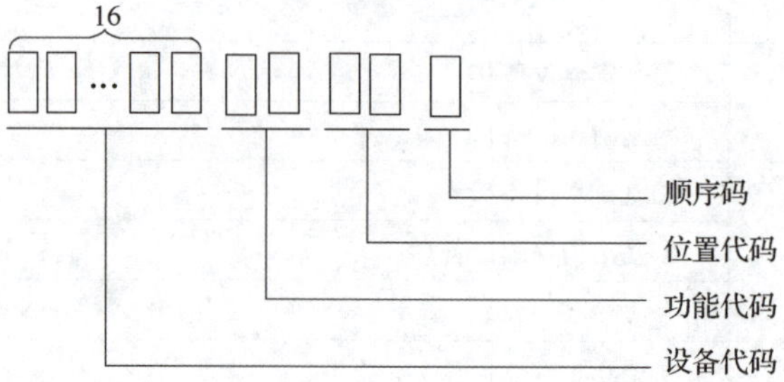

16
…
顺序码
位置代码
功能代码
设备代码

图 3—8　零部件编码示例

3. 事件编码

事件编码应有两部分构成，事件维信息和设备维信息，事件维信息可确定事件的类别，设备维信息应直接采用事件所对应设备的编码。铁路事件是设备的一种状态，通过事件编码可将事件与设备关联起来，可分析同类型的事件发生在哪些设备、哪些网格上，研究事件发生的规律。若事件为设备的病害，则可以分析该类病害在空间上发生的规律；同时，通过设备的编码，可将该设备的全生命周期管理中发生的所有事件关联起来，为研究设备状态变化规律，建立设备寿命分布模型，预测设备病害或故障，进而制定个性化的维修方案奠定基础。事件编码与设备全生命周期不同阶段的关系如图 3—9 所示。

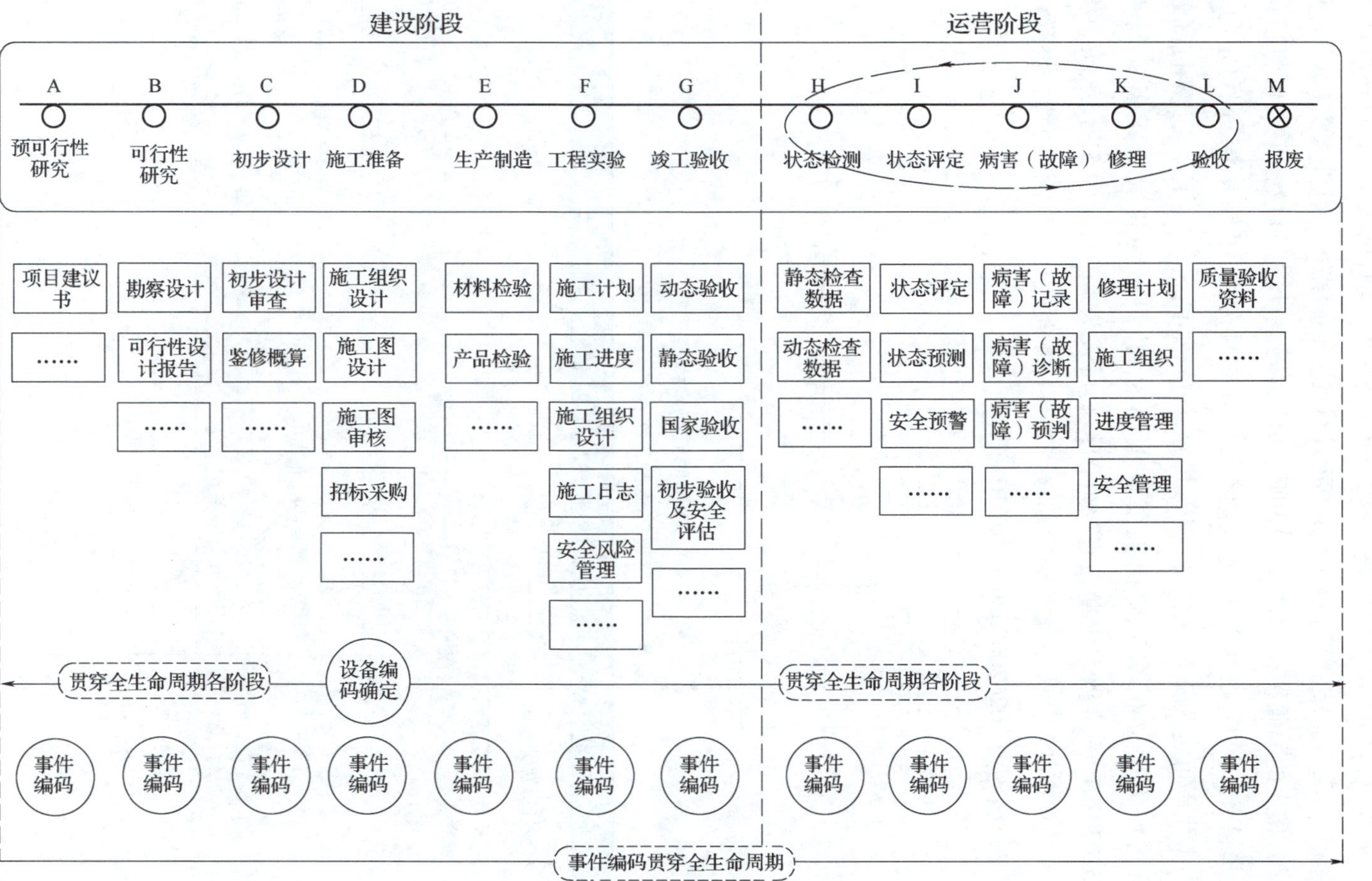


图 3—9　事件编码与设备全生命周期不同阶段的关系

针对高速铁路事件其设备维信息是指设备按不同的粒度划分的设备类别，见表3—1，其事件维信息是指事件按不同粒度划分的事件类别，见表3—2，可用事件所对应的设备编码表示。结合编码原则，其编码设计为设备编码+事件大类代码+事件小类代码，相应的编码结构如图3—10所示，该编码设计，通过设备编码可将事件与设备关联起来。例如，根据表3—2高速铁路设备事件分类，事件大类编码可定为2位，事件小类代码可定为2位，故事件编码共为20位，如图3—11所示。以宁杭高速铁路秦淮河特大桥梁秋季定期检查事件编码为例，秦淮河特大桥设备编码为3026200052030101，桥梁秋季定期检查事件的编码可设为5107，其中51代表状态检测为事件大类代码，07代表桥梁秋季定期检查为事件小类代码，故秦淮河特大桥梁秋季定期检查的编码为30262000520301015107。

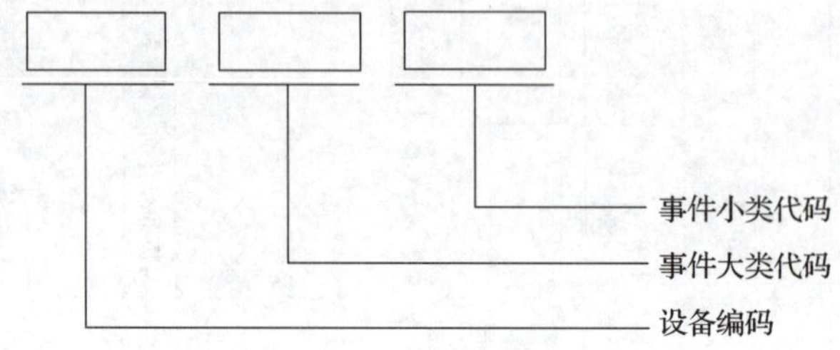


图3—10　事件的编码结构图

表3—2　高速铁路设备事件的分类表

| 阶　段 | 大　类 | 小　类 |
| --- | --- | --- |
| 设计、建设阶段 | 预可行性研究01 | 项目建议书01 |
| | | …… |
| | 可行性研究02 | 水保部门审批01 |
| | | 勘察设计02 |
| | | 可行性设计报告03 |
| | | …… |
| | 初步设计03 | 国土、规划部门审批01 |
| | | 定测与初步设计02 |
| | | 初步设计审查03 |
| | | …… |
| | 施工准备04 | 指导性施工组织设计01 |
| | | 施工图设计02 |
| | | 施工图审核03 |
| | | …… |
| | …… | …… |

续上表

| 阶 段 | 大 类 | 小 类 |
| --- | --- | --- |
| 运营阶段 | 状态检测 51 | 轨检仪检测 01 |
| | | 轨温检测 02 |
| | | 轨检车检测 03 |
| | | 添乘仪检测 04 |
| | | 钢轨探伤车检测 05 |
| | | 桥梁经常检查 06 |
| | | 桥梁定期检查 07 |
| | | 桥梁专项检查 08 |
| | | 路基沉降观测 09 |
| | | …… |
| | 状态评定 52 | 状态评定 01 |
| | | 状态预测 02 |
| | | 安全预警 03 |
| | | …… |
| | 病害(故障)53 | 病害(故障)记录 01 |
| | | 病害(故障)诊断 02 |
| | | 病害(故障)预判 03 |
| | | …… |
| | 修理 54 | 修理计划编制 01 |
| | | 修理计划审批 02 |
| | | 修理计划质量 03 |
| | | …… |
| | …… | …… |

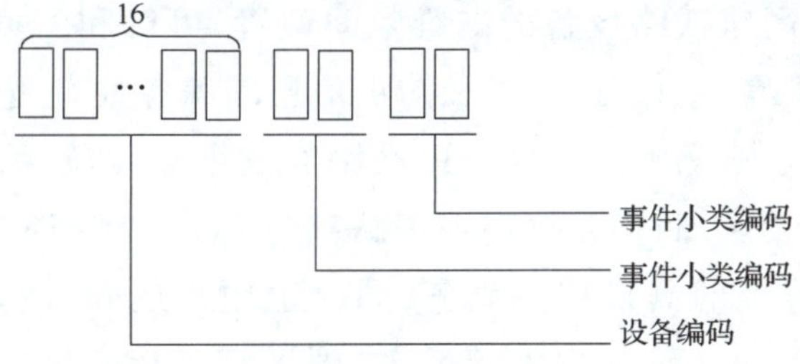


图 3—11 事件编码示例

## 第二节 属 性 设 计

属性是事物本身所固有的性质,是物质不可分离的特性,又是事物某个方面质的表现。属性具有多样性,属性数据是描述事物特征的数据。高速铁路网格、设备、事件的属性具有其自身的性质或特征，其属性设计就是要根据网格化管理的要求对属性数据进行标准化管理。

## 一、基于属性特征设计

高速铁路系统复杂，网格、设备、事件的属性数据纷繁多样，但其都具有空间特征、专题特征和时间特征这三个基本特征，我们在这三大特征的基础上可进行高速铁路网格、设备、事件的属性设计。

1. 空间特征

空间特征主要是指网格、设备、事件在空间位置方面的特性，包括空间坐标、几何形状、空间关系等3方面。

空间坐标是描述网格、设备、事件在什么位置的基本信息，是进行空间定位的依据，一般采用空间坐标系和坐标进行描述。高速铁路一般采用三种坐标系，一维里程坐标系、二维平面坐标系和三维地理坐标系。一维里程坐标是铁路部门描述空间位置最常用的表示方法，可采用“里程”、“中心里程”、“起点里程”、“终点里程”等一维里程坐标信息来描述网格、设备、事件的位置。随着GIS技术在铁路系统的普及应用，二维平面坐标正在被越来越多的使用，用经纬度坐标反映高速铁路设备的二维空间位置，可以和国家基础地理信息进行叠合，建立铁路管界图、设备分布图、防洪信息图等各种专题图，可以和一维里程坐标系相互转换。三维坐标反映高速铁路的三维空间位置，基于高速铁路对位置精度高标准的要求，目前我国高速铁路都建立了三维精密测量控制网，为高速铁路设计、施工过程的测量控制服务，同时也用于运营过程中的养护维修管理，三维坐标系可以和一维里程坐标系、二维平面坐标系进行相互转换。如桥梁、路基的沉降监测和线路轨道变形监控，以及轨道几何尺寸的三维精调。图3—12为宁杭高速铁路轨道精测网照片。

图3—12　宁杭高速铁路轨道精测网

几何形状是指高速铁路设备均具有几何形状、尺寸、角度、面积、体积等几何特征。设备正常的几何形状是高速铁路行车安全的基础，特别是轨道的几何尺寸，由于铁路列车荷载的冲击导致轨道可能发生变形，当变形超出安全阈值后，将严重影响行车安全。铁路工务部门必须周期性地检测和监测轨道的几何形状，制定维修计划，修复轨道几何形状变形，保证行车安全。每一种设备都具有自己独特的几何形态，几何参数也不相同，图 3—13、图 3—14 显示了隧道与桥梁设备不同的几何特征，不同类型的设备需要建立专门的数据字段进行描述。

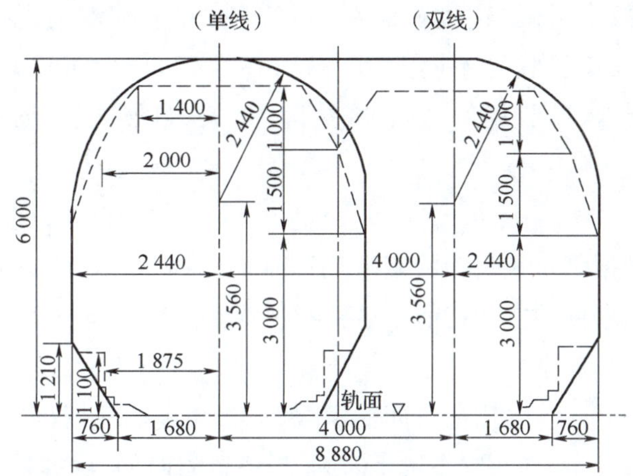


图 3—13 隧道设备几何参数（单位：mm）

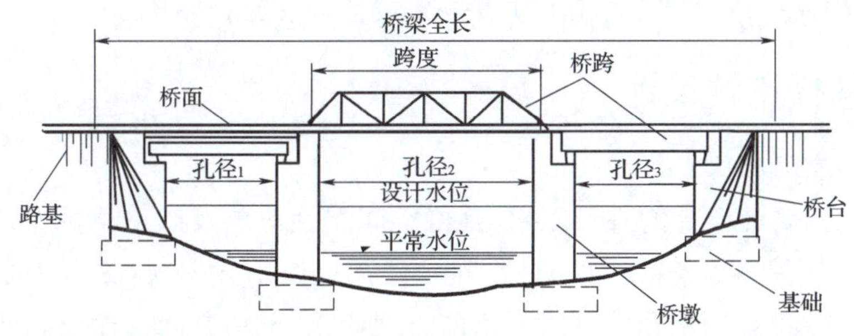


图 3—14 桥梁设备几何参数

空间关系是空间对象之间的空间相互关系，这类信息是进行邻近、叠合、径路等空间分析的基础。通常空间关系包含用以描述对象间的相邻、包含和相交等空间关系的空间拓扑关系；描述对象之间在空间上的排列次序，如前后、左右、东西、南北等方位关系的顺序空间关系；描述对象间的距离等关系的度量空间关系。高速铁路设备网格化管理中我们可以用“相邻车站”、“线间距”、“相邻网格”等字段描述设备的空间关系特征，铁路管理部门常用的站场平面图就反映了车站内各种设备之间的相互关系。

2. 专题特征

专题特征是空间对象及过程的专属性质。高速铁路网格、设备、事件的专题数据反映的是高速铁设备在设计、建设和运营不同阶段的非空间的属性信息。如管理单位、责任人、检查检测、病害或故障、修理等属性信息。

专题特征信息众多，与设备管理业务紧密相连，可以根据其特点，按设备生命周期阶段和不同业务特征进行划分和进行描述。按设备生命周期阶段可以划分为设计、建设和运营两个阶段。在设计、建设阶段，可划分为设计标准、性能规格、招投标、施工技术管理、进度控制、质量控制、安全控制、投资控制、物质材料管理、监理管理、竣工验收等不同业务专题；在运营阶段，可以划分为设备检测、状态评定、设备修理、验收评价、病害或故障、事故、自然灾害、运行图等不同业务专题。

3. 时间特征

所有的属性数据都是在某一特定时刻产生的，这就是属性数据的时间特征。高速铁路网格、设备、事件的空间特征信息和专题特征信息总是在某一特定时间或时间段内采集得到或计算产生的。

数据库设计中必须包含描述时间的字段，如设备的生产时间、制造时间、安装时间、检测时间、事故发生时间、灾害发生时间、设备抢修时间、数据采集时间、数据录入时间、数据更新时间等等。时间字段使各种状态数据构成时间序列，便于利用数理统计、随机过程、序列分析等数学建模方法探索设备状态变化规律。

## 二、网格属性设计

1. 网格空间属性

根据空间属性设计的一般原则，网格空间属性应能反映网格的空间位置、几何形状和空间关系等特征，每一个空间属性都可以用数据项（字段）或一个数据集进行表述。结合网格化管理对网格的管理要求，网格空间属性设计见表3—3。

**表3—3　网格的空间属性设计**

| 空间特征类型 | 编号 | 数据项 | 数据集 | 说　明 |
| --- | --- | --- | --- | --- |
| 空间位置 | 1 | 里程 | | 标定网格的起、终点空间位置，中心里程位置 |
| | …… | | | |
| 几何形状 | 1 | 网格长度 | | 需要说明的并不是所有的单元网格长度都是200 m，我们采用百米标分割网格单元，由于管界标和长短链的存在，会出现个别单元网格长度小于200 m或多于200 m |
| | 2 | | 线路平面图 | 反映网格中线路的平面变化情况 |
| | 3 | | 线路纵断面图 | 反映网格中线路的纵断面变化情况 |
| | …… | | | |

续上表

| 空间特征类型 | 编号 | 数据项 | 数据集 | 说　明 |
| --- | --- | --- | --- | --- |
| 空间关系 | 1 | | 线路设备综合图 | 反映网格内设备布局情况，设备之间的空间关系，以及网格之间相邻或顺序空间关系 |
| | 2 | 线名 | | 反映单元网格与线路的空间包含关系 |
| | 3 | 线编号 | | |
| | 4 | 行别 | | 反映单元网格与线路的空间包含关系 |
| | 5 | 车站或区间 | | 所属车站或区间，反映单元网格与车站或区间的空间包含关系 |
| | 6 | 左相邻网格 | | 相邻网格，反映网格之间的空间相邻或空间顺序关系 |
| | 7 | 右相邻网格 | | |
| | 8 | | 照片 | 反映单元网格所处区域地理环境 |
| | 9 | | 视频 | |
| | 10 | | 基础地形图 | |
| | 11 | 地形特征 | | 分为山区、重丘、微丘和平原，反映单元网格所处区域地理环境 |
| | 12 | | 水文地质图 | 反映单元网格所处区域地理环境 |
| | 13 | | 气象图 | |
| | …… | | | |

2. 网格专题属性

根据网格的特点，网格的专题属性设计主要考虑高速铁路的单元网格作为一段线路，它的专题属性应具有线路本身的一些专题特征；单元网格内设备、事件的专题属性也是网格的专题属性；重点考虑网格本身所特有的专题属性等几方面。根据网格化管理的需要，网格的专题属性设计见表3—4。

表3—4　网格专题属性设计

| 阶段 | 专　题 | 编号 | 数　据　集 | 说　明 |
| --- | --- | --- | --- | --- |
| 建设阶段 | 管理 | 1 | 设计单位 | 涉及单位和个人 |
| | | 2 | 咨询单位 | 涉及单位和个人 |
| | | 3 | 国土审批单位 | 涉及单位和个人 |
| | | 4 | 环保审批单位 | 涉及单位和个人 |
| | | 5 | 水保审批单位 | 涉及单位和个人 |
| | | 6 | 国家规划单位 | 涉及单位和个人 |
| | | 7 | 行业规划单位 | 涉及单位和个人 |
| | | 8 | 建设单位 | 涉及单位和个人 |
| | | 9 | 施工标段 | 涉及单位和个人 |
| | | 10 | 监理标段 | 涉及单位和个人 |
| | | 11 | 实验室 | 涉及单位及个人 |
| | | 12 | 第三方检验单位 | 涉及单位及个人 |
| | | 13 | 物质材料供应商 | 涉及多个物质材料供应商 |
| | | …… | | |
| | 设计标准 | 1 | 线路等级 | 含各专业工程设计标准 |
| | | …… | | |
| | …… | | | |

续上表

<table>
<tr><th>阶段</th><th>专　题</th><th>编号</th><th>数　据　集</th><th>说　　明</th></tr>
<tr><td rowspan="16">运营阶段</td><td rowspan="4">管理</td><td>1</td><td>铁路局</td><td>涉及多个物质材料供应商</td></tr>
<tr><td>2</td><td>站、段</td><td>涉及单位及个人</td></tr>
<tr><td>3</td><td>工区</td><td>涉及单位及个人</td></tr>
<tr><td colspan="3">……</td></tr>
<tr><td rowspan="2">事故</td><td>1</td><td>事故</td><td>反映事故的基本信息、损失情况、救援情况、事故处理情况等信息。事故基本信息包括事故发生的时间、地点、事故描述和事故等级等信息；损失情况反映事故造成的影响和损失，包括伤亡情况、对铁路设备造成的损伤、是否影响行车、是否危及行车安全等内容；事故救援情况包括针对事故的应急抢险情况，设备抢修情况等内容；事故处理情况包括事故原因分析、事故责任认定、事故责任人、事故责任单位等内容</td></tr>
<tr><td colspan="3">……</td></tr>
<tr><td rowspan="2">自然灾害</td><td>1</td><td>自然灾害</td><td>反映灾害发生的基本信息、损失情况和应急抢修情况等信息。灾害基本信息包括灾害发生的时间、地点、灾害描述、灾害发生原因等内容；灾害损失情况反映灾害对铁路造成的影响和损失，包括对铁路设备造成的损伤情况、影响行车情况、危及行车安全情况等内容；应急抢修情况包括针对灾害的应急抢险情况，设备抢修情况等内容</td></tr>
<tr><td colspan="3">……</td></tr>
<tr><td rowspan="3">运用</td><td>1</td><td>运行图</td><td>包括时刻表、列车运行速度信息</td></tr>
<tr><td>2</td><td>列车重量</td><td>机车车辆类型、轴重、机车重量、列车编组、车辆重量、确报等信息</td></tr>
<tr><td colspan="3">……</td></tr>
<tr><td colspan="4">……</td></tr>
</table>

3. 网格时间属性

网格的时间属性可用单元网格的建立时间、数据的采集时间、录入时间、更新时间等字段进行描述。

综上，可设计的描述网格属性的字段见表3—5，其中描述其空间属性的字段有6个，分别是"线编号"、"线名"、"行别"、"起点里程"、"终点里程"和"网格长度"；描述其专题属性的字段有4个，分别是"所属站段"、"所属工区"、"录入人"和"录入单位"；描述其时间属性的字段有3个，分别是"建立时间"、"更改时间"和"录入时间"。

表3—5　网格属性设计表

| 字段 | 字段类型 | 空间属性 | 专题属性 | 时间属性 | 备　注 |
|---|---|---|---|---|---|
| ID | 字符型 | | | | 主键 |
| 网格编码 | 字符型 | | | | |
| 线编号 | 字符型 | √ | | | |

续上表

| 字段 | 字段类型 | 空间属性 | 专题属性 | 时间属性 | 备　注 |
|---|---|---|---|---|---|
| 线名 | 字符型 | √ | | | |
| 行别 | 字符型 | √ | | | |
| 起点里程 | 数值型 | √ | | | |
| 终点里程 | 数值型 | √ | | | |
| 网格长度 | 数值型 | √ | | | |
| 所属站段 | 字符型 | | √ | | |
| 所属工区 | 字符型 | | √ | | |
| 建立时间 | 日期型 | | | √ | |
| 更改时间 | 日期型 | | | √ | |
| 录入时间 | 日期型 | | | √ | |
| 录入人 | 字符型 | | √ | | |
| 录入单位 | 字符型 | | √ | | |
| 备注 | 字符型 | | | | |

## 三、设备属性设计

1. 设备空间属性

根据空间属性设计的一般原则，设备的空间属性应能反映设备的空间位置、几何形状和空间关系等特征，每一个空间属性都可以用数据项（字段）或一个数据集进行表述。结合网格化管理对设备的管理要求，设备空间属性设计见表3—6。

表3—6　设备的空间属性设计

| 空间特征类型 | 编号 | 数据项 | 数据集 | 说　明 |
|---|---|---|---|---|
| 空间位置 | 1 | 里程 | | 标定设备的的起点终点中心点等空间位置 |
| | 2 | 经纬度坐标$(x,y)$ | | 标定设备的经纬度坐标位置，如站中心经纬度 |
| | 3 | 三维坐标$(x,y,z)$ | | 标定设备的三维精测位置 |
| | …… | | | |
| 几何形状 | 1 | | 设备几何形状 | 标定设备的外形形状，包括长、宽、高（厚）、半径、尺寸、角度、面积、体积等几何参数 |
| | 2 | | 零部件几何尺寸 | 标定设备的零部件几何尺寸 |
| | 3 | | 零部件标准图 | 零部件标准图 |
| | …… | | | |

续上表

| 空间特征类型 | 编号 | 数据项 | 数据集 | 说　明 |
|---|---|---|---|---|
| 空间关系 | 1 | 线名 | | 反映设备与线路的空间包含关系 |
| | 2 | 线编号 | | 反映设备与线路的空间包含关系 |
| | 3 | 行别 | | 反映设备与线路的空间包含关系 |
| | 4 | 车站或区间 | | 所属车站或区间，反映设备与车站或区间的空间包含关系 |
| | 5 | | 单元网格 | 反映设备与单元网格的空间包含关系 |
| | 6 | | 线路设备综合图 | 反映设备与其他设备的空间拓扑关系 |
| | 7 | | 标准图 | 设备标准图 |
| | 8 | | 初步设计图 | 设备初步设计图 |
| | 9 | | 变更设计图 | 设备变更设计图 |
| | 10 | | 设备竣工图 | 设备竣工图 |
| | 11 | | 照片 | 反映设备及周边环境 |
| | 12 | | 视频 | 反映设备及周边环境 |
| | …… | | | |

2. 设备专题属性

根据设备的特点，设备的专题属性设计主要考虑基于全生命周期所有阶段属性信息；同时，高速铁路设备与事件的关系，要求设备的专题属性与事件的专题属性应统一考虑。网格化管理设备的专题属性设计见表3—7。

表3—7　设备专题属性设计

| 阶段 | 专题 | 编号 | 数据集 | 说　明 |
|---|---|---|---|---|
| 建设阶段 | 管理 | 1 | 设计单位 | 涉及单位和个人 |
| | | 2 | 建设单位 | 涉及单位和个人 |
| | | 3 | 施工单位 | 涉及单位和个人 |
| | | 4 | 施工图审查单位 | 涉及单位和个人 |
| | | 5 | 监理单位 | 涉及单位和个人 |
| | | 6 | 咨询单位 | 涉及单位和个人 |
| | | 7 | 第三方检验单位 | 涉及单位及个人 |
| | | 8 | 物质材料供应商 | 涉及多个物质材料供应商 |
| | | …… | | |
| | 设计标准 | 1 | 线路设计标准 | 含各专业工程设计标准、规范 |
| | | 2 | 设备标准 | 含设备的设计标准、规范 |
| | …… | | | |

续上表

| 阶段 | 专题 | 编号 | 数据集 | 说　明 |
|---|---|---|---|---|
| 建设阶段 | 生产制造 | 1 | 材料检验 | 设备原材料检验概要信息 |
| | | 2 | 产品检验 | 设备产品检验概要信息 |
| | | …… | | |
| | 施工技术管理 | 1 | 施工组织设计 | 施工组织设计概要信息 |
| | | 2 | 施工图审核 | 施工图审核概要信息 |
| | | 3 | 变更设计 | 变更设计概要信息 |
| | | 4 | 技术交底 | 技术交底概要信息 |
| | | 5 | 开工报告 | 开工报告概要信息 |
| | | 6 | 施工日志 | 施工日志概要信息 |
| | | …… | | |
| | 进度控制 | 1 | 工程计划 | 设备对应的工程计划概要信息 |
| | | 2 | 实际进度 | 设备对应的实际进度概要信息 |
| | | …… | | |
| | 质量控制 | 1 | 出厂合格证检查 | 出厂合格证检查概要信息 |
| | | 2 | 质量检测试验 | 质量检测试验概要信息 |
| | | 3 | 第三方检测 | 第三方检测概要信息 |
| | | 4 | 检验批 | 检验批概要信息 |
| | | 5 | 质量检查记录 | 质量检查记录概要信息 |
| | | …… | | |
| | 安全控制 | 1 | 安全风险管理 | 安全风险管理概要信息 |
| | | 2 | 安全检查记 | 安全检查记录概要信息 |
| | | …… | | |
| | 物质材料管理 | 1 | 物质材料计划 | 物质材料计划概要信息 |
| | | 2 | 物质材料进场记录 | 物质材料进场记录概要信息 |
| | | …… | | |
| | 监理管理 | 1 | 监理旁站记录 | 监理旁站记录概要信息 |
| | | 2 | 监理日志 | 监理日志概要信息 |
| | | 3 | 监理试验、检测 | 监理试验、检测概要信息 |
| | | …… | | |
| | 竣工验收 | 1 | 静态验收 | 静态验收概要信息 |
| | | 2 | 动态验收 | 动态验收概要信息 |
| | | 3 | 初步验收 | 初步验收概要信息 |
| | | 4 | 安全评估 | 安全评估概要信息 |
| | | 5 | 国家验收 | 国家验收概要信息 |
| | | …… | | |

续上表

| 阶段 | 专题 | 编号 | 数据集 | 说　明 |
|---|---|---|---|---|
| 运营阶段 | 管理阶段 | 1 | 铁路局 | 涉及单位及个人 |
| | | 2 | 设备管理单位 | 涉及单位及个人 |
| | | 3 | 工区 | 涉及单位及个人 |
| | | …… | | |
| | 检测 | 1 | 检测计划 | 检测计划概要信息 |
| | | 2 | 检测记录 | 检测记录概要信息 |
| | | 3 | 检测报告 | 检测报告概要信息 |
| | | …… | | |
| | 状态评定 | 1 | 状态评定 | 状态评定概要信息 |
| | | 2 | 状态预测 | 状态预测概要信息 |
| | | 3 | 安全预警 | 安全预警概要信息 |
| | | …… | | |
| | 病害(故障) | 1 | 病害(故障)记录 | 病害(故障)记录概要信息 |
| | | 2 | 病害(故障)诊断 | 病害(故障)诊断概要信息 |
| | | …… | | |
| | 修理 | 1 | 修理计划编制 | 修理计划编制概要信息 |
| | | 2 | 修理计划审批 | 修理计划审批概要信息 |
| | | 3 | 进度管理 | 进度管理概要信息 |
| | | 4 | 质量管理 | 质量管理概要信息 |
| | | 5 | 安全管理 | 安全管理概要信息 |
| | | …… | | |
| | 验收 | 1 | 验收记录 | 验收记录概要信息 |
| | | 2 | 质量评定 | 质量评定概要信息 |
| | | …… | | |

图 3—15 反映应了一种病害(故障)的专题,小黑点代表该里程处发生的设备病害,根据图中小黑点的密集情况,可以直观分析出哪些里程范围易发生设备病害,点击病害点可查看病害位置、病害类型、病害严重程度、是否处理等病害的描述情况,工务病害记录概要信息如图 3—16 所示。

3. 设备时间属性

数据库设计中须包含描述时间的字段,如设备的生产时间、制造时间、安装时间、检测时间、维修时间、设备抢修时间、数据的采集时间、录入时间、更新时间等。

综上,以钢轨设备属性设计为例可设计描述钢轨属性的字段,见表 3—8,其中描述其空间属性的字段为 11 个,分别是“线编号”、“线名”、“行别”、“轨距类型”、“长

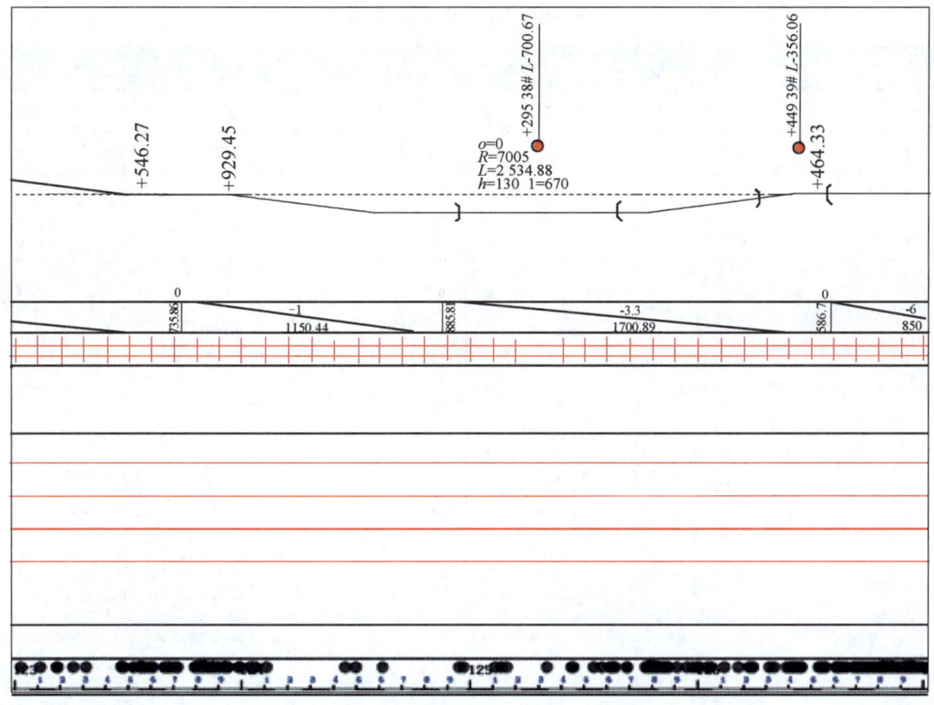


图 3—15 工务病害分布专题图样例

问题信息

| 字段名 | 字段值 |
|---|---|
| 发现日期 | 20130503 |
| 文件id | 2039098 |
| 位置 | 轨道几何尺寸 |
| 设备类型 | 轨道 |
| 设备编码 | 3026101243 |
| 线名或车站 | 宁杭高铁 |
| 问题描述 | 70m右轨向: -5.1 |
| 严重程度编号 | 1 |
| 问题编号 | 1585328 |
| 检查方式编号 | 11110 |
| 专业 | 轨道工程 |
| 是否处理 | 是 |
| 线名 | 宁杭高铁 |
| 行别 | 上 |

图 3—16 工务病害记录概要信息样例

链标记”、“起点里程”、“终点里程”、“左右股”、“公里标”、“轨号”和“轨长”；描述其专题属性的字段为 12 个，分别是“运营状态”、“线路类型”、“轨型”、“钢种”、“生产厂”、“熔炉号”、“是否再用轨”、“累计通过总重”、“接头方式”、“铺设单位”、“使用状态”和“钢轨特征”；描述其时间属性的字段为 4 个，分别是“制造日期”、“换轨日期”、“铺设日期”、“下道日期”。

表 3—8　钢轨设备属性设计

| 字段 | 字段类型 | 空间属性 | 专题属性 | 时间属性 | 备　注 |
|---|---|---|---|---|---|
| ID | 字符型 | | | | 主键 |
| 线编号 | 字符型 | √ | | | |
| 线名 | 字符型 | √ | | | |
| 行别 | 字符型 | √ | | | |
| 轨距类型 | 字符型 | √ | | | |
| 运营状态 | 字符型 | | √ | | |
| 线路类型 | 字符型 | | √ | | |
| 长链标记 | 字符型 | √ | | | |
| 起点里程 | 数值型 | √ | | | |
| 终点里程 | 数值型 | √ | | | |
| 左右股 | 字符型 | √ | | | |
| 公里标 | 数值型 | √ | | | |
| 轨号 | 数值型 | √ | | | |
| 钢轨编码 | 字符型 | | | | |
| 轨长 | 数值型 | √ | | | |
| 轨型 | 字符型 | | √ | | |
| 钢种 | 字符型 | | √ | | |
| 生产厂 | 字符型 | | √ | | |
| 制造日期 | 日期型 | | | √ | |
| 熔炉号 | 字符型 | | √ | | |
| 是否再用轨 | 字符型 | | √ | | |
| 累计通过总重 | 数值型 | | √ | | |
| 接头方式 | 字符型 | | √ | | |
| 换轨日期 | 日期型 | | | √ | |
| 铺设日期 | 日期型 | | | √ | |
| 铺设单位 | 字符型 | | √ | | |
| 下道日期 | 日期型 | | | √ | |
| 使用状态 | 字符型 | | √ | | |
| 钢轨特征 | 字符型 | | √ | | |
| 备注 | 字符型 | | | | |

## 四、事件属性设计

1. 事件空间属性

基于设备与事件的对应关系，并结合网格化管理对事件的管理要求，事件空间属性设计见表3—9。

表3—9 事件的空间属性设计

| 空间特征类型 | 编号 | 数据项 | 数据集 | 说　明 |
|---|---|---|---|---|
| 空间位置 | 1 | 设备位置 | | 事件对应的设备位置 |
| | 2 | 设备部位 | | 设备上事件发生的部位 |
| | …… | | | |
| 空间关系 | 1 | 线名 | | 事件所在的线路 |
| | 2 | 线编号 | | 事件所在线路的编号 |
| | 3 | 行别 | | 事件所在线路的行别 |
| | 4 | 车站或区间 | | 事件所在的车站或区间 |
| | 5 | | 单元网格 | 事件所在的单元网格 |
| | 6 | | 设备 | 事件所对应的设备 |
| | 7 | | 照片 | 事件照片 |
| | 8 | | 视频 | 事件视频 |
| | …… | | | |

2. 事件专题属性

事件的专题属性是指描述事件内容的非空间信息。这类信息千差万别，与事件性质密切相关，需要针对每一类事件单独进行属性设计。表3—10给出了事件专题属性的关键内容。

表3—10 事件的专题属性设计

| 编号 | 数据集 | 说　明 |
|---|---|---|
| 1 | 管理主题 | 事件相关的责任人、单位 |
| 2 | 标准规范 | 事件相关的标准和规范 |
| 3 | 事件记录 | 基于标准规范记录事件的内容 |
| 4 | 事件结果 | 将事件记录与标准规范进行比较，得到设备状态评定结果 |
| …… | | |

3. 事件时间属性

数据库设计中必须包含描述时间的字段，如事件的发生时间、数据的采集时间、录入时间、更新时间等等。

综上，以铁路建设联试联调阶段中的静态验收事件属性设计为例，设计描述静态验收事件属性的字段，见表3—11，其中描述其空间属性的字段为8个，分别是“线编号”、“线名”、“行别”、“车站”、“车站编号”、“起点里程”、“终点里程”和“病害处所”；描述其专题属性的字段为13个，分别是“专业”、“设备类型”、“设备名称”、“问题类型”、“问题照片”、“问题描述”、“严重程度”、“整改措施”、“责任单位”、“设备管理单位”、“整改确认人”、“录入人”和“录入单位”；描述其时间属性的字段为4个，分别是“发现日期”、“整改期限”、“销号日期”和“录入时间”。

**表3—11 静态验收事件属性设计**

| 字段 | 字段类型 | 空间属性 | 专题属性 | 时间属性 | 备 注 |
|---|---|---|---|---|---|
| 问题编号 | 字符型 | | | | 主键 |
| 线编号 | 字符型 | √ | | | |
| 线名 | 字符型 | √ | | | |
| 行别 | 字符型 | √ | | | |
| 车站 | 字符型 | √ | | | |
| 车站编号 | 字符型 | √ | | | |
| 专业 | 字符型 | | √ | | |
| 设备类型 | 字符型 | | √ | | |
| 设备名称 | 字符型 | | √ | | |
| 设备编码 | 字符型 | | | | |
| 起点里程 | 数值型 | √ | | | |
| 终点里程 | 数值型 | √ | | | |
| 病害处所 | 字符型 | √ | | | |
| 问题类型 | 字符型 | | √ | | |
| 问题照片 | 字符型 | | √ | | |
| 问题描述 | 字符型 | | √ | | |
| 发现日期 | 日期型 | | | √ | |
| 严重程度 | 字符型 | | √ | | |
| 整改措施 | 字符型 | | √ | | |
| 整改期限 | 字符型 | | | √ | |
| 责任单位 | 字符型 | | √ | | |
| 设备管理单位 | 字符型 | | √ | | |
| 销号日期 | 日期型 | | | √ | |
| 整改确认人 | 字符型 | | √ | | |
| 录入人 | 字符型 | | √ | | |
| 录入单位 | 字符型 | | √ | | |
| 录入时间 | 日期型 | | | √ | |

以钢轨探伤检查事件属性设计为例，可设计描述钢轨探伤检查事件属性的字段，见表3—12，其中描述其空间属性的字段为13个，分别是“病害处所”、“线编号”、“行别”、“车站”、“车站编号”、“轨号”、“里程”、“左右股”、“直曲线”、“伤损部位”、“伤损位置”、“焊接地点”和“检查范围”；描述其专题属性的字段为17个，分别是“检查方式”、“钢轨类型”、“伤损类型”、“伤损情况”、“伤损判定”、“波型显示”、“检查人”、“焊接法”、“处理情况”、“复查情况”、“检查单位”、“仪器编号”、“防护员”、“上道人

数”、“负责人”、“录入人”和“录入单位”;描述其时间属性的字段为 2 个,分别是“检查日期”和“录入日期”。

表 3—12　高铁钢轨探伤检查事件属性设计

| 字　段 | 字段类型 | 空间属性 | 专题属性 | 时间属性 | 备　注 |
|---|---|---|---|---|---|
| ID | 字符型主键 | | | | |
| 检查方式 | 字符型 | | √ | | |
| 检查日期 | 日期型 | | | √ | |
| 病害处所 | 字符型 | √ | | | |
| 线编号 | 字符型 | √ | | | |
| 行别 | 字符型 | √ | | | |
| 车站 | 字符型 | √ | | | |
| 车站编号 | 字符型 | √ | | | |
| 轨号 | 字符型 | √ | | | |
| 里程 | 数值型 | √ | | | |
| 左右股 | 字符型 | √ | | | |
| 直曲线 | 字符型 | √ | | | |
| 钢轨类型 | 字符型 | | √ | | |
| 伤损部位 | 字符型 | √ | | | |
| 伤损类型 | 字符型 | | √ | | |
| 伤损位置 | 字符型 | √ | | | |
| 伤损情况 | 字符型 | | √ | | |
| 伤损判定 | 字符型 | | √ | | |
| 波型显示 | 字符型 | | √ | | |
| 检查人 | 字符型 | | √ | | |
| 焊接法 | 字符型 | | √ | | |
| 处理情况 | 字符型 | | √ | | |
| 复查情况 | 字符型 | | √ | | |
| 焊接地点 | 字符型 | √ | | | |
| 检查范围 | 字符型 | √ | | | |
| 检查单位 | 字符型 | | √ | | |
| 仪器编号 | 字符型 | | √ | | |
| 防护员 | 字符型 | | √ | | |
| 上道人数 | 数值型 | | √ | | |
| 负责人 | 字符型 | | √ | | |
| 录入人 | 字符型 | | √ | | |
| 录入单位 | 字符型 | | √ | | |
| 录入日期 | 日期型 | | | √ | |
| 备注 | 字符型 | | | | |

# 第四章

# 数 据 管 理

数据管理是利用计算机硬件和软件技术对数据进行有效的收集、存储、处理和应用的过程，其目的在于充分有效地发挥数据的作用，数据组织是实现数据有效管理的关键。随着计算机技术的发展，数据管理经历了人工管理、文件系统、数据库系统三个发展阶段，在数据库系统中所建立的数据结构，能够更充分地描述数据间的内在联系，便于数据修改、更新与扩充，同时保证数据的独立、可靠、安全与完整，减少数据冗余，提高数据共享程度及数据管理效率。

## 第一节　数据一体化管理

空间数据与属性数据一体化管理的基础是采用数据库(数据仓库)对空间数据和属性数据进行存储及管理，存储空间数据的数据库和存储属性数据的数据库在逻辑上可以合成一个数据库，进行统一存储、管理和整合。高速铁路设备空间数据与属性数据的一体化管理能实现对空间数据与属性数据的图文互访，基于空间对象可查询属性信息，基于属性信息可定位到专题地图中的空间目标。同时，一体化管理可实现空间数据与属性数据的关联查询，对空间数据和属性数据分别设定查询条件，两个条件可进行逻辑运算，同时查到满足条件的空间数据及其对应的属性数据。

### 一、数据一体化关键技术

数据一体化管理主要涉及到空间索引、自动绘图技术、数据仓库、元数据等主要技术设备。典型的数据库厂商 Oracle 有企业级的数据库平台软件，数据仓库组件和空间数据库引擎 SpatialWare，三者结合可提供空间数据与属性数据一体化管理的解决方案，实现空间数据与属性数据一体化管理。

1. 空间索引

空间数据输入并建立空间数据库以后，得到了一个庞大的数据库，如何从该数据库中快速检索、提取所需的空间数据来满足空间分析、模拟与决策的需要是一个重要的问题。空间索引是一种辅助性的空间数据结构，它介于空间操作算法和空间对象之间，通过筛选作用，将大量与特定空间操作无关的空间对象排除，从而提高空间操作的速度和效率。空间索引的性能优劣直接影响空间数据库和地理信息系统的整体性能，是空间数据库和地理信息系统的一项关键技术。

2. 自动绘图技术

自动绘图(Automatic Mapping,AM)技术是指基于数据库的电子地图自动生成技术，该技术通过属性数据库中的空间特征数据，利用程序自动生成各种专题电子地图，能大幅度降低空间数据库建库费用，提高空间数据库维护效率，是空间数据库建库的关键技术。

3. 数据仓库技术

数据仓库(Data Warehouse,DW)是一个面向主题的、集成的、时变的、非易失的数据集合，支持管理部门的决策过程。空间数据仓库(Spatial Data Warehouse,SDW)是20世纪90年代发展起来的一种数据存储、管理和处理的技术，是在数据仓库的基础上提出的一个新的概念和新的技术，是GIS技术和数据仓库技术相结合的产物，是数据仓库的一种特殊形式。数据集市是小型的、面向部门或工作组的数据仓库；数据集市中的数据来自数据仓库，它仍具有数据仓库中数据的特点，可解决各部门对数据仓库资源的竞争，提高处理速度。

4. 元数据

元数据(Data About Data)是描述数据的数据，在数据仓库中，它描述的是数据的结构、内容、编码、索引等项，包括数据仓库潜在的数据来源信息、业务数据与仓库数据结构间的映射信息、数据模型信息以及数据仓库中信息的使用情况等。

## 二、数据一体化基本前提

高速铁路网格化管理数据是信息平台的关键部分，这对数据维护的时效性提出了更高的要求。如何快速及时地采集维护数据成为高速铁路网格化管理成功与否的关键所在，采用具有易维护性的数据管理方式，是数据库建设的重要保证。

1. 数据管理易维护性

数据采集方式的选择对于空间数据库的建库成本影响显著。以铁路建设工程的图纸数据为例，在建设阶段，图纸数据来源于设计单位，目前均为CAD等电子格式文件，采集起来相对容易，只需要设计单位提供相关电子数据，进行数据格式转换和数据整理，就能解决空间数据库建库问题。如果建设期不解决采集问题，留到运营阶段解决，运营单位接收的竣工图纸一般是纸介质图纸，需进行扫描、矢量化及属性编辑，是一件庞大的系统工程，要耗费大量的人力物力。

易维护性意味着数据采集效率的显著提高，直接的结果就是数据库建库周期的大幅度缩短，对于信息平台的建设至关重要。从某种意义上说，信息平台是一个典型的地理信息系统，一般地理信息系统建设的主要工作是数据库建设，要占到80% ~ 90%的工作量，可以说，数据库建设是信息平台建设的控制性工程，建库周期的缩短，对于信息平台的建设意义重大。易维护性使我们能高效率地采集维护数据，保证最新采集的数据能反映当前时刻高速铁路设备的空间位置特征、几何形状特征和空间关系等特征，有力地保证"现势性"这一反映空间数据质量的重要指标，从而满足管理者对管理对象更全面、更及时的感知需求。易维护性保证了用较低的成本、较短的时间持续不断的维护、更新数据，易维护性能确保空间数据具有较高的质量。高质量的数据库是进行数据挖掘和分析决策的前提条件，是整个高速铁路网格化管理信息系统生命力的保证。

2. 数据管理的先进性

传统上空间数据与属性数据分开采集，空间数据主要由人工编辑方式或人工对纸质图纸扫描、矢量化，再编辑的方式生成，这种方法显然已无法满足高速铁路网格化管理对空间数据的采集需要，巨大的维护更新工作量甚至使用户可能放弃这类系统的使用。理想的方法是采用专题图自动绘制技术（AM），利用属性数据中的空间特征数据让计算机自动生成专题图。AM技术具有充分利用已有的属性数据资源；利用自动生成程序来自动维护空间数据，避免数据录入的重复劳动，保证空间数据与属性数据的一致性，解决专题空间数据维护问题；大幅降低空间数据的建库费用等特点。采用AM绘制的专题图，可反过来用于校验属性数据之间的逻辑关系，检查属性数据的准确性，专题图中的明显绘图错误是属性数据错误的典型反映。AM技术的数据流程如图4—1所示，网格、部件、事件的属性数据是基础，提供专题图生成所需要的设备属性数据资源。基础地理信息数据是生成专题图的重要参考，对于以基础空间信息为底图的专题图，例如管界图、防洪图、铁路用地图等，专题图要叠加在基础空间信息之上；空间数据标准体系包括坐标系标准、图元标准、编码标准、分层标准等，是所有专题图绘制必须遵守的标准；数学模型是专题图生成的核心，它将属性数据进行转换和运算，形成规定坐标系中的空间信息布局方案。

高速铁路网格化管理的网格、设备和事件属性数据库中包含大量的空间信息字段，这些字段对相关的空间位置、几何尺寸和空间关系等内容进行了描述，同时也包含了采用的设计标准和规范等字段，如桥梁属性数据中的"梁定型图号"、道岔属性数据中"设计总图号"等字段。这些字段的存在为专题地图的自动绘制提供了可能，如利用空间位置字段在坐标系中标注设备；计算机读取设备属性数据中的坐标数据，不论专题图采用的是一维里程坐标系，还是二维平面坐标系或三维空间坐标系，均可实

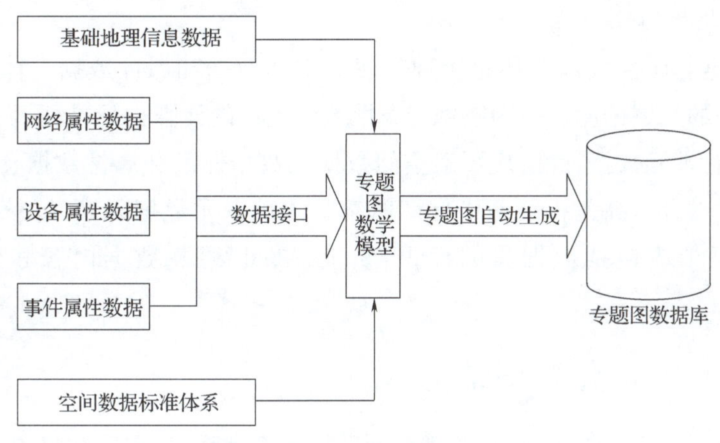


图 4—1 专题空间数据的制作流程

现网格、设备和事件的相关信息在专题图中的自动标注;利用几何尺寸字段,计算机可自动绘制设备的几何形状;利用空间关系字段,通过进行对象的空间布局建模,计算机可自动绘制设备的空间布局图。

国内通过深入研究铁路部门的业务特点,形成了多项空间数据库的 AM 建库关键技术,可使建库的工作量、工期、费用都极大地降低,并使数据库的可维护性极大提高,基于 AM 技术开发的线路设备综合图、大桥略图、速度图和车站配线图自动生成软件已在工务管理信息系统(PWMIS)中推广应用。采用基于 AM 技术的铁路线路三维建模技术,可利用 PWMIS 数据库建立全国铁路的线路三维数字模型库,这种方法主要利用工务已有的线路设备台帐数据自动生成,能够在三维视野里,用动画的方式反映铁路路堤、路堑的变化情况、线路设备在三维视野里的空间布局情况,相对于传统的三维建模方法制作周期、成本大大降低,制作过程被大大简化。图 4—2 为高速铁路线路三维模型。

图 4—2 高速铁路线路三维模型图

3. 元数据库的统一性

空间数据与属性数据一体化管理需建立空间数据和属性数据一体的元数据标准,构建统一的元数据库。空间数据与属性数据统一的元数据标准,我们称之为高速铁路网格化管理元数据标准,应覆盖空间数据元数据标准和属性数据仓库元数据标准,是二者的融合。高速铁路网格化管理需要的最少元数据元素,即核心元数据元素的集合,至少应包括数据集的标识、质量、空间参照、数据内容和数据分发等信息。

## 三、数据一体化存储结构

空间数据与属性数据一体化管理包含数据库管理系统、空间数据引擎、数据仓库组件和元数据库四部分内容。进行空间数据与属性数据的查询、分析与挖掘,需首先访问统一的元数据库,再访问相关数据。空间数据与属性数据一体化管理的总体结构图如图 4—3 所示。

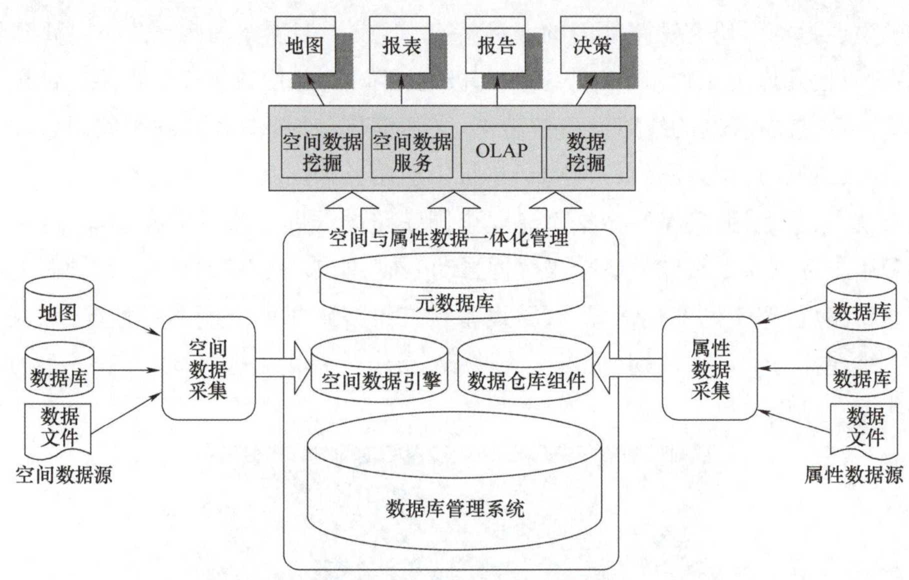


图 4—3　空间数据与属性数据一体化管理的总体结构

基础地形图、卫星遥感影像、沿线数字高程模型(DEM 数据)等基础地理信息数据,以及视频、照片等空间数据可通过专业采集工具获取。网格、设备和事件属性数据可通过数据采集软件获取,也可采用数据库接口的方式,与既有的运营管理信息系统中的数据进行集成。获取到的空间数据、属性数据使用统一的数据库(数据仓库)进行存储管理,利用联机分析处理(On-Line Analysis Processing,简称 OLAP)、数据挖掘、空间数据挖掘和空间数据服务等技术,对统一数据库(数据仓库)中的海量数据进行分析处理,提供 WebMap 服务,实现基于浏览器的地图、专题图等显示、查询功能,并可生成相关的报表、报告,辅助管理层进行决策。

## 第二节　数据组织与存储

高速铁路设备网格化管理系统中,设备数据一体化管理应对设备全生命周期过程中设计、建设和运营等不同阶段产生的,面向不同专题和过程的海量、多源、异构、多尺度、多时空关系的设备状态数据信息,建立统一的元数据标准和编码规范,进行统一管理,以实现对每一个设备的快速检索所有信息和信息共享,并从空间、设备和时间等不同维度进行深入的挖掘和分析。

### 一、空间数据管理

空间数据是指用来表示空间实体的位置、形状、大小及其分布特征诸多方面信息的数据,它可以用来描述来自现实世界的目标,是一种用点、线、面以及实体等基本空间数据结构来表示人们赖以生存的自然世界的数据,具有定位、定性、时间和空间关系等特性。

#### (一)空间数据组成

高速铁路网格化管理空间数据主要包括铁路基础空间信息和专题空间信息两类。

高速铁路基础空间信息是指铁路网覆盖区域的地形、地貌、地质等空间信息,如基础地形图、遥感影像等数据。这部分数据主要来源于国家测绘部门,是不需要铁路部门自己采集的。

高速铁路网格化管理专题空间信息是指网格化管理中与铁路设备本身的位置、几何形状、空间布局密切相关的基础空间信息以外的其他信息。如管界图、站场平面图、线路设备综合图、防洪图、综合天窗施工进度图等,主要特点是种类多、更新频率高、需求有随机性、对地图制作有较高的时效性要求等,维护和更新工作量巨大。专题空间信息的类别和数量远远大于基础空间信息的数量。

#### (二)空间数据组织

高速铁路网格化管理信息系统的使用者具有多层级、多专业的特点,不同层级、不同专业用户所关注的设备信息不同,需要空间数据能够分析、显示特定范围内的特定设备信息,这就需要空间数据能按地理区域组织,能按照设备的专业特点组织。空间数据的计算机表示和数据组织可采用将地理要素或设备抽象为点、线、面类型；逻辑上抽象为不同的专题、图层；相同区域的若干个图层构成图幅，若干个图幅构成完整的数据库等三种方式，空间数据的组织结构如图 4—4 所示。高速铁路网格化管理空间数据的组织可采用分层管理和分幅管理等方式。

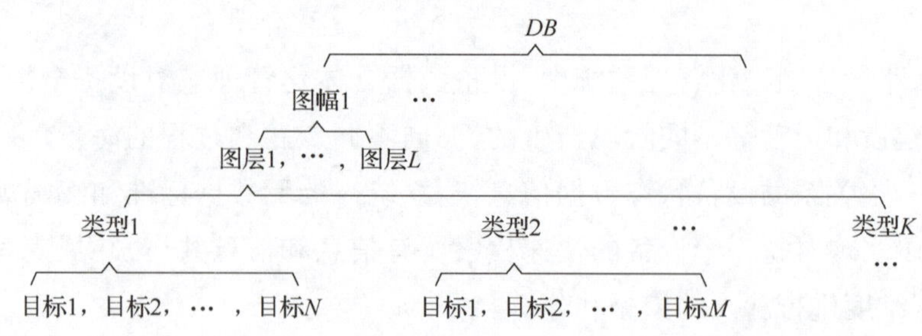


图 4—4 空间数据的的分幅与分层组织

1. 分层管理

空间数据分层是指用“层”的概念来分别存储不同专题的空间信息，即每一层存放一种专题或一类信息，并有一组对应的数据文件，如图 4—5 为地图分层示意图。空间数据的分层一般是根据专题信息进行分类，划分为不同的专题，在专题分类基础上进行空间数据的分层。一幅地图分层的多少，应根据应用上的要求、计算机硬件的存储量、处理速度，以及软件的限制来决定。

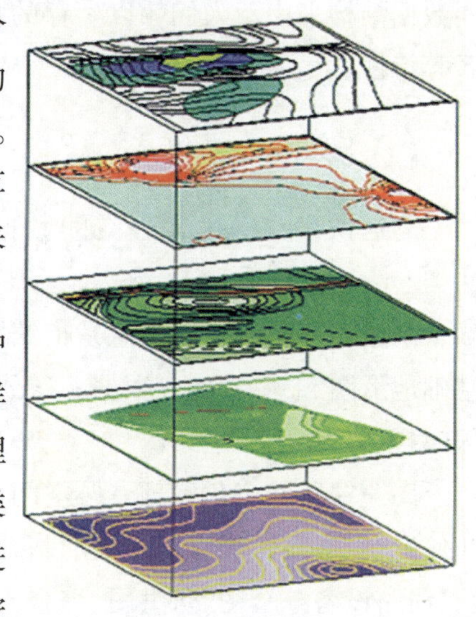

图 4—5 地图分层示意图

高速铁路网格化管理设备和事件的主题、种类繁多，为了便于管理，需要对空间数据进行更详细的分类，做好分层工作。高速铁路网格化管理空间数据分层的方法，与一般地图分层的方法类似，主要基于网格、设备和事件的专题分类方案进行空间数据的分层管理。图 4—6 是对站场图按设备的所属专业进行分层。

2. 分幅管理

高速铁路网格化管理信息系统的使用者可根据权限不同查看到不同范围的电子地图数据，这就需要在分层的基础上再分“幅”。每次处理的工作局限在一个合适范围内，当需要跨越多幅地图时，利用软件的功能自动地将一幅幅图拼接起来，而访问数据库的人并不需要做拼接的操作，也不会感到查询、分析的结果是拼起来的。分幅管理可解决地图数据集中存放、没有分割所造成的数据库不安全；局部范围的数据更

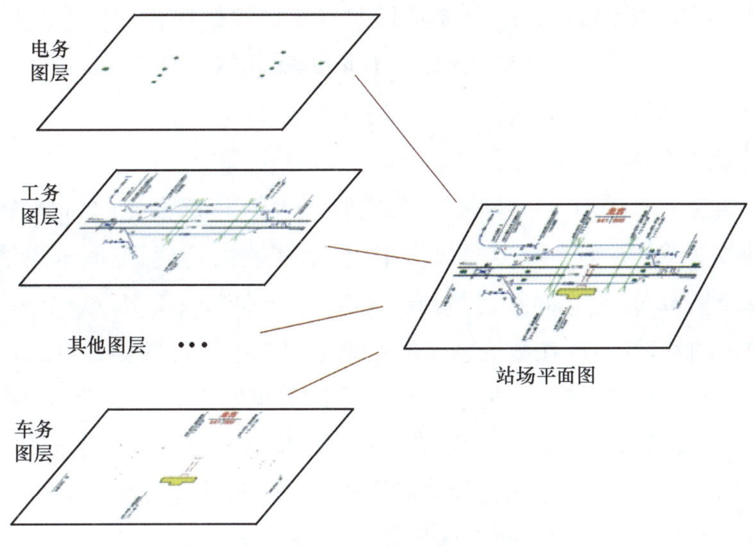


图 4—6 站场平面按专业分层示意图

新往往要处理整个大范围的数据库,数据库维护不便;查询分析多数是在局部范围内进行,数据文件越大,查找局部数据的相对时间越长,查询分析效率不高等方面的问题。

分幅方法是建立在经纬度基础上,经纬度与图幅号之间可以换算,空间数据分幅的一般地图采用经纬网梯形分幅法,不同比例尺的地图通过不同经度差、纬度差进行分幅,不同比例尺地图在分幅时存在相关关系,图幅号之间也存在关联,可以通过数学公式进行计算。高速铁路空间数据的分幅与一般地图有所不同,高速铁路的空间数据分幅主要解决不同管辖范围和访问权限的问题。铁路部门按铁路局、站段和工区对高速铁路划分不同的管辖范围,我们称之为管界,管界是对地图进行分幅的主要依据,构建信息系统时,一个最基本的要求是一个用户只能访问本单位管界范围内的空间数据。

## (三)空间数据库存储

空间数据库是指以特定的信息结构和数据模型(如关系模型、面向对象模型等)表达、存储和管理从地理空间中获取的空间信息。

1. 管理的方式

网格化管理空间数据存储采用对象—关系型数据库管理系统,其特点是对常用的关系数据库进行了扩展,引入了点、线、面、圆、长方形等空间对象数据类型,空间对象作为一个字段和属性数据一起进行管理,可以采用统一的 SQL 语句进行属性数据与空间数据的联合条件查询,解决了空间数据与属性数据一体化管理的问题。

对象—关系数据库管理系统方式是目前 GIS 空间数据管理的主流模式，信息平台支持软件中的空间数据库引擎软件 Oracle Spatial、Arc SDE、MapInfo SpatialWare、SuperMap SDX + 都是采用这种方式。

2. 空间数据仓库

空间数据仓库(SDW)是向主题的、集成的、随时间不断变化的和非易失性的空间和非空间数据集合，用于支持多源数据集成、空间数据管理、空间辅助决策(Spatial Decision Making, SDM)和空间数据挖掘(Spatial Data Mining, SDM)。空间数据仓库是海量空间数据的管理工具，在数据仓库的基础上引入空间维数据，增加对空间数据的存储、管理和分析能力。空间数据仓库中的空间数据具有统一的坐标系和相同的比例尺，又包含了数据的时间属性，可以满足用户空间数据版本管理的要求。空间数据仓库能以主题为基础进行空间数据的分类、加工、变换，从更高层次上进行综合利用；能以面向应用的 GIS 系统的空间数据为基础，通过元数据将它们集成起来，从中得到各种有用数据；能按照主题对不同来源的空间数据进行变换和增值，提高数据的可用性，为决策人员提供了面向主题的空间分析工具。

3. 空间元数据

随着计算机技术和 GIS 技术发展，特别是网络通信技术的发展，空间数据共享日益普遍。管理和访问大型数据集的复杂性正成为数据生产者和用户面临的突出问题。数据生产者需要有效的数据管理和维护办法；用户需要找到更快、更加全面和有效的方法，以便发现、访问、获取和使用现势性强、精度高、易管理和易访问的地理空间数据。在这种情况下，空间数据的内容、质量、状况等元数据信息变得更加重要，成为信息资源有效管理和应用的重要手段。地理信息元数据标准和操作工具已经成为国家空间数据基础设施的一个重要组成部分。

空间元数据是指在空间数据库中用于描述空间数据的内容、质量、表示方式、空间参考和管理方式等特征的数据。空间元数据能帮助数据生产单位有效地管理和维护空间数据、建立数据文档，并保证即使其主要工作人员离职时，也不会失去对数据情况的了解；能提供有关数据生产单位数据存储、数据分类、数据内容、数据质量、数据交换网络等方面的信息，便于用户查询检索空间数据；能提供有关信息，以便用户处理和转换有用的数据，帮助用户了解数据，以便就数据是否能满足其需求作出正确的判断。

元数据是关于数据的描述性数据信息，应尽可能多地反映数据集自身的特征，以便用户对数据集准确、高效、充分的开发与利用。通过元数据可检索、访问数据库，可有效利用计算机的系统资源，可对数据进行加工处理和二次开发等。元数据的内容包括对数据集的描述，对数据集中各数据项、数据来源、数据所有者等的说明；对数据质量的描述,如数据精度、数据的逻辑一致性、数据完整性、分辨率、元数据的比例尺等;对数据处理信息的说明,如量纲的转换等;对数据转换方法的描述;对数据库的更新、集成等的说明。元数据是使空间数据充分发挥作用的重要条件之一,可用于数据文档建立、数据发布、数据浏览、数据转换等方面,对于促进数据的管理、使用和共享均有重要的作用。

目前,国际上对空间元数据标准内容进行研究的组织主要有三个,分别是欧洲标准化委员会(CEN/TC 287)、美国联邦地理数据委员会(FCDC)和国际标准化组织地理信息/地球信息技术委员会(ISO/TC 211)。我国在 ISO 19115《地理信息元数据》基础上制定了相应的国家标准。高速铁路网格化管理需要在遵循相关国家标准的基础上根据网格化管理的业务特点,根据网格化管理空间数据的特点,制定网格化管理的元数据标准。

## 二、属性数据管理

在地图数据库中有空间数据和非空间数据之分,非空间数据即为属性数据(Attribute Data)。属性数据表现了空间实体的空间属性以外的其他属性特征,可分为由某个非数字型特征区分的不同类别的数据,具有的与空间数据相对应的描述性数据,主要是对空间数据的说明。

### (一)属性数据组织

#### 1. 数据仓库主题

主题是一个抽象的概念,是业务信息系统中的事实数据在一定层次上归纳和综合,并用来分析和利用的对象。主题只是一个逻辑概念,对应业务应用中某一宏观分析领域所涉及的分析对象,是在较高层次上对分析对象的数据进行的一个完整、一致描述,能够完整、统一地刻画各个分析对象所涉及的业务各项数据及数据之间的联系。一般地说,主题的定义信息应包含描述主题自身特征的一致固有的全部信息及其在应用中的过程信息。

根据高速铁路设备管理的业务需求,可在建设和运营阶段分别设置不同的属性数据仓库主题。如在运营阶段围绕设备状态可分别设置状态检测、状态评定、病害(故障)、设备维修、验收评价等不同主题。

#### 2. 数据仓库的数据模型

多维数据模型(数据立方)是为了满足用户从多角度、多层次进行数据查询和分析的需要而建立起来的基于事实和维的数据库模型,其基本的应用是为了实现联机分析处理 OLAP。

多维数据模型最大的优点就是其基于分析优化的数据组织和存储模式。例如，基于时间维、设备维、组织机构维等构建的铁路设备病害多维数据模型，可以方便实现在时间、设备和组织机构等方面的交叉查询，如图4—7所示，只要在时间上将数据聚合到2013年，在设备上将数据聚合到桥梁，同时在组织机构上将数据聚合到上海铁路局，就可以方便查询到上海铁路管辖范围内所有桥梁在2013年病害信息。

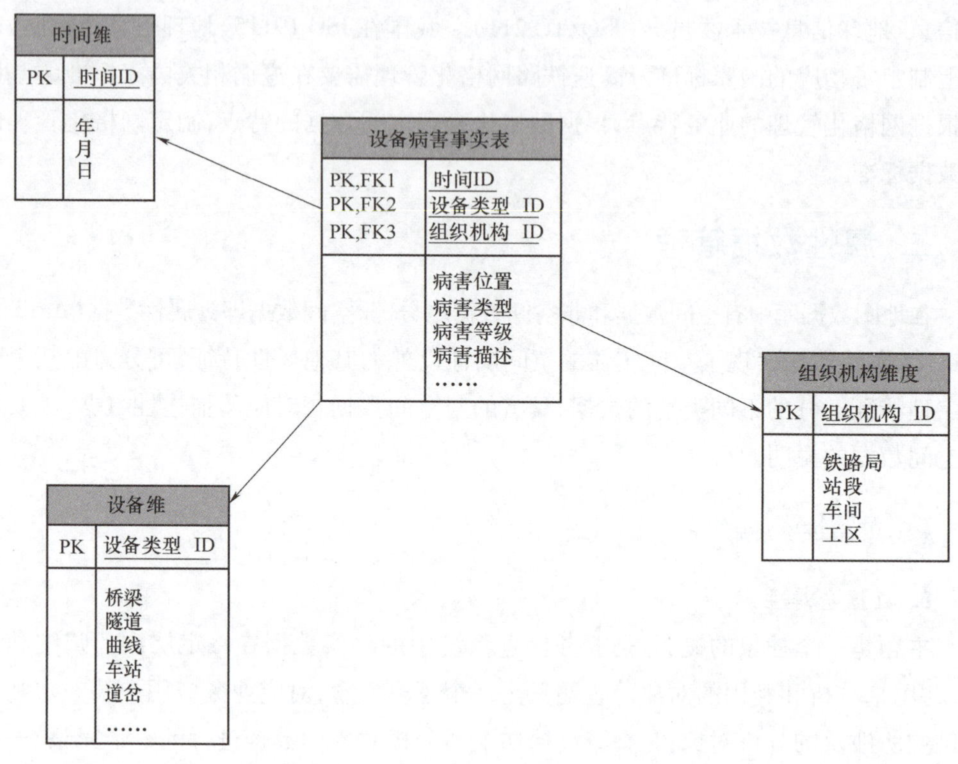


图4—7　铁路设备病害的多维数据模型

3. 事实表

事实表是用来反映主题的、描述事实的数据表。事实表的主要特点是包含数字数据（事实），并且这些数字信息可以汇总，以提供有关管理部门作为历史的数据，每个事实数据表包含一个由多个部分组成的索引，该索引包含作为外键的相关性维度表的主键，而维度表包含事实记录的特性。事实表是数据仓库存储的细节数据，数据仓库并不需要储存所有的原始数据，但数据仓库需要储存细节数据，并且导入的数据必须经过整理和转换使其面向主题。如轨道检查车的原始检查记录、超限记录等均可以作为事实表进行存储，超限记录是在原始检查记录基础上进行了超限判断，完成了一次数据抽取。

4. 维度表

维度表可看作是用户分析数据的窗口，维度表中包含事实数据表中事实记录的特性，有些特性提供描述性信息，有些特性指定如何汇总事实数据表数据，以便为分析者提供有用的信息，维度表包含帮助汇总数据的特性的层次结构。如对轨道检查车超限记录表，可以有线名、行别、公里、网格、部件、事件、工区、段、路局等多个维表，用来帮助汇总数据。

5. 实体化视图

实体化视图（物化视图）是包括一个查询结果的数据库对像，它是远程数据的的本地副本，或者用来生成基于事实表进行求和、计数、平均、最大、最小等数据聚集操作的汇总表。实体化视图的结果会保存在一个普通的数据表中，在对实体化视图进行查询的时候不再会对创建实体化视图的基表进行查询，而是直接查询实体化视图对应的结果表。

数据仓库中的实体化视图主要用于预先计算并保存表连接或聚集等耗时较多的操作的结果，这样，在执行查询时，就可以避免进行这些耗时的操作，而从快速的得到结果。高速铁路设备网格化管理可根据铁路网格病害重复度计算模型，创建铁路网格病害重复度的实体化视图，当需要查询全线某网格的病害重复度时，利用之前创建好的实体化视图，可快速得到结果，提高用户体验。

6. 数据仓库元数据

数据仓库中元数据有两方面的基本用途。首先，元数据能提供基于用户的信息，如记录数据项的业务描述信息的元数据能帮助用户使用数据。其次，元数据能支持系统对数据的管理和维护，如关于数据项存储方法的元数据能支持系统以最有效的方式访问数据。具体来说，在数据仓库系统中，元数据主要支持描述哪些数据在数据仓库中，定义要进入数据仓库中的数据和从数据仓库中产生的数据，记录根据业务事件发生而随之进行的数据抽取工作时间安排，记录并检测系统数据一致性的要求和执行情况，衡量数据质量等系统管理功能。高速铁路网格化管理中描述工务设备秋季定期检查的元数据可以有检查时间、检查单位、检查人、录入时间、录入单位、录入人等。利用这些元数据，可对工务设备秋季定期检查数据的上传频率和上传完整性等数据质量评定标准进行管理，保证网格化管理信息系统中各功能模块是利用可靠的数据进行分析的。

## （二）属性数据存储

网格化管理属性数据的大数据特征决定了采用数据仓库存储的管理方式。数据仓库的根本任务是把数据加以整理归纳，并及时提供给相应的管理决策人员，供他们做出改善其业务的决策，使信息发挥作用、支持决策，主要表现在五个方面：

(1)数据仓库有效集成了企业的业务数据，提供了关于整个企业集成信息的报表和图表，从而为企业提供了按照主题的多方位的决策支持。

(2)数据仓库可对分布在不同系统的业务数据按照面向主题的原则进行清洗和加工。使它们成为统一格式的、易于使用的、支持决策的数据。

(3)数据仓库支持多维分析，可在一个查询中对不同阶段的数据进行纵向或横向比较，这在决策过程中非常有用。

(4)数据仓库采用数据挖掘技术可帮助企业决策者对企业未来状况作出预测。

(5)成功的数据仓库系统可为企业带来高的投资回报。通常情况下，企业将建立一系列数据集市，用来处理一定范畴的问题，快速决策往往意味着管理更有智慧。

数据仓库的基本特征：

(1)数据仓库中的数据是面向主题进行组织的，与传统数据库面向应用相对应，主题是一个在较高层次上将企业信息系统中的数据综合、归类并进行分析利用的抽象，每一个主题对应一个宏观的分析领域。

(2)数据仓库的主题是集成的，它是从原有的分散的数据源中抽取来的，数据源中的数据进入数据仓库之前，要经过加工与集成、统一与综合。

(3)数据仓库的数据是相对稳定的，它反映的是一段相当长的时间内历史数据的内容，而不是联机处理的数据，因而数据经集成后少有修改。

(4)数据仓库的数据是随时间不断变化的，它的稳定是相对的，并不意味着从数据集成输入数据仓库开始到最终被删除的整个数据生命周期中所有的数据永远不变，数据仓库随时间的变化要增加新的数据内容。

数据仓库系统包括许多方面的内容，其结构如图 4—8 所示，图中箭头的方向表示数据处理的过程。

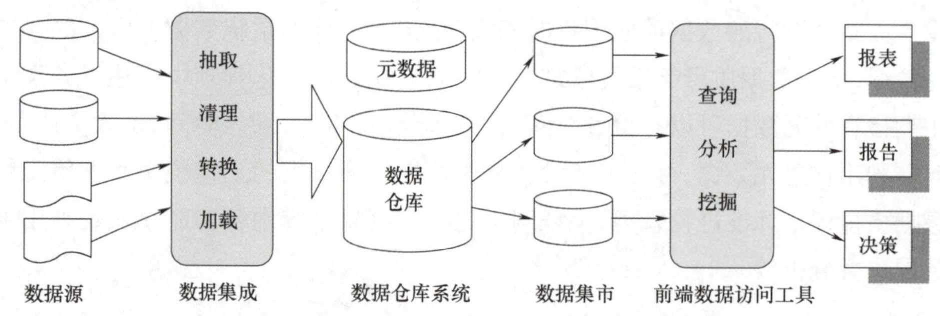


图 4—8　数据仓库体系结构

数据源是在不同系统环境下建立的各种数据库文件、平面文件、html 及 xml 文件。数据集成从数据源中抽取数据，进行整理、组织、加工，装载到 DW 的目标数据库中,并可周期性刷新 DW 以反映数据源的变化;数据仓库及数据集市存储经检验、整理、加工和重组后的数据,并对数据进行管理,它可以是关系数据库或多维数据库;联机分析处理(On-Line Analysis Processing,OLAP、数据挖掘(Data Mining)构成数据访问的主要工具,对数据仓库中的数据进行分析,挖掘其中的知识,将其转化为辅助决策信息;OLAP 技术通过交互式查询、多层次的概括和聚集、大量的商业转换和数据计算以及借助于模型进行预测、趋势分析和统计分析,并以多维图表的形式给出结果。数据挖掘则是从大量的、具体的细节数据中发掘深层次的内容,它除了要用到统计分析工具以外,还要利用到知识发现技术。

## 第三节　数据整合

数据整合是共享或者合并来自于两个或者更多应用的数据,创建一个具有更多功能的企业应用的过程。数据整合为实现网格化管理设备的状态评定、安全预警、病害(故障)诊断、维修计划编制等管理目标,以及最大限度地体现数据的价值和信息增值奠定了基础。数据整合有以下两种基本情形:一是传统的商业应用有很强的面向对象性,他们依靠持续的数据结构为商业实体和过程建模,数据结构相对稳定,采用逻辑方式通过数据共享或合并进行整合;另一种则是,来自于一个应用的数据可能要重新构造才能和另一个应用的数据结构匹配,然后被直接写进另一个数据库。

### 一、数据整合意义

大规模高速信息化投入易存在严重的信息孤岛现象,信息整合成为信息化建设的迫切要求,这与世界各地 IT 建设从物理连接转向逻辑连接的需求是一致的。对分散异构信息资源系统实现无缝整合,并在新的信息交换与共享平台上开发新应用,需要架构信息资源管理系统,实现对信息资源的有效管理,实现信息资源在企业内部以及企业之间的传播和共享,并在企业个人、组织、业务、战略等诸方面产生价值和信息增值。

我国铁路信息化建设历经多年,初步建成了覆盖客货营销、经营管理、调度指挥等业务领域的众多业务信息系统,如调度指挥管理信息系统(DMIS)、铁路客票发售和预订系统(TRS)、财务管理信息系统(FAMIS)、车号自动识别系统(ATIS)、行车安全监控系统(TOSMS)、车辆管理信息系统(CMIS)、工务管理信息系统(PWMIS)、电务管理信息系统(CSMIS)、供电管理信息系统(PSSMIS)等,这些系统在铁路运输组织、客货营销和经营管理中发挥了重要作用。这些系统由不同业务部门独自开发,纵向上自成体系,系统之间不易进行数据共享,其存在的主要问题可归纳为以下几方面:

(1)信息系统基于专业的角度纵向规划、设计,整体性考虑不足,造成编码、接口等方面缺少统一标准,难以形成统一的数据共享和交换机制。

(2)软、硬件平台,操作系统不统一,数据库管理系统不相同,通信协议不兼容,软件开发工具种类繁多等,造成系统之间的连通性和互操作性较差。

(3)各业务信息系统独立建设、运行、更新和维护,不仅易造成信息孤岛问题,信息难以综合利用,而且重复开发和建设带来浪费,同时给系统扩展和管理带来困难。

铁路作为一个业务种类繁多的大联动机,要求应用系统间经常交换数据,以便协同工作,但各业务子系统相互独立的现状导致无法及时地进行数据传递或交换,难以实现完全意义上的协同工作。

高速铁路网格化管理的最大特点是从空间的观点出发而不是从专业的观点出发,打破原有专业之间的界限,对设备进行综合管理;它强调网格内设备的整体性、关联性,需要对同一网格内不同专业设备状态要统一管理,整体评价;从空间位置出发,进行空间数据挖掘和属性数据分析,辅助管理者发现设备状态变化与地理位置的关联关系。实现这些目标需要专业内部以及跨专业间的信息资源整合,要求以空间坐标为纽带实现网格内不同专业、不同时间的设备状态数据的集成、共享与整合。

高速铁路网格化管理设备数据整合的目标是使整合后的数据应具有可操作和易操作性,具有准确和无冗余性,可管理和易管理性,可导航和易共享性,一致性、标准性和易交换性等特点。整合后的数据应具有集中而单一,便于应用掘取、操作及能发挥最大效能,避免重复输入更新以及提供即时准确的资讯,统一管理、降低费用、提升效能和增进安全,可集中描述(元数据)和便于搜索、共享,具备一致、标准的格式和便于交换等特点。

## 二、数据整合方式

数据整合有物理整合、逻辑整合和应用整合三种基本方式。物理整合,即将多个设备整合而为一部或较少几部更大型的设备,多个数据库整合成一个或较少几个更大的数据库,实现统一管理和快速反应;逻辑整合是通过系统管理软件等手段对物理上分散的设备资源和数据资源进行虚拟化的集中管理;应用整合是构建新的应用功能,在应用界面中整合不同来源的数据。高速铁路设备网格化管理中应利用物理、逻辑、应用三种基本整合方式,从里程、设备、时间三个方面进行数据整合工作。

### (一)基于里程的数据整合

基于里程的数据整合是对网格化管理设备数据整合的细化,是从空间(里程)的维度整合某一特定地点（里程）的不同专业设备全生命周期过程中不同阶段产生的状态数据信息，包含了相关网格、设备、事件的全部信息，如图 4—9 所示。里程作为纽带，把该里程处发生的所有事件关联起来，这些事件包括该里程处的设计信息、施工信息、运营后的检查检测信息、病害或故障信息、维修信息等等。

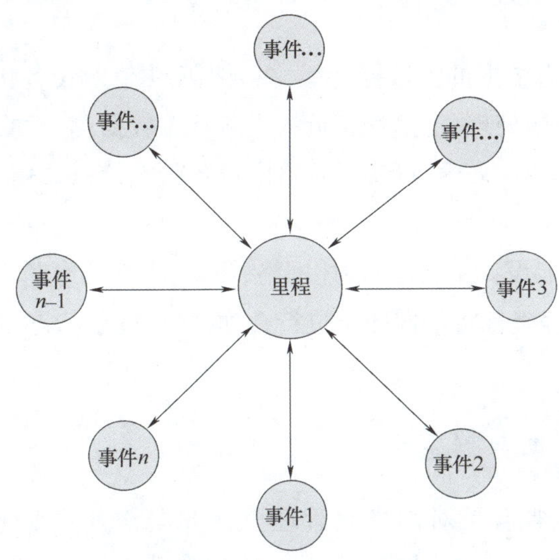


图 4—9 基于里程的数据整合

1. 管理决策

（1）设备状态检测决策，针对不同的地点选用不同的检测周期，在设备状态变化快的里程处增加检测的频次，以保障行车安全，在设备状态变化慢的里程处减少检测的频次，以降低检测成本。

（2）设备状态评定决策，针对特定里程处的设备进行综合评价。

（3）安全预警决策，预测设备在特定里程处将要出现的安全风险，预知未来某一时间设备安全风险将会出现在哪些里程处，实现安全风险源的智能识别。

（4）病害（故障）诊断决策，研究不同地理环境因素与特定的设备病害（故障）的相关性分析，诊断病害（故障）产生的原因。

（5）维修计划编制决策，辅助管理者根据设备状态和病害（故障）的空间分布统筹安排设备维修计划，整合不同专业的维修资源，以达到节约成本的目标。

2. 主要内容

设备和事件的属性设计数据表中都含有里程位置信息的字段，这是基于里程进行数据整合的基础。基于里程的数据整合应重点关注以下几个方面。

（1）数据整合过程中，会涉及到对象是里程点还是里程范围，涉及到点与点、点与线段、线段与线段的叠合问题，考虑到设备状态检测时的里程误差，一般都将点扩展到一段小的线段，这样所有基于里程的叠合分析，可统一转化为线段之间的叠合分析。如进行重复病害的分析时，要判断隶属两次检测的两个病害点是不是一个点，需要考虑设备状态检测时的里程误差，如果两个点的距离在里程误差范围内，就可以判定为重复病害点，这实际上是将病害点当作一个里程范围（一段线路），判断两段线路有没有交集。

（2）根据设备状态数据的大数据特征，在数据库中针对设备状态数据信息的数据表按里程范围进行分区处理，把里程相近的设备状态数据存在同一个分区里边，相当于储存在一个逻辑上的小表中，可实现网格内设备状态信息快速检索，提高数据检索的效率。

（3）应用程序功能设计中，针对描述网格、设备、事件的专题空间数据分别建立不同的图层，可以按里程坐标将不同图层进行叠加，实现设备状态专题空间数据的整合与可视化。

### （二）基于设备的数据整合

基于设备的数据整合是对网格化管理设备数据整合的细化，是从设备的维度整合设备全生命周期过程中不同阶段产生的状态数据信息，如图 4—10 所示。设备作为纽带，把该设备寿命历程中发生的所有事件关联起来，这些事件同样包括该设备的设计信息、施工信息、运营后的检查检测信息、病害或故障信息、修理信息等等。

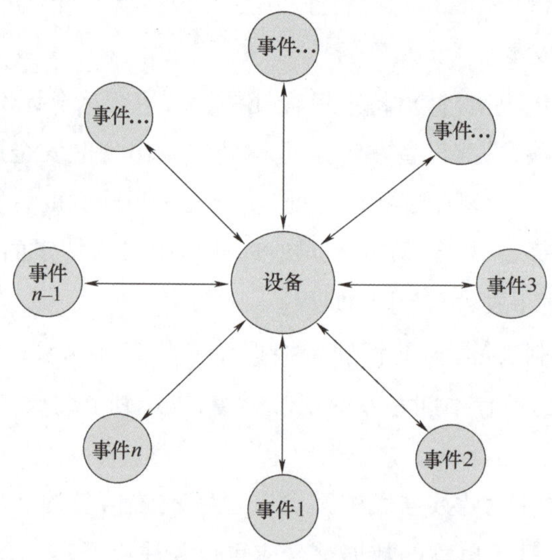


图 4—10　基于设备的数据整合

1. 管理决策

(1)设备状态检测决策,在设备状态变化快的网格内增加检测的频次,以保障行车安全,在设备状态变化慢的网格内减少检测的频次,以降低检测成本。

(2)设备状态评定决策,对设备状态进行等级评定,对其状态进行综合评价。

(3)安全预警决策,预测设备在单元网格内要出现的安全风险,预知未来某一时间设备安全风险将会出现在哪些设备上,实现安全风险源的智能识别,进行安全预警。

(4)病害(故障)诊断决策,将设备的病害(故障)数据与其地理特征空间分布数据进行整合,研究建立设备病害(故障)与所处单元网格的地理特征的关联关系,进行不同地理环境因素与特定的设备病害(故障)的相关性分析,诊断病害(故障)产生的原因。整合单元网格中其他设备状态信息,研究当前设备的病害(故障)与其他设备的关联关系建立设备状态联动的设备病害(故障)诊断模型。

(5)维修计划编制决策,辅助管理者根据设备状态和病害(故障)的分布情况统筹安排设备维修计划,整合不同专业的维修资源,以达到节约成本的目标。

2. 主要内容

网格、设备和事件的属性设计数据表中都含有编码(网格编码、设备编码和事件编码)的字段,设备表中含有网格编码的字段,事件表中包含网格编码、设备编码字段,这些编码是基于设备进行数据整合的基础。在数据整合过程中,设备是数据整合的中心,网格编码字段用来实现设备与地理环境信息的整合以及设备相互之间的关联,设备编码字段用来实现网格内不同事件之间的关联。

### (三)基于时间的数据整合

基于时间的数据整合是从时间的维度,整合某一特定时间或时间段内设备的状态数据信息,特别是针对网格内特定时间或时间段内的所有事件信息进行整合,如图4—11所示。时间和事件可以相互关联,基于时间可以关联与该时间或时间段内发生的所有事件,基于事件可以对应找到事件发生的时间,任一事件可以关联到与其同时发生的其他事件。

1. 管理决策

(1)设备状态检测决策,确定当前设备所处的阶段,以此为依据制定设备状态的合理检测频次,以降低检测成本。

(2)设备状态与网格状态评定决策,整合单元网格内的不同设备的当前状态数据,对设备状态进行等级评定。

(3)安全预警决策,预测未来某一时间设备安全风险将会出现在哪个网格内、哪

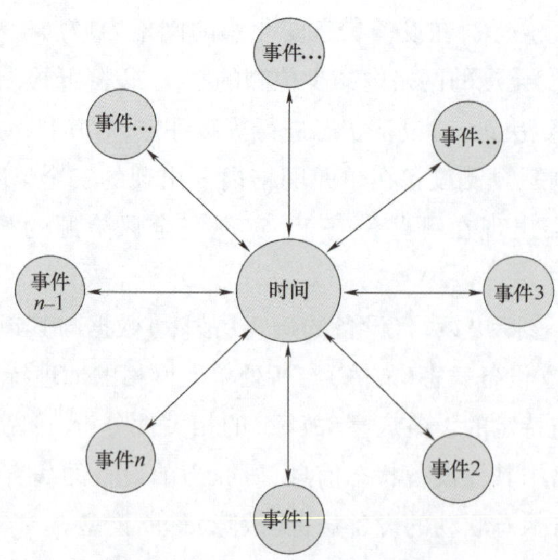


图 4—11　基于时间的数据整合

些设备上，实现安全风险源的智能识别，进行安全预警。

(4)病害(故障)诊断决策，研究建立设备病害(故障)与所处寿命不同阶段的关联关系，进行相关性分析。

(5)维修计划编制决策，辅助管理者确定时间、地点、任务，统筹安排设备修理计划以达到节约成本的目标。

2. 主要内容

网格、设备和事件的属性设计数据表中都含有大量与时间相关的字段，时间字段是基于时间进行数据整合的基础。在数据整合过程中，时间是数据整合的纽带，用时间将网格、设备和事件的所有属性数据，按先后顺序形成时间序列，这是研究设备状态变化规律、设备寿命分布规律的基础。

综上，将设备、里程、时间三种整合方式结合起来，建立设备状态的三维关联关系，可以实现特定时间、特定里程、特定设备的信息快速检索。

## 三、整合效果

高速铁路网格化管理中需要对各类数据进行整合，例如铁路工务设备日常检查检测的项目、内容不同，所采用的设备检查信息记录方式等也各不相同，数据之间缺乏有效的整合，高速铁路设备网格化管理通过将各工务设备的检查数据标准化，利用数据仓库技术，将各工务设备病害数据整合成工务设备问题库的实体化视图，实体化视图能够有效反映工务设备的各种信息，见表 4—1。

表 4—1 工务设备问题库实体化视图信息表

| 字段 | 字段类型 | 备注 | 字段 | 字段类型 | 备注 |
|---|---|---|---|---|---|
| ID | 字符型 | | 病害处所 | 字符型 | |
| 问题编号 | 字符型 | | 病害类型 | 字符型 | |
| 设备类型 | 字符型 | | 严重程度 | 字符型 | |
| 设备编码 | 字符型 | | 病害描述 | 字符型 | |
| 检查方式 | 字符型 | | 整改措施 | 字符型 | |
| 发现日期 | 日期型 | | 整改期限 | 数值型 | |
| 线编号 | 数值型 | | 整改确认人 | 字符型 | |
| 行别 | 字符型 | | 责任单位 | 字符型 | |
| 车站 | 字符型 | | 备注 | 字符型 | |
| 里程 | 数值型 | | | | |

通过对具备标准化格式的各类数据整合,可以有效的反映设备的各种状态规律。以设备维度进行整合,可对比同一类型不同设备之间的状态劣化情况,分析出状态较差的设备;以时间维度进行整合,可分析某一设备在不同时间段(比如季节)病害的发生规律;以里程维度进行整合,可对比不同里程范围内病害发生情况,分析出易发生病害地段。

## 第四节 数据采集

高速铁路设备数据管理的目的是创建贯穿设备从建设到运营的全生命周期过程的全方位综合数据共享平台,其建立的过程就是数据收集、加工以及上传的过程。设备电子文库建立的质量是决定高速铁路网格化管理成败的关键。高速铁路网格化管理数据量大,数据存储时间长,在数据采集、存储、使用过程中,数据采集系统要能够和数据中心互联互通,具有将采集到的数据及时上传到数据中心服务器、可依据权限获取服务器的数据到本地系统、对本地系统数据进行更新等功能。

### 一、属性数据采集

网格化管理信息系统的数据采集方案是指高速铁路网格、设备和事件的属性信息及相应的空间信息的采集与入库方法。网格、设备属性数据的采集包括了网格、设备台账等,事件属性数据的采集包括了建设、运营两个阶段的属性数据。

在高速铁路设备网格化管理过程中,上海铁路局研究制定了网格化管理信息系统的数据采集方法，在宁杭高速铁路联调联试期间，对其网格、设备和事件的属性数据以及相应的空间属性数据进行了采集。

在宁杭高速铁路2013年3月～6月联试联调及试运行期间，产生了大量的设备状态数据，如轨检车和动检车的检测数据、静态验收问题库数据等，若不及时采集将会造成大量宝贵数据的流失。以联试联调阶段静态验收问题库数据为例，2013年2月20日～2013年5月7日联试联调期间，轨道专业采集到问题8 674个，桥梁专业采集问题6 478个，隧道专业采集问题60个，路基专业采集124个，精密竣工测量专业采集问题1个，安防设施采集问题171个，共采集静态验收问题15 508个。采集静态验收问题数据的Excel模板，包含反映属性数据空间、专题、时间特征等的字段。宁杭高速铁路秦淮河特大桥的一处裂纹病害实例见表4—2。

表4—2　静态验收问题库

| 字　段 | 填　写　内　容 |
| --- | --- |
| 线名 | 宁杭高铁 |
| 行别或车站 | 双 |
| 专业 | 桥涵 |
| 设备类型 | 桥梁 |
| 设备名称 | 秦淮河特大桥 |
| 设备编号 | G3026Q001 |
| 起点里程 | K0 +445. 4 |
| 终点里程 | K10 +2846 |
| 病害处所 | 5 号桥墩 |
| 问题类型 | C |
| 问题照片 | 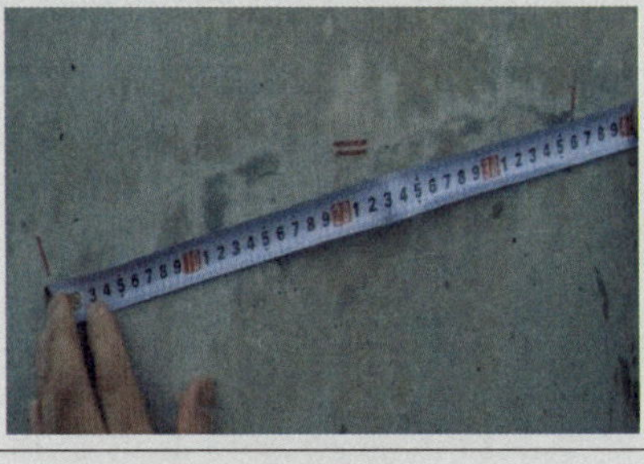  |
| 问题描述 | 垫石裂纹 |
| 发现日期 | 20130225 |
| 严重程度 | 风险等级中度 |
| 整改措施 | 墩身混凝土表面不大于0. 2 mm的裂纹采用修补砂浆修补，对裂纹表面进行封闭，持续观测裂纹变化，直致稳定 |

续上表

| 字　段 | 填　写　内　容 |
| --- | --- |
| 整改期限 | 20130228 |
| 责任单位 | 中铁4局 |
| 设备管理单位 | 南京桥工段 |
| 销号日期 | 20130228 |
| 整改确认人 | 赵军 |
| 录入人 | 赵军 |
| 录入单位 | 南京桥工段 |
| 录入时间 | 20130228 |

## 二、空间数据采集

空间基础数据包括沿线基础地形图、卫星遥感影像数据、沿线数字高程模型（DEM数据）、铁路设备视频数据、设备照片数据、设备图纸数据、设备专题图数据等。以上数据的采集周期长，制作复杂，制作工作量大、成本高，需要专业人员使用专门工具进行采集。

（1）基础地形图、卫星遥感影像数据和DEM数据均为基础地理信息数据，属于国家的空间基础设施，由国家测绘部门统一规划和建设，无需重复建设，只需购买即可。这样主要是为了保证数据的权威性和数据质量；同时也能大大缩短建设的周期、大幅度降低建库费用。对已经得到的基础地理信息数据，需要进行格式转换、坐标配准、数据模型处理等过程，然后将处理后的数据写入系统数据库中。

（2）铁路设备视频数据、设备照片数据，铁路局可组织相关部门进行采集，然后将采集到的数据按照规定的原则命名，存放到指定的目录文件夹中，上传到系统数据库即可。

（3）铁路建设阶段设备相关图纸（如线路平纵断面图、站场平面图、桥梁全桥布置图、道岔铺设图、隧道设计图竣工图、涵渠竣工图、设备综合图等图纸数据等）的数据格式一般为纸介质、PDF或CAD格式文件等，需将他们按照网格化管理系统的数据标准，统一转换，写入系统数据库。

（4）专题空间数据主要是根据铁路设备的相关专题属性信息进行建设。上海铁路局采用AM技术，生成了设备的各种专题电子地图。如图4—12是生成的宁杭高铁上行线路设备综合图（局部）。

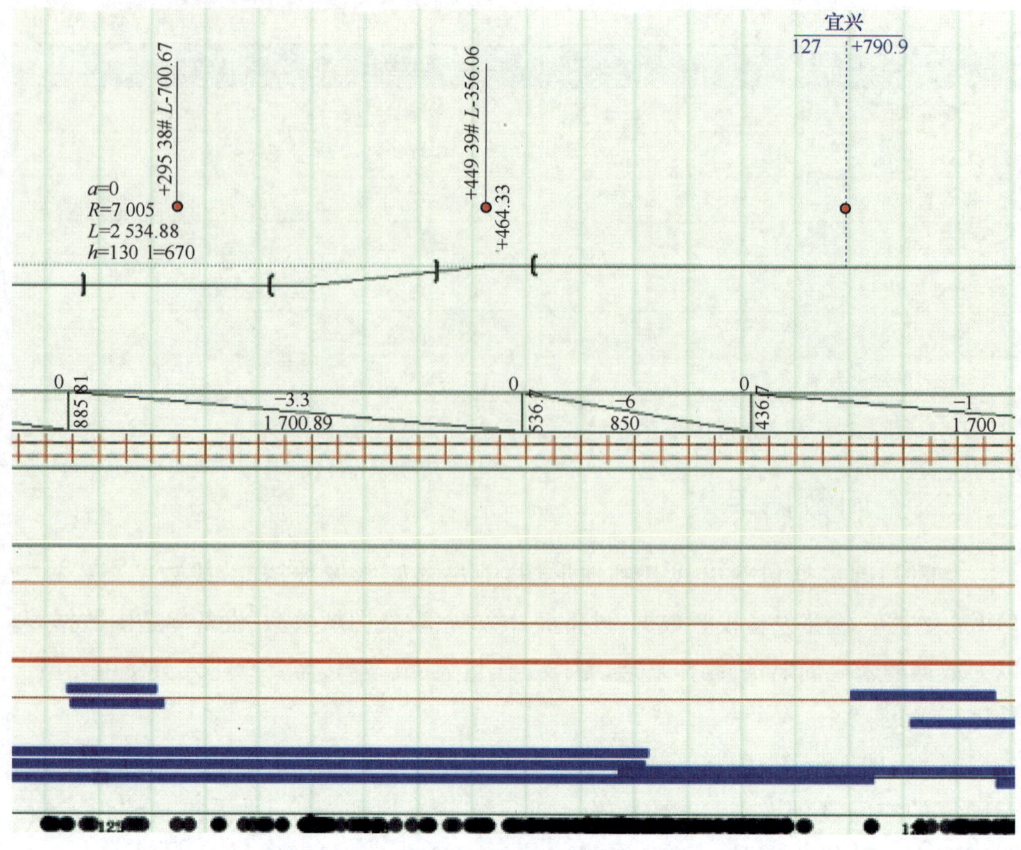


图 4—12　宁杭高铁上行线路设备综合图(局部)

## 三、数据录入

数据录入是电子文库和网格化管理的重要组成部分,是数据一体化管理和数据整合的关键环节。数据采集和录入可采用 Client/Serve(C/S)结构,C/S 结构的数据采集软件录入功能比浏览器模式的采集软件效率高,能够快捷方便地实现数据的录入、修改、删除等操作,录入效率高并且可以在录入过程中及时保存,能满足铁路建设阶段需要录入大数据量的要求。数据采集软件运行在台式机上,采用 Windows 操作系统。用户在本地录入数据后,系统可自动将用户录入的数据上传到数据中心的服务器上。数据采集软件对网格、设备和事件属性数据的采集入库方式分为 3 类。

(1)通过上传 Excel 文件导入数据。系统提供 Excel 模板,用户在 Excel 中填写数据后,系统会自动从 Excel 文件中提取数据,并远程保存到数据库中。

(2)直接在系统中录入数据。系统提供数据录入界面,界面中的表格形式和目前用户日常检查表格基本一致,同时数据录入表格具备类似 Excel 表格的编辑功能。用户点击提交后,将所填写数据远程保存到数据库中。

(3)从检查检测设备中导入数据。用户从检查检测设备中导出数据,并将导出的数据提交到数据采集系统,数据采集系统自动从所导出的数据中提取数据,并远程保存到数据库中。

在铁路运营阶段,网格化管理信息系统采用数据库接口的方式,与铁路既有的运营管理信息系统(如工务管理信息系统、电务管理信息系统、供电管理信息系统等)数据共享,如图4—13所示。网格化管理信息系统与既有的运营管理信息系统的连接方式及连接设备,见表4—3。

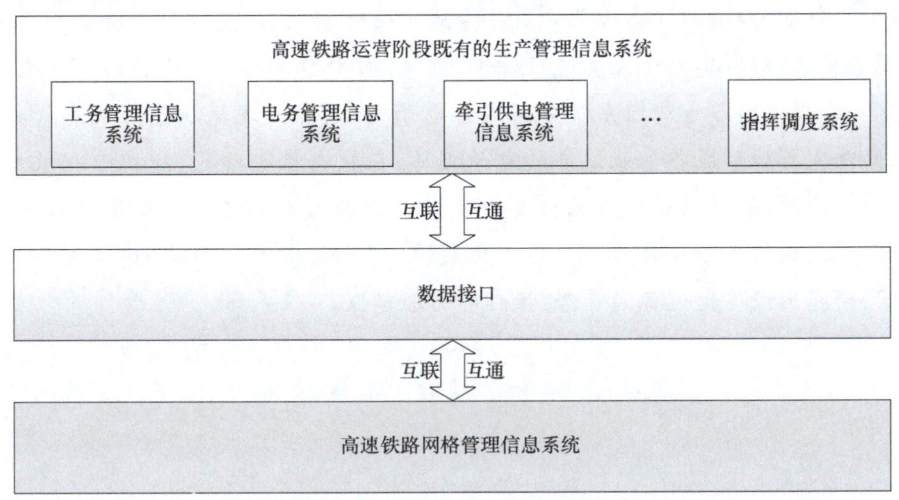


图4—13　网格化管理信息系统接口方案

表4—3　网格化管理系统与既有的运营管理系统的连接方式及连接设备表

| 序　号 | 相关系统 | 连接方式 | 连接设备 |
| --- | --- | --- | --- |
| 1 | 工务管理信息系统 | 铁路内部网络互联 | 路由器、交换机 |
| 2 | 电务管理信息系统 | 铁路内部网络互联 | 路由器、交换机 |
| 3 | 牵引供电管理信息系统 | 铁路内部网络互联 | 路由器、交换机 |
| 4 | 调度指挥管理信息系统 | 铁路内部网络互联 | 路由器、交换机 |
| …… | …… | …… | …… |

## 四、采集流程

高速铁路网格化数据管理主要分为数据收集、数据整理、数据完善、数据检查、状态评估等五个阶段。根据高速铁路设备管理实际,可成立工务组、电务组、供电组、站房组和客服组等专业组,制定本专业设备实行网格单元化数据管理工作重点和推进计划,统一录入格式,组织专业人员对现场工程实体和设备质量进行小单元、全方位检查,利用数码相机等电子设备对设备状态进行摄影或摄像,并利用设备状态的各种图表、图片，整理、建立、保存各专业设备数据。

在上海铁路局宁杭高速铁路联调联试期间，铁路局各专业组牵头组织，抽调设备管理、建设、设计、施工、监理等单位人员，形成10个普查组，每组不少于10人，制定文档模板，开展现场普查，形成各专业系统标准电子文库数据源，如高速铁路线路零配件结构状态信息、高速铁路轨道电路横向连接线、吸上线、回流线、回流断点基础记录、高速铁路列控中心设备基础记录、高速铁路接触网支柱、高速铁路所亭牵引设变电设备记录、高速铁路客站雨棚专业设备记录以及高速铁路客服专业设备记录等信息；在资料整理阶段，组织各专业完成各专业系统标准录入，整理分析验收问题整改，评定设备状态，对所建电子文档进行评审、核对，初步形成各专业设备的电子文库；在文库完善阶段组织各专业组系统分析设备电子文库，做好现场状态与文库资料的对比，经修改完善后形成各专业设备的电子文库；在状态检查阶段，组织专人做好设备状态每日、每周、每月的变化情况的检查和录入，形成设备状态变化情况数据源；在状态评估阶段，组织专业人员分析设备变化规律，建立档案录入系统，建立设备状态动态档案，研究形成关键设备的养修、操作和管理建议。

# 第五章 基于网格化管理的个性化建模及状态评定方法

## 第一节 高速铁路个性化建模基本概念

### 一、高速铁路设备的劣化特点

1. 记忆性

记忆性是指在对自然现象、社会活动以及经济运行等研究过程中发现的与时间序列有关的记忆现象。铁路设备状态的劣化记忆性表现在两个方面：一是针对某一设备，其过去的劣化状态会影响其当前状态以及未来状态的变化；二是针对某一设备，其维修后的状态随时间劣化曲线与维修前的劣化曲线极为相似。

对特定空间位置上的特定铁路设备，由于地理环境因素确定，运输组织因素、养修管理因素也往往在一定时期内相对稳定，影响因素的相同使得设备在连续的两次维修之间其劣化特点往往是相似的，发生过的病害，经过相应维修后，以后往往还会重复出现，这就是所谓的特定空间位置上的特定设备劣化有记忆性。如轨道不平顺是轮轨系统的激扰源，是引起机车车辆产生振动和轮轨作用力的主要原因，是轨道结构综合性能和承载能力的重要体现，轨道不平顺状态对机车车辆的安全运行、乘客的旅行舒适度起着重要影响。轨道几何形位的基本要素有轨距、轨道水平、轨道方向、轨道前后高低及轨底坡等，由于轮轨相互作用，在轨道上会形成各种形式的不平顺，较大的轨道不平顺经过维修作业整平后，经过一段时间列车载荷的作用，又在原处重新发展起来的不平顺波形与维修整平作业以前的不平顺波形极为相似，几乎是原波形的重现，如图 5—1 所示。图中记录的是同一轨道区段四次维修捣固作业即将开始前的高低不平顺波形，经过四个“整平轨道—运营恶化”循环，每个循环周期末的不平顺波形仍惊人的相似，这一现象在有缝线路和无缝线路上都存在，甚至在原道床路基上将短轨换成长轨后，原来有缝线路的不平顺特征，仍有部分显现出来。这些都说明了轨道设备几何状态劣化在特定空间位置上存在记忆性。

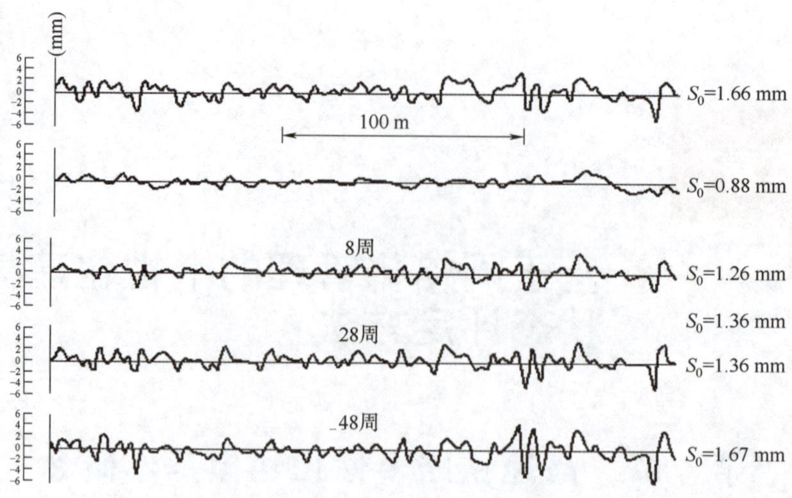


图 5—1 维修作业前后高低不平顺波形比较

2. 周期性

周期性是指按照某种周期性的变化规律依次不断地重复出现。铁路设备状态劣化的记忆性,造成了其劣化规律的周期性,在不同空间位置上的设备,其劣化周期性往往不同,但在相同空间位置上,相邻维修活动之间,其设备状态的劣化规律具有相似性,同时其维修间隔也大致相同,具有周期性的特点。

以轨道局部不平顺状态为例,在铁路建设完成投入使用时几何状态较为良好,随着运营过程中列车荷载的反复作用,轨道几何状态开始逐渐恶化,当不平顺状态恶化到影响安全和平稳行车或者线路上累积通过总重超过铁路线路维修规则的规定时,工务部门会对该段线路进行相应的维修,维修完成以后,不平顺状态又重新回到作业标准以下。在列车荷载作用下,不平顺状态的这种从作业标准以下向临修标准的变化过程不断出现,并且同一里程点的同一项不平顺指标的任意两次相同类型维修之间的变化过程相似,如图 5—2 所示。轨道不平顺的这种周期性变化特征,正是我国工务部门对轨道多年来一直进行周期性维修的依据。铁路线路维修规则所规定的维修周期是针对不同的轨道条件(轨型和轨枕)用累计通过总重来表示的,然而,由于影响轨道状态变化的因素千变万化,不同里程点的轨道不平顺状态有其自己的变化周期。

3. 联动性

在一个系统内部,由于其中某元素发生改变导致系统中其他元素也随之改变,从而使整个系统内元素相互作用、相互影响,系统所具备的这种特性称为联动性。高速铁路设备状态劣化的联动性与设备所处空间位置密切相关。由于高速铁路具有多专业设备高度关联的技术特点,设备状态劣化具有联动性,表现在同一里程位置(或同一里程范围内)多专业设备之间的劣化过程相互影响,若其中的一个设备出现病害或缺陷,往往会引发与其相关的设备出现病害或缺陷。

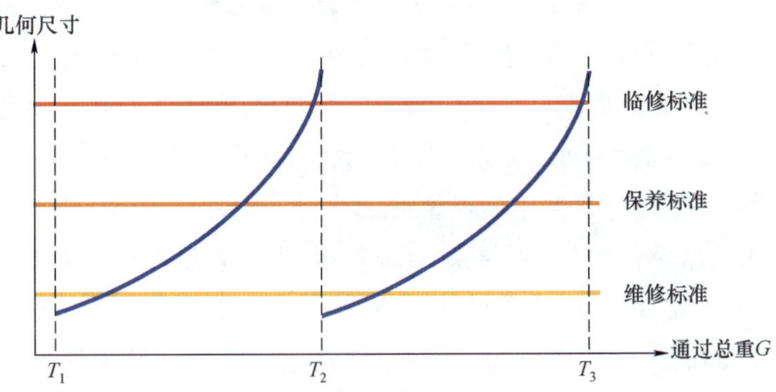


图 5—2 轨道不平顺劣化规律示意图

如线路曲线所处地段路基出现下沉病害,会引起曲线的轨道几何发生改变,可能发生过超高或欠超高,从而加剧内外侧钢轨的磨损导致钢轨病害,以及轨道不平顺病害;同时,较差的轨道不平顺状态又会导致接触网故障的发生。宁杭高铁联调联试阶段 2013 年 5 月 3 日 ~5 月 16 日下行 219. 8 ~220 km 轨道单元区段的 14 次轨道检查数据和相应的路基沉降观测数据之间的相关系数见表 5—1,通过表中的数据可以看出,本段路基沉降同轨道几何尺寸单项 TQI 中的水平、左高低、右高低、三角坑呈正相关关系,与轨距、左轨向、右轨向呈负相关关系,其值的大小表示关系的强弱程度。

表 5—1 宁杭高铁 219. 8 ~220 km 轨道单元区段路基沉降与轨道几何尺寸各单项 TQI 之间相关系数表

| 因素 / 相关系数 / 因素 | 轨距 | 左轨向 | 右轨向 | 水平 | 左高低 | 右高低 | 三角坑 |
|---|---|---|---|---|---|---|---|
| 路基沉降 | -0. 036 3 | -0. 332 6 | -0. 036 5 | 0. 249 6 | 0. 536 7 | 0. 533 4 | 0. 689 3 |

4. 异质性

异质性是指不同的样本观测数据具有不同的方差假设,即随机误差项序列的方差随自变量的变化而表现出系统性的差别,具有异方差性。高速铁路设备状态受地理环境、运输组织、设计及建造、养修管理等多种因素的影响,且地理环境因素往往有决定作用。不同的地理环境,地质条件、气候条件、水文条件可能不同,地理位置的不同,轨道结构、列车重量、速度、密度、修理历史等运输组织因素、设计及制造因素、养修管理因素往往也不同,这就导致了同一种类的设备在不同空间位置上其劣化规律是不同的。这就是设备状态劣化的异质性,其影响因素称为设备劣化的异质性因素。

以轨道不平顺为例，其状态劣化过程与设计因素（如铁路的选线是否合理，线路条件等），施工因素（如施工工艺水平、项目管理水平），运输组织及运输条件因素（如通过总重，列车运行速度、密度、货物类别等），设备维修时间因素，自然因素（如温度，天气，风沙等），轨道关联设备因素（如轨枕是否失效、道床是否脏污、路基状态是否良好等）等有关。这些影响因素随空间位置不同而变化，同时各种影响因素对不平顺状态劣化的影响程度也变化多端，导致不同单元区段的不平顺状态变化过程都不相同，即每个单元区段不平顺状态劣化具有异质性。

目前，对于铁路设备状态劣化规律的研究，大部分学者试图建立一个统一的公式来预测其状态的劣化，但正逐步向个性化建模方向发展。以轨道不平顺状态预测的研究为例，目前的做法大致可分为两类：一类是通过室内试验和现场测试分析相结合，建立轨道不平顺指标与若干因素的非线性关系，预测轨道不平顺状态；另一类是以轨道检查车、轨道检查仪等检测数据为基础，建立某种数学函数描述轨道不平顺的劣化规律，预测轨道不平顺状态。以一个通用的公式适应各种设备状态变化的情况，设备状态预测会产生较大误差，为解决这个问题，需要根据具体情况对设备进行个性化建模，但存在一些挑战，比如需要的基础数据量较大、建模计算量较大。随着大数据时代的到来，个性化建模逐渐变为可能，利用信息技术对设备劣化规律个性化建模的研究逐步成为热点。

## 二、空间分析建模要素

空间分析强调的是基于地理对象的位置和形态特征的数据分析技术，其目的在于提取和传输空间信息；模型是对现实世界中实体或现象的抽象或简化，是对实体或现象中最重要的构成及其相互关系的表述。空间分析模型是指用于 GIS 空间分析的数学模型，空间分析建模是指运用 GIS 空间分析建立数学模型的过程。

高速铁路网格化管理空间分析建模是采用 GIS 空间分析方法及可靠性数学，建立网格、设备、事件的空间分析模型的过程，是将现实世界科学体系问题抽象为空间概念模型。高速铁路网格化管理空间分析建模具有复杂性、特殊性和可视化图形特征：构成空间分析模型的空间目标（点、弧段、网络、面域、复杂地物等）的多样性决定了高速铁路空间分析模型建立的复杂性；空间层次关系、相邻关系以及空间目标的拓扑关系决定高速铁路空间分析模型建立的特殊性；大量的空间数据用图形的方式来表示，这样由空间数据构成的高速铁路空间分析模型具有了可视化图形特征。

1. 空间分布模型

空间分布模型用于研究地理对象的空间分布特征，包括空间分布参数描述、空间分布检验、空间聚类分析、趋势面分析、空间聚合与分解、空间关系分析。空间分布参数可描述分布密度、均值、分布中心、离散度等，空间分布检验用以确定分布类型，空间聚类分析可以反映分布的多中心特征并确定这些中心，趋势面分析可以反映现象的空间分布趋势，空间聚合与分解可以反映空间对比与趋势；空间关系分析是研究基于地理对象的位置和属性特征的空间物体之间的关系，包括距离、方向、连通和拓扑四种空间关系。

高速铁路网格化管理的空间分布模型主要描述高速铁路设备相关的网格、设备、事件等对象的空间分布特征，包含网格内设备（路基、桥梁、隧道、过渡段）分布特征、网格的地理（地貌、水文地质、气象等）分布特征和部件病害（故障）的空间分布特征模型等。以设备病害（故障）的空间分布为例，图 5—3 显示的是 2013 年 5 月 21 日宁杭高铁上行线线路设备网格状态分布情况（局部），线路设备综合图中绿色网格内轨道整体不平顺状态 TQI 值处于(0,3)；蓝色网格内轨道整体不平顺状态 TQI 值处于[3,4)。经统计，2013 年 5 月 21 日宁杭高铁上行 TQI 处于(0,3)的网格占全部网格 51.73%，TQI 处于[3,4)的网格占 46.25%。

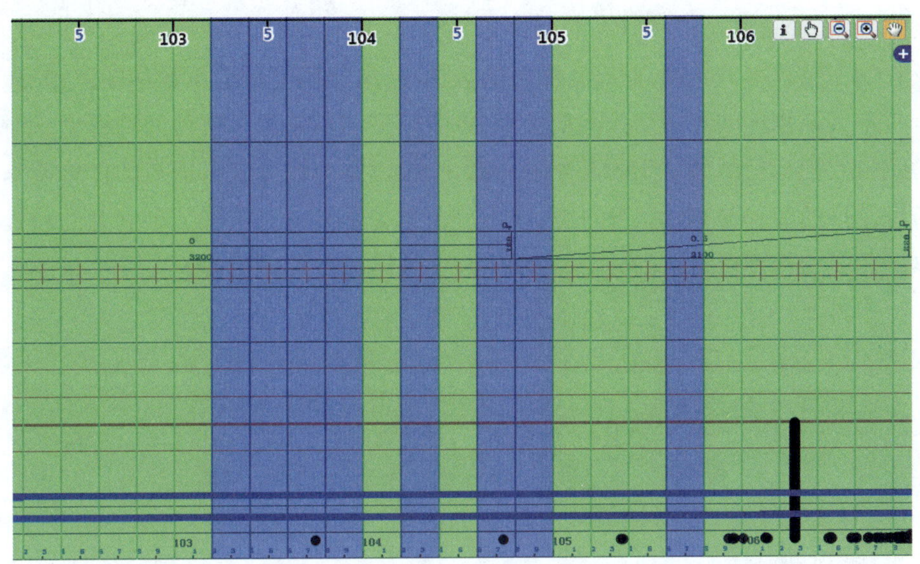


图 5—3　2013 年 5 月 21 日宁杭高铁上行网格状态分布专题图（局部）

2. 空间相关模型

空间相关模型用于研究物体位置和属性集成下的关系，尤其是物体群（类）之间的关系，目前研究最多的是空间统计学范畴的问题。统计上的空间相关、覆盖分析就是考虑物体类之间相关关系的分析。

高速铁路网格化管理的空间相关模型主要研究网格、设备、事件之间的空间相关特性，可以反映某种因果关系，主要包括：设备病害（故障）与地理环境因素的空间相关模型，设备病害（故障）与设备分布的空间相关模型，设备病害（故障）与其他设备病害(故障)的空间相关模型,设备状态变化速率与地理环境因素的空间相关模型,设备状态变化速率与其他设备状态变化速率的空间相关模型等。如路基病害与地理环境因素中的降雨量、地质因素间的相关关系模型,可将地质地岩状况划分若干等级,然后通过分析路基坍塌的时间、空间分布特征,研究不同地质条件下路基坍塌的发生频次和强度与降雨量之间相关性,以及不同降雨量条件下路基坍塌的发生频次和强度与地质条件之间相关性,得到诱发路基坍塌灾害的地质条件和降水阈值,并对各种不同地质条件下发生路基坍塌的降水阈值及其超过阈值后灾害次数上升情况进行统计分析,可绘制出路基坍塌易发程度等级分区图,并提出相应的处治方法。

3. 模型构建流程

高速铁路网格化管理的空间分布模型、空间关系模型和空间相关模型等模型的构建,应把握“明确问题、分解问题、组建模型、检验模型结果和应用分析结果”5 个关键环节,如图 5—4 所示。明确问题是分析问题的实际背景,弄清建立模型的目的,掌握所分析对象的各种信息,即明确实际问题的实质所在;分解问题是找出与实际问题有关的因素,通过假设把所研究的问题进行分解、简化,明确模型中需要考虑的因素以及它们在过程中的作用,并准备相关的数据集;组建模型是运用数学知识和 GIS 空间分析工具来描述问题中变量间的关系;检验模型结果是运行所得到的模型、解释模型的结果或把运行结果与实际观测进行对比,根据符合程度进行适当的优化调整,直至模型结果的解释与实际状况符合;应用分析结果是指在对模型结果满意的前提下,可以运用模型得到对结果的分析,应用于高速铁路设备管理相关的决策。

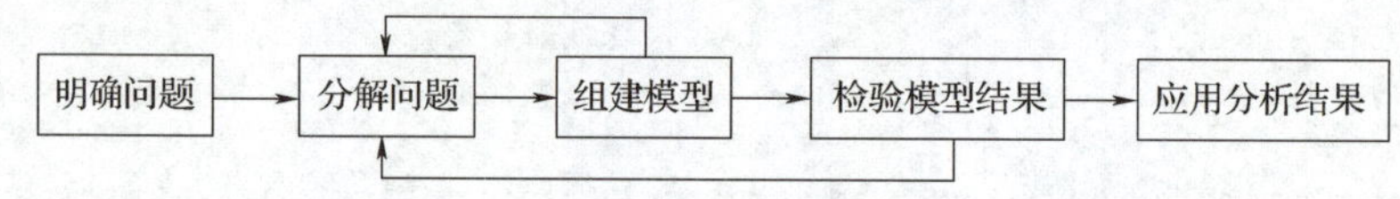


图 5—4　高速铁路网格化管理空间分析建模流程图

以“寻找某线路全线中存在安全隐患的曲线”这个问题为例,对上述的分析建模过程进行简要说明。

(1)明确问题。寻找某线路全线中存在安全隐患的曲线,可进一步理解为,寻找某线路全线中劣化状态较严重的曲线。

(2)分解问题。曲线状态包括静(动)态不平顺、曲线钢轨伤损、曲线钢轨磨耗、曲线正矢等。寻找全线中劣化状态较严重的曲线,首先需要确定采用哪些状态指标衡量曲线上述状态的优劣,如平均病害率、平均病害重复度、平均病害集中度、曲线静(动)态不平顺超限、曲线垂直磨耗、曲线侧面磨耗等;其次需要确定如何根据这些状态评定指标对曲线进行排序,如可采用专家意见法(Expert Opinions)、主成分分析方法(Principal Component Analysis)等。

(3)组建模型。铁路管理者根据日常安全生产关注重点或其他需求,选择出合适的状态评定指标,以及合适的曲线状态排序标准,如可按某个状态指标变化快慢排序,或者将多个状态指标合为一个综合指标进行排序。根据确定的排序标准,将全线曲线状态由差到好排序,找出全线中劣化状态较严重的曲线。

(4)检验模型结果。将上述模型得到的曲线状态排序结果与实际观测进行对比。铁路管理者可根据实际情况,对曲线状态评定指标进行增减,对模型进行调整,重复上述建模过程,直到对模型计算结果满意为止。

(5)应用分析结果。对模型找出的存在安全隐患的曲线进行重点观测,开展有计划性、针对性的维修工作。

## 三、预测与决策技术

高速铁路网格化管理预测与决策技术是运用科学知识和手段研究高速铁路网格、设备、事件过去和现在的状态,分析推断其未来发展趋势,并做出判断,形成决策方案,用以指导行动,以获得尽可能好的实践效果。

### (一)高速铁路设备寿命数据分析

设备寿命数据分析的目的是确定设备的寿命分布模型、掌握设备状态变化规律,获得设备可靠性评价指标,定量地把握铁路设备的性状,判断设备状态"好"、"坏",并可把所获的信息反馈到设计、建造和使用维修中去,以期改善可靠性、科学安排设备维修和更换,保障铁路行车安全。同时,精准维修、预防性维修可帮助管理者合理配置维修资源,从而能够大幅度降低设备管理部门的生产成本。寿命数据的分析过程大体分成数据收集、统计分析、信息反馈和辅助决策等三个步骤,如图5—5所示。

(1)数据收集(简称度量)。数据收集是基础性工作,是进一步统计分析的基础,只有掌握了设备的寿命数据,才有可能对设备的可靠性作出比较确定的评价。高速铁路网格化管理按照全生命周期过程,对网格、设备、事件的属性数据采集并积累,形成高速铁路网格化管理的大数据集,每一设备有自己唯一的编码,大数据技术为个体设备"健康"诊断、构建个体设备状态变化规律模型、寿命估计等提供了技术手段。

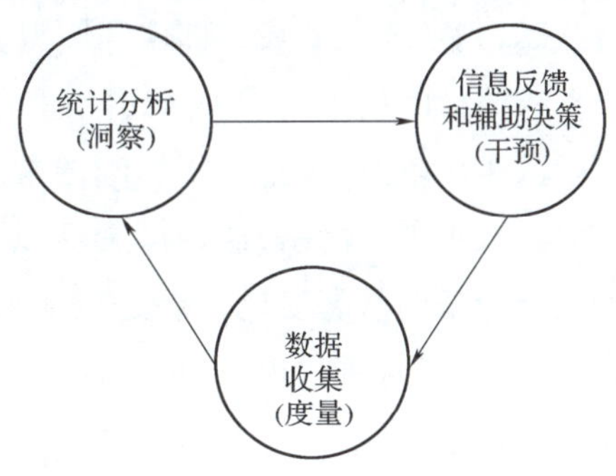

图5—5　寿命数据分析闭环流程

(2)统计分析(或称为洞察)。统计分析是以高速铁路设备的大数据为基础,在各种数学工具的帮助下提出假设,并不断修订甚至推翻假设,这是一个以数据为主要依据的反复迭代的探索过程。一是针对网格内的不同空间位置的设备建立个性化的寿命分布模型,研究其状态独特变化的规律;二是参数估计并检验其正确性;三是解决寿命数据来自什么总体,给出分布中的一些未知参数估计。

(3)信息反馈和辅助决策(或称为干预)。获得设备的寿命分布模型和掌握设备独特的劣化规律不是最终目的,而是要将获得的信息最终反馈到各个设备生命周期管理的环节(建设和运营阶段)中去,帮助做出合适决策,改进设备性能,保证铁路行车安全,有效控制安全风险。如根据设备首次失效数据分析,合理地安排预防性维修或更换时间,这样可以大幅减少由于设备突然发生病害而造成的损失。此外,根据寿命数据分析所获得的信息反馈到新线建设阶段,进一步优化,提高设备可靠性,获得更好的实用价值和经济效果;不同的"干预"行动,对设备后续寿命有不同的影响,如对钢轨进行恰到时机的打磨可延长钢轨使用寿命。

度量、洞察、干预三项活动形成一个相互促进的统一体。设备状态变化规律和设备寿命模型构建研究中的客观性与真实性将由度量活动(即设备的大数据集)中的数据质量管理加以保障。设备状态预测的准确性仍然是洞察活动的重要目标,洞察的目的是指导设备全生命周期管理中的行动。干预方案是否有效是检验度量与洞察的意义的标准,以数据为基础的洞察能够为干预方案的设计提供有价值的信息,而干预方案的有效性应该接受数据的检验。

### (二)高速铁路设备故障诊断技术

设备故障诊断是指在设备运行中或在基本不拆卸的情况下,通过各种手段掌握设备运行状态,判定产生故障的部位和原因,并预测、预报设备未来的状态,从而找出对策。设备故障诊断技术的发展经历了感性阶段、量化阶段、诊断阶段以及人工智能和网络化阶段4个阶段,设备故障诊断的常用方法包括故障树分析、数理统计、专家系统、模糊集、人工神经网络、遗传算法、数据挖掘、数据融合等方法。

高速铁路设备的状态变化特点是与地理环境因素密切相关,这决定了设备状态数据具有较强的空间特征,也决定了设备故障诊断应具有较强的空间分析特色。高速铁路设备数据集呈现"海量数据+复杂类型数据"的状态,具有大数据的"5V"特征,因此,可采用数据挖掘的方法进行设备故障诊断。

数据挖掘目的是从大量数据中发现潜在的规律,揭示数据特征、预测发展趋势、辅助决策。基于数据挖掘的一种诊断方法是利用设备故障时的动态事件序列信息的时空特性,形成故障过程的事件序列信息模型,并运用基于事件序列相似性的数据挖掘原理挖掘出事件序列信息中隐含的关联性；基于数据挖掘的另一种诊断方法是采用距离函数来度量事件序列相似性，用动态规划算法实现相似性的最优代价运算，将故障诊断问题转化为寻找与实际故障事件模式最相似的标准故障事件模式，并且诊断结果对畸变的故障信息具有一定的容错能力。因此，采用空间数据挖掘技术能够进行高速铁路设备故障诊断，发现其中有用的设备故障特征和故障模式。

### （三）高速铁路设备安全风险管理技术

安全风险管理是通过识别生产经营活动中存在的危险、有害因素，并运用定性或定量的统计分析方法确定其风险严重程度，进而确定风险控制的优先顺序和风险控制措施，以达到改善安全生产环境、减少和杜绝安全生产事故的目标。高速铁路设备的安全风险管理主要是针对设备状态的安全风险管理，包括安全风险源识别、安全风险评估和安全风险控制。

1. 设备安全风险源的识别

基于故障诊断结果，可进行风险源识别。与故障设备类型相同、具有相同条件（故障原因）尚未发生故障的设备安全风险最大，如一根正在服役的钢轨因钢轨材质发生断裂，与同一炉生产的钢轨都是潜在的风险源，应针对性地进行处理。同时，需要注意的是，与设备故障特征相近或故障模式相近的设备，也具有较高的安全风险。但是，我们更应关注如何防患未然，因此有必要基于单个设备的个性化状态变化规律，预测未来设备状态达到或超出安全管理容许值的时间序列来进行安全风险源管理，来测算设备剩余寿命，把剩余寿命较短的设备作为安全风险源进行管理。

2. 设备安全风险的评估

基于大数据技术进行高速铁路设备安全风险评估应构建三个层面，一是基于设备故障特征和故障模式的设备安全风险评估方法，根据设备故障诊断结果，对故障特征和故障模式进行数字化表达，建立设备的特征和模式与故障特征和故障模式的距离函数来度量设备状态与标准故障状态的相似性程度，距离函数的数值越小，则设备安全风险越高。二是基于设备健康状态的设备安全风险评估，根据设备当前的状态数据，划分不同的安全风险等级，设备状态越差，其安全风险等级则越高。三是基于网格的健康状态进行网格安全风险评估，根据当前网格的总体状态评定数据，划分不同的安全风险等级，状态等级越差，其安全风险等级越高。

3. 设备安全风险的控制决策

针对安全风险等级极高的设备，采用个性化维修策略，及时安排设备维修，消除安全隐患，降低安全风险等级；针对安全风险等级高的设备，采用个性化的设备状态监视策略，增加设备状态检测监测的频率，重点监测设备状态变化，有针对性的安排维修计划，将安全风险控制在允许范围内;针对安全风险等级一般的设备,适当增加设备状态检测监测的频率,重点监测设备状态变化速率,防止设备状态突变,将安全风险控制在允许范围内。

## 第二节　高速铁路设备寿命分布模型

### 一、设备失效函数

设备丧失规定功能称为失效。在工程应用中,失效率是指设备工作到某一时刻,单位时间内发生失效的比例,可用失效率函数 $r(t)$ 表示,如图 5—6 所示,呈现浴盆的形状,通常称为浴盆曲线(Bathtub Curve)。如铁路线路钢轨圆曲线外轨各角度磨耗速率的平均值随通过总重的变化规律具有典型的浴盆曲线特征,如图 5—7 所示。浴盆曲线的形状呈两头高,中间低,具有明显的阶段性,可划分为早期失效期,偶然失效期,磨损失效期三个阶段。设备在使用初期,由于设计、工艺、装配和质量检验等方面问题,设备故障较多,失效率较大;经过维修、磨合产品性能逐步稳定,失效率基本保持常数,是设备的最佳工作阶段;经过一段时间之后,由于设备老化、疲劳和磨损等原因,设备状态逐渐劣化,失效率出现上升趋势,此时需采取维修或更换等手段来维持设备正常运行。

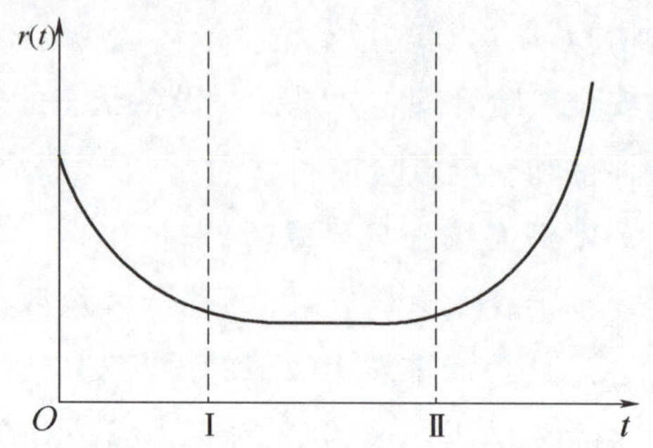


图 5—6　设备失效率函数示意图

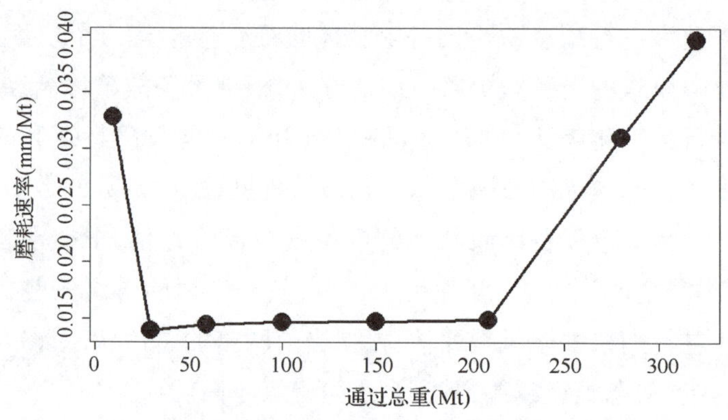


图 5—7　圆曲线外轨各角度平均磨耗速度随通过总重变化图

图 5—6 中时刻 I 之前的早期失效期,失效率较大,但呈下降趋势。对于高速铁路设备来说,在设计、施工阶段采用了大量新技术、新工艺、新标准,在设备投入使用

之初失效率较大,但经过相互磨合和养护维修,失效率会逐渐减少。如上海铁路局管内宁杭高速铁路,联试联调阶段初期检查发现工务专业设备病害 2 562 处(包括人工静态检查数据和轨检车、动检车超限数据),经过铁路建设部门与运营部门的调试、修理以及不同系统之间的磨合,到联试联调阶段后期(2013 年 5 月),工务专业设备的病害率趋于零,如图 5—8 所示。图 5—6 中时刻Ⅰ和Ⅱ之间的偶然失效期,设备性能逐步保持稳定。以曲线钢轨磨耗为例,经过轮轨系统之间的相互磨合,钢轨的磨耗速率减缓并趋于稳定,此时进行周期性的、快速的、打磨量较少的钢轨打磨,钢轨表面材料的磨损刚好抑制小疲劳裂纹在钢轨中的发展,即钢轨疲劳和磨损处于平衡状态,进而维持一个优化的钢轨外形断面,改善轮轨接触关系,最大限度地预防钢轨表面疲劳裂纹的出现,使钢轨处于稳定的运行状态。图 5—6 中时刻Ⅱ以后的磨损失效期,失效率呈上升趋势。以曲线钢轨磨耗为例,随着钢轨磨损急剧增加,外轨轨距角有严重的塑性变形出现,严重时会发生钢轨断裂,这时需对钢轨进行修复性打磨,当平均每千米线路钢轨的折损数量超过某一限度之后,从行车安全、换轨修理的综合经济指标考虑,须成批更换下道并进行线路大修。

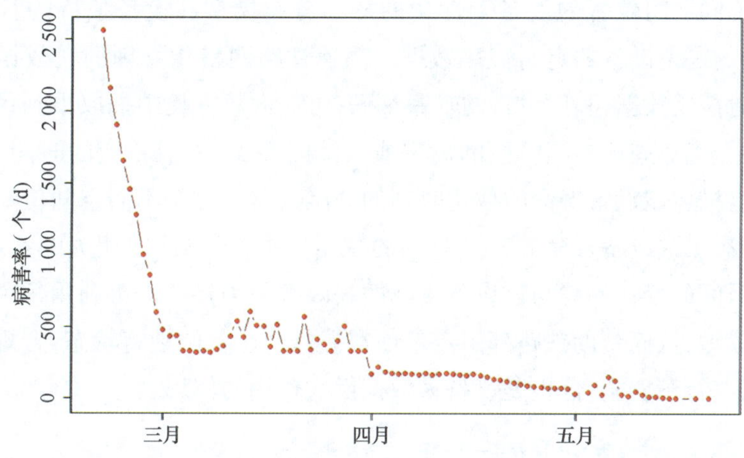


图 5—8 宁杭高铁工务设备病害率随时间变化图

利用设备失效率函数可测算设备的寿命变化规律。设备的寿命为非负连续型随机变量,可用 $X$ 表示,若其分布函数为 $F(t)$,密度函数为 $f(t)$,假设设备在时刻 $t$ 之前未发生失效,则它在 $(t,t+\Delta t]$ 中失效的概率为:

$$P\{X \leqslant t+\Delta t \mid X>t\} = \frac{F(t+\Delta t)-F(t)}{1-F(t)} \sim \frac{f(t)\Delta t}{\overline{F}(t)} \tag{5—1}$$

当 $\Delta t$ 很小时,$\frac{f(t)\Delta t}{\overline{F}(t)}$可近似表示该设备在 $t$ 之前未发生失效下,在 $(t,t+\Delta t]$ 中失

效的概率，设备寿命 $X$ 的失效率函数 $r(t)$ 可定义为：

$$r(t) = \frac{f(t)}{\overline{F}(t)}, t \in \{t: F(t) < 1\} \tag{5—2}$$

对于设备寿命，通常，从总体中抽取容量为 $n$ 的一个简单随机样本 $X_1, \cdots, X_n$ 是指可以获得这 $n$ 个样本的观察值 $x_1, \cdots, x_n$，这种样本称作完全样本。在实际工程中一般的寿命数据往往并不是完全样本，记录的设备状态数据仅仅是设备寿命历程中的一个片段，是设备从“孕育”到“出生”再到当前时刻的数据，而没有设备完整的寿命过程数据。如高速铁路的桥梁设备，其设计寿命一般为 100 年，但我们不能等到 100 年后再去研究其寿命分布规律，我国拥有高速铁路的历史很短，记录的设备的寿命数据仅能反映设备较短的历史状态，这种数据在统计学上称为定时截尾数据。所谓定时截尾数据，是指截止 $t_0$ 时刻为止，检查到的设备病害或故障数是一个随机变量，若在终止时观察到 $n$ 次设备或故障，则得到数据：

$$x(1) \leqslant x(2) \leqslant \cdots \leqslant x(n) \leqslant t_0 \tag{5—3}$$

数据 $\{x(1), x(2), \cdots, x(n)\}$ 为定时截尾数据。

为确定不同空间位置的设备个性化的寿命分布模型和设备独特的状态变化规律，往往使用的是该设备的定时截尾数据。高速铁路网格化管理的大数据集能够提供所需的定时截尾数据，利用设备的唯一编码，可从大数据集中抽取出到目前时刻为止，该设备在全寿命周期不同阶段的病害或故障时间点，构成相应的时间序列，该时间序列数据是描述该设备寿命的截止时刻的截尾数据。对于不同空间位置上的铁路设备个体，拥有了该设备寿命的截止时刻的截尾数据，可以确定相关的参数，使得失效率函数随时间的变化趋势与该设备实际的失效率最为接近。再利用每个设备独有的寿命分布模型，从而帮助铁路部门定量地掌握每个设备的独特状态，合理安排各项工作，保障铁路行车安全，这也是设备大数据巨大作用的体现。

## 二、寿命分布模型构建方法

使用寿命一般分为要求使用寿命、预期使用寿命和设计寿命（设计使用寿命）三类。要求使用寿命是指满足用户要求的使用寿命；预期使用寿命是指根据经验、试验、或制造商提供的资料所估计的寿命；设计寿命是指铁路设备设计时的预计不失去使用功能的有效使用时间，指标在设备设计阶段产生，是设备投入运用后构建设备寿命分布模型的重要参考。

在高速铁路设备实际的使用中，由于受到多种外界因素的影响，设备实际的使用寿命，往往与设计寿命、预期使用寿命不同，为保证生产的连续高效进行，以及避免重大的设备故障发生，重点是要关注设备的剩余寿命。剩余寿命是指从当前时刻算起，直到设备达到不能使用或者设定的阈值的全部时间,用于剩余寿命预测的方法有设备寿命分布模型、自回归移动平均模型(ARMA 模型)、神经网络模型、灰色理论模型、基于模糊逻辑模型、支持向量机模型、大数据技术等。高速铁路设备较为适用的寿命分布模型有指数分布模型、韦布尔分布模型和伽玛分布模型等。

## (一)指数分布

### 1. 分布函数

非负随机变量 $X$ 有密度函数为:

$$f(t)=\lambda e^{-\lambda t},\lambda\geqslant 0,t\geqslant 0 \tag{5—4}$$

$X$ 的分布函数为:

$$F(t)=1-e^{-\lambda t},t\geqslant 0 \tag{5—5}$$

均值和方差分别为:

$$\begin{cases} EX=\dfrac{1}{\lambda} \\ VarX=\dfrac{1}{\lambda^2} \end{cases} \tag{5—6}$$

失效率函数为:

$$r(t)=\lambda(\lambda\text{ 为常数}) \tag{5—7}$$

指数分布的失效率函数图象如图 5—9 所示,与“浴盆曲线”的中期阶段失效率稳定的特征相符,因此指数分布可描述设备在偶然失效期的寿命分布规律,设备在该寿命阶段的时间最长,占其整个寿命周期的绝大部分。在该段时期,相邻 2 次维修活动之间,设备状态的劣化规律具有相似性,同时其维修间隔也大致相同,具有周期性的特点,这与指数分布的“无后效性”(即若一个设备的寿命遵从指数分布,当它使用了时间 $t$ 以后,如果仍正常,则它在 $t$ 以后的剩余寿命与新的寿命一样遵从原来的指数分布)特征完全相符,因此指数分布在铁路设备寿命分布模型构建中,具有重要的应用价值。

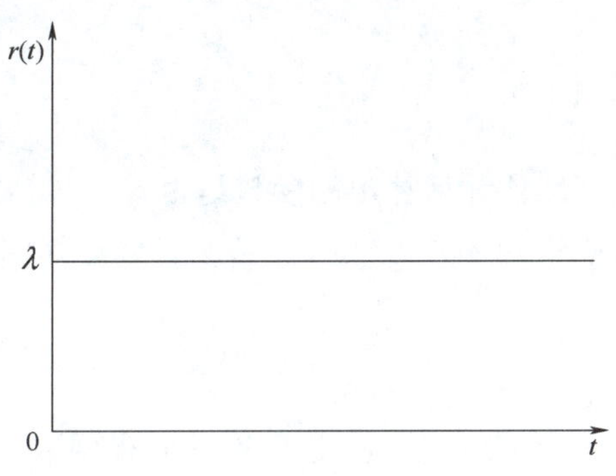


图 5—9　指数分布失效率函数示意图

2. 模型构建

假设设备在全寿命周期各阶段的病害或故障时间点构成的时间序列截尾数据为 $\{x(1),x(2),\cdots,x(n)\}$，利用参数估计方法可确定该设备独特的参数 $\lambda$，进而可构建出该设备的指数型寿命分布模型，可记参数 $\theta=\frac{1}{\lambda}$，这里 $\lambda$ 或 $\theta$ 是未知参数。所谓的参数估计是指，根据样本（或样本函数）来估计出模型中待确定的参数值，最常用的和有效的方法是极大似然估计，是指使似然函数 $L_n$ 为最大以获得参数估计的方法。其中，所获得的估计参数的表达式称为极大似然估计量，由该估计量获得的参数的估计值称为参数的极大似然估计值。通过对似然函数 $L_n$ 和似然函数 $\ln L_n$ 的极大化来估计参数的结果是一致的，一般说来，后者在计算上要容易处理些，因此，往往利用对数似然函数极大化的方法来获得极大似然估计。

对于样本 $\{x(1),x(2),\cdots,x(n)\}$，指数分布参数估计的极大似然函数可表示为：

$$L_n = \prod_{i=1}^{n} f(x_i) = \frac{e^{-\sum_{i=1}^{n}\frac{x_i}{\theta}}}{\prod_{i=1}^{n}\theta} \tag{5—8}$$

若 $L_n$ 在 $\hat{\theta}$ 达到极大值，则称 $\hat{\theta}$ 为 $\theta$ 的极大似然估计。直观上来看，极大似然的意思就是找到合适的 $\theta$ 值，使得样本观察值 $\{x(1),x(2),\cdots,x(n)\}$ 出现的可能性最大。求极大似然估计量可以通过令对数似然函数对总体参数的偏导数等于 0 来获得，$\frac{\partial}{\partial\theta}\ln L_n=0$。上述似然方程的唯一解给出 $\theta$ 的极大似然估计 $\hat{\theta}$。将 $\hat{\theta}$ 代入公式（5—4）和公式（5—5）中，即可得到描述该设备寿命的密度函数和分布函数。

$$\hat{f}(t) = \frac{1}{\theta}e^{-\frac{1}{\hat{\theta}}t}, \quad t \geqslant 0 \tag{5—9}$$

$$\hat{F}(t) = 1 - e^{-\frac{1}{\hat{\theta}}t}, t \geqslant 0 \tag{5—10}$$

3. 模型检验

为了判断利用极大似然估计计算出的参数是否有效，需要对参数进行检验，常用的参数检验方法有 *K-S* 检验和 *A-D* 检验等。若参数检验不合格，则需要更换新的拟合分布函数模型。

（1）*K-S* 检验

Kolmogorov-Smirnov 检验（*K-S* 检验）基于累计分布函数，它是检验单一样本是否来自某一特定分布的方法，是以样本数据的累计频数分布与特定理论分布比较，若两者间的差距很小，则推论该样本取自某特定分布族。针对指数型寿命分布模型，其

*K-S*假设检验问题为：

$H_0$：样本$\{x(1),x(2),\cdots,x(n)\}$所来自的总体分布服从指数分布；

$H_1$：样本$\{x(1),x(2),\cdots,x(n)\}$所来自的总体分布不服从指数分布。

*K-S* 检验所用的统计量一般用 $K$ 来表示，其表达式是：

$$K = \max_i\left\{\left|\frac{i}{n} - \hat{F}(x(i))\right|, \left|\hat{F}(x(i)) - \frac{i-1}{n}\right|\right\} \tag{5—11}$$

其中，$n$ 是样本量，$\hat{F}$ 由公式(5—10)给出。在显著性水平为 $\delta$，样本数为 $n$ 时，查表 5—2，得 $K_n(\delta)$。若由样本$\{x(1),x(2),\cdots,x(n)\}$按公式(5—11)算出值 $K>K_n(\delta)$，则拒绝 $H_0$，接受 $H_1$。否则，接受 $H_0$。

表 5—2　检验水平为 $\delta$ 的 *K-S* 表

| $n$ \ $\delta$ | 0.20 | 0.15 | 0.10 | 0.05 | 0.01 |
|---|---|---|---|---|---|
| 3 | 0.451 | 0.479 | 0.511 | 0.551 | 0.600 |
| 4 | 0.396 | 0.422 | 0.449 | 0.487 | 0.548 |
| 5 | 0.359 | 0.382 | 0.406 | 0.442 | 0.504 |
| 6 | 0.331 | 0.351 | 0.375 | 0.408 | 0.470 |
| 7 | 0.309 | 0.327 | 0.350 | 0.382 | 0.442 |
| 8 | 0.291 | 0.308 | 0.329 | 0.360 | 0.419 |
| 9 | 0.277 | 0.291 | 0.311 | 0.341 | 0.399 |
| 10 | 0.263 | 0.277 | 0.295 | 0.325 | 0.380 |
| 11 | 0.251 | 0.264 | 0.283 | 0.311 | 0.365 |
| 12 | 0.241 | 0.254 | 0.271 | 0.298 | 0.351 |
| 13 | 0.232 | 0.245 | 0.261 | 0.287 | 0.338 |
| 14 | 0.224 | 0.237 | 0.252 | 0.277 | 0.326 |
| 15 | 0.217 | 0.229 | 0.244 | 0.269 | 0.315 |
| 16 | 0.211 | 0.222 | 0.236 | 0.261 | 0.306 |
| 17 | 0.204 | 0.215 | 0.229 | 0.253 | 0.297 |
| 18 | 0.199 | 0.210 | 0.223 | 0.246 | 0.289 |
| 19 | 0.193 | 0.204 | 0.218 | 0.239 | 0.283 |
| 20 | 0.188 | 0.199 | 0.212 | 0.234 | 0.278 |
| 25 | 0.170 | 0.180 | 0.191 | 0.210 | 0.247 |
| 30 | 0.155 | 0.164 | 0.174 | 0.192 | 0.226 |
| >30 | $\frac{0.86}{\sqrt{n}}$ | $\frac{0.91}{\sqrt{n}}$ | $\frac{0.96}{\sqrt{n}}$ | $\frac{1.06}{\sqrt{n}}$ | $\frac{1.25}{\sqrt{n}}$ |

(2)*A-D* 检验

*A-D* 检验是对 *K-S* 检验的一种修正，并且给予分布的尾部以更大的权重。另外，

$K\text{-}S$ 检验与具体的分布无关，也就是说其临界值不依赖被检验的特定分布。$A\text{-}D$ 检验在计算临界值时使用到了特定的分布，因此这种做法的优点是可使检验更为敏感。针对指数型寿命分布模型，其 $A\text{-}D$ 假设检验问题：

$H_0$：样本 $\{x(1),x(2),\cdots,x(n)\}$ 所来自的总体分布服从指数分布。

$H_1$：样本 $\{x(1),x(2),\cdots,x(n)\}$ 所来自的总体分布不服从指数分布。

$A\text{-}D$ 检验所用的统计量一般用 $A$ 来表示，其表达式是：

$$A=-n-\frac{1}{n}\sum_{i=1}^{n}(2i-1)\{\ln\hat{F}(x(i))+(2n-2i+1)\ln[1-\hat{F}(x(i))]\} \tag{5—12}$$

其中，$n$ 是样本量，$\hat{F}$ 由公式(5—10)给出。在显著性水平为 $\delta$，样本量为 $n$ 时，查表 5—3 得 $A_{n(\delta)}$。若算出的 $A\leqslant A_{n(\delta)}$，则接受 $H_0$，否则拒绝 $H_0$，接受 $H_1$。

表 5—3　检验水平为 $\delta$ 的 $A\text{-}D$ 检验

| $n$ \ $\delta$ | 0.20 | 0.15 | 0.10 | 0.05 | 0.01 |
|---|---|---|---|---|---|
| 3 | 0.736 | 0.812 | 0.951 | 1.092 | 1.63 |
| 5 | 0.766 | 0.854 | 0.991 | 1.224 | 1.88 |
| 7 | 0.781 | 0.873 | 1.024 | 1.260 | 1.90 |
| 10 | 0.788 | 0.889 | 1.208 | 1.280 | 1.91 |
| 15 | 0.801 | 0.896 | 1.033 | 1.302 | 1.93 |
| ≥20 | 0.806 | 0.903 | 1.044 | 1.305 | 1.94 |

### (二)韦布尔分布

1. 分布函数

非负随机变量 $X$ 密度函数为：

$$f(t)=\lambda\alpha(\lambda t)^{\alpha-1}e^{-(\lambda t)^{\alpha}},t\geqslant 0;\alpha,\lambda>0 \tag{5—13}$$

分布函数为：

$$F(t)=1-e^{-(\lambda t)^{\alpha}},t\geqslant 0 \tag{5—14}$$

均值和方差分别为：

$$\begin{cases}EX=\dfrac{1}{\lambda}\Gamma\left(\dfrac{1}{\alpha}+1\right)\\ \mathrm{Var}X=\dfrac{1}{\lambda^2}\left\{\Gamma\left(\dfrac{2}{\alpha}+1\right)-\Gamma^2\left(\dfrac{1}{\alpha}+1\right)\right\}\end{cases} \tag{5—15}$$

失效率函数为：

$$r(t) = \lambda\alpha(\lambda t)^{\alpha-1} \tag{5—16}$$

韦布尔分布的失效率函数图象如图5—10所示，随着参数$\alpha$的取值范围不同，韦布尔分布的失效率函数可描述“浴盆曲线”中早期失效期、偶然失效期和磨损失效期阶段的失效率变化趋势。韦布尔分布的特点是兼容性好，对各种类型的数据拟合能力强，可全面地描述设备不同失效期的失效过程与特征。若$X$服从参数$(\alpha,\lambda)$的韦布尔分布，可记为$W(\alpha,\lambda;t)$，其中$\alpha$称为形状参数，$\lambda$称为尺度参数。当$\alpha=1$时，$W(1,\lambda;t)$就是参数为$\lambda$的指数分布。当$\alpha<1$时，失效率$r(t)$呈递减分布，可描述设备在早期失效期的失效率，此时设备可能由于设计、施工阶段采用了大量新技术、新工艺、新标准，以前缺少验证；当$\alpha=1$时，失效率$r(t)=\lambda$为常数，可描述设备在偶然失效期的失效率；当$\alpha>1$时，失效率$r(t)$呈递增分布，可描述设备在磨损失效期的失效率，此时设备可能是由于元器件、零部件的老化、疲劳、损耗等引起。

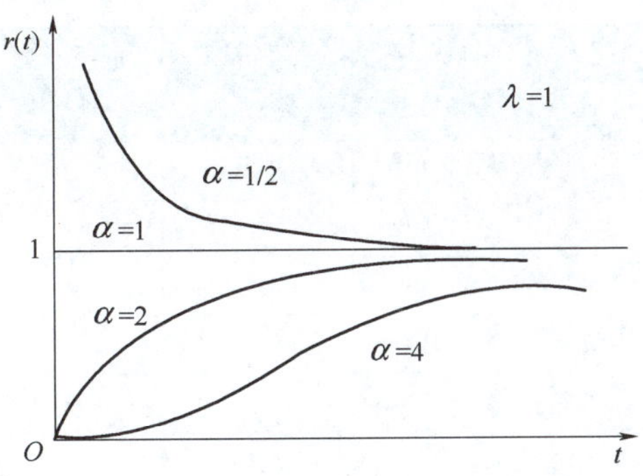

图5—10 韦布尔分布失效率函数示意图

2. 模型构建

假设设备在全寿命周期各阶段的病害或故障时间点构成的时间序列截尾数据为$\{x(1),x(2),\cdots,x(n)\}$，利用极大似然估计法可确定该设备个体独特的参数$\lambda$和$\alpha$，进而构建出该设备的韦布尔型寿命分布模型。$\{x(1),x(2),\cdots,x(n)\}$是根据设备的唯一编码，从设备大数据集中抽取的截尾数据，对应的极大似然函数为：

$$L_n = \prod_{i=1}^{n} f(x_i) = \prod_{i=1}^{n} \lambda\alpha(\lambda x_i)^{\alpha-1} e^{-(\lambda x_i)^{\alpha}} \tag{5—17}$$

$\alpha$和$\lambda$的极大似然估计$\hat{\alpha},\hat{\lambda}$由$\frac{\partial}{\partial\alpha}\ln L_n=0,\frac{\partial}{\partial\lambda}\ln L_n=0$解出。将$\hat{\alpha},\hat{\lambda}$代入公式(5—13)和公式(5—14)中，即可得到描述该设备寿命的密度函数和分布函数。

$$\hat{f}(t) = \hat{\lambda}\hat{\alpha}(\hat{\lambda}t)^{\hat{\alpha}-1} e^{-(\hat{\lambda}t)^{\hat{\alpha}}}, t \geqslant 0 \tag{5—18}$$

$$\hat{F}(t) = 1 - e^{-(\hat{\lambda}t)^{\hat{\alpha}}}, t \geqslant 0 \tag{5—19}$$

3. 模型检验

韦布尔分布参数检验方法与指数分布参数检验方法相同。

宁杭高铁网格(219.2.0～219.4 km下行)在2013年3月～5月联调联试期间历次TQI检测数据见表5—4。这部分检测数据是宁杭高铁联试联调阶段数据，位于

“浴盆曲线”的早期失效期，数据的变化规律符合当 $\alpha<1$ 时的韦布尔分布失效率函数特点，可采用韦布尔失效率函数 $r(t)=\lambda\alpha\,(\lambda(t+1))^{\alpha-1}$ 拟合，拟合函数的参数 $\alpha,\lambda$ 可利用最大似然估计方法确定。

表 5—4　网格(219.2 ~219.4 km 下行)在 2013 年 3 月 ~5 月历次 TQI 检测数据

| 序号 ($i$) | 检测日期 ($d_i$) | TQI ($S_i$) | 时间长度 ($t_i$) | 序号 ($i$) | 检测日期 ($d_i$) | TQI ($S_i$) | 时间长度 ($t_i$) |
|---|---|---|---|---|---|---|---|
| 1 | 20130301 | 4.21 | 0 | 18 | 20130429 | 2.66 | 59 |
| 2 | 20130302 | 4.18 | 1 | 19 | 20130430 | 2.6 | 60 |
| 3 | 20130305 | 4.2 | 4 | 20 | 20130503 | 2.61 | 63 |
| 4 | 20130307 | 4.19 | 6 | 21 | 20130504 | 2.65 | 64 |
| 5 | 20130308 | 4.18 | 7 | 22 | 20130505 | 2.6 | 65 |
| 6 | 20130310 | 2.76 | 9 | 23 | 20130506 | 2.67 | 66 |
| 7 | 20130311 | 2.81 | 10 | 24 | 20130507 | 2.62 | 67 |
| 8 | 20130312 | 2.75 | 11 | 25 | 20130508 | 2.64 | 68 |
| 9 | 20130313 | 2.72 | 12 | 26 | 20130509 | 2.59 | 69 |
| 10 | 20130314 | 2.59 | 13 | 27 | 20130510 | 2.61 | 70 |
| 11 | 20130315 | 2.57 | 14 | 28 | 20130511 | 2.66 | 71 |
| 12 | 20130316 | 2.56 | 15 | 29 | 20130512 | 2.64 | 72 |
| 13 | 20130322 | 2.52 | 21 | 30 | 20130513 | 2.69 | 73 |
| 14 | 20130323 | 2.6 | 22 | 31 | 20130514 | 2.62 | 74 |
| 15 | 20130325 | 2.63 | 24 | 32 | 20130515 | 2.62 | 75 |
| 16 | 20130327 | 2.65 | 26 | 33 | 20130516 | 2.61 | 76 |
| 17 | 20130426 | 2.75 | 56 | | | | |

注：历次网格 TQI 检查的时间长度均相对于 2013 年 3 月 1 日。

假设 $s_i$ 表示第 $i$ 次检查时该网格的 TQI 值，$t_i$ 表示第 $i$ 次检查时相应的时间间隔，$d_i$ 表示第 $i$ 次检查的检查日期，其中 $i=1,2,\cdots,n$（这里 $n$ 为 33）。基于极大似然估计方法，可确定拟合函数 $r(t)=\lambda\alpha\,(\lambda(t+1))^{\alpha-1}$ 参数 $\alpha,\lambda$ 的方程组：

$$\begin{cases} L=-\sum\limits_{i=1}^{n}\left[s_i-\lambda\alpha\,(\lambda(t_i+1))^{\alpha-1}\right]^2 \\ \dfrac{\partial}{\partial\alpha}\ln L=0 \\ \dfrac{\partial}{\partial\lambda}\ln L=0 \end{cases}$$

可得：

$$\begin{cases}\alpha = 0.9 \\ \lambda = 5.2292\end{cases}$$

故描述该网格 TQI 变化趋势的拟合函数为：

$$r = 4.706\,28[5.229\,2(t+1)]^{-0.1}$$

该网格 TQI 变化趋势预测图如图 5—11 所示。图中的绿色实线表示拟合出的 TQI 变化趋势，蓝色圆点表示网格实际的 TQI 值，拟合出的 TQI 变化趋势曲线符合浴盆曲线第一阶段“早期失效期”基本特征。根据拟合出的函数，可得该网格预计在 2013 年 7 月以后，TQI 月度变化率将小于 0.05，可认为 7 月以后，该网格将进入浴盆曲线第二阶段“偶然失效期”，设备状态趋于稳定。

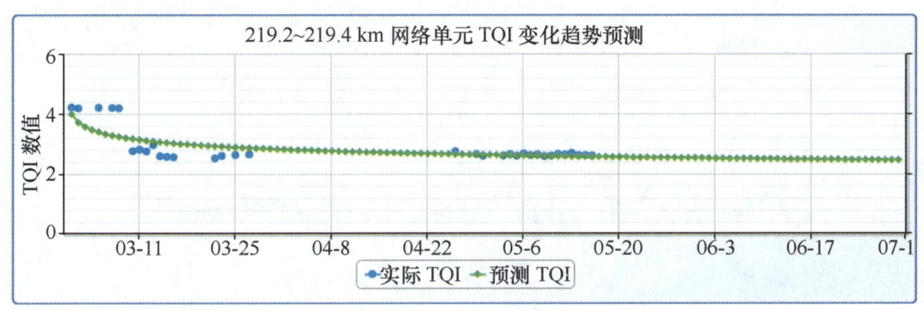


图 5—11　网格 TQI 变化趋势预测图

表 5—5 是某线路下行的某一网格内钢轨历史伤损统计数据。从表中可看出，钢轨累计伤损处数随着钢轨使用年限的增长而逐步增多，可采用韦布尔分布失效率函数 $r(t) = \lambda\alpha(\lambda t)^{\alpha-1}$ 拟合。

表 5—5　网格内钢轨累计伤损处数统计

| 序号 $i$ | 钢轨使用年限 $t_i$（年） | 累计通过总重 $G_i$（Mt） | 钢轨累计伤损处数 $r_i$ |
|---|---|---|---|
| 1 | 2.688 5 | 306.49 | 1 |
| 2 | 3.548 2 | 404.50 | 6 |
| 3 | 4.387 8 | 500.21 | 9 |
| 4 | 4.529 1 | 516.314 | 12 |
| 5 | 5.266 8 | 600.42 | 18 |
| 6 | 5.368 6 | 612.02 | 21 |
| 7 | 6.145 9 | 700.63 | 36 |

假设 $t_i$ 表示第 $i$ 次检查时网格内钢轨的使用年限，$r_i$ 表示第 $i$ 次检查时网格内钢轨累计伤损处数，$G_i$ 表示第 $i$ 次检查时网格内钢轨的累计通过总重，其中 $i=1,2,\cdots,n$（这里 $n$ 为 7）。基于极大似然估计方法，确定拟合函数中参数 $\alpha,\lambda$ 的方程组，可得 $\alpha=4.993\,3$，$\lambda=0.347\,2$。故描述网格内钢轨累计伤损处数变化趋势的函数为：

$$r = 1.733\,67 \times (0.347\,2\,t)^{3.993\,3}$$

网格内钢轨累计伤损处数随钢轨使用年限的变化趋势如图 5—12 所示，图中蓝色虚线表示拟合出的钢轨累计伤损处数的变化趋势，黑色圆点表示钢轨实际的累计伤损处数。利用拟合出的函数，可预测网格内钢轨未来的累计伤损处数，为铁路管理部门制定预防性维修计划提供数据基础。

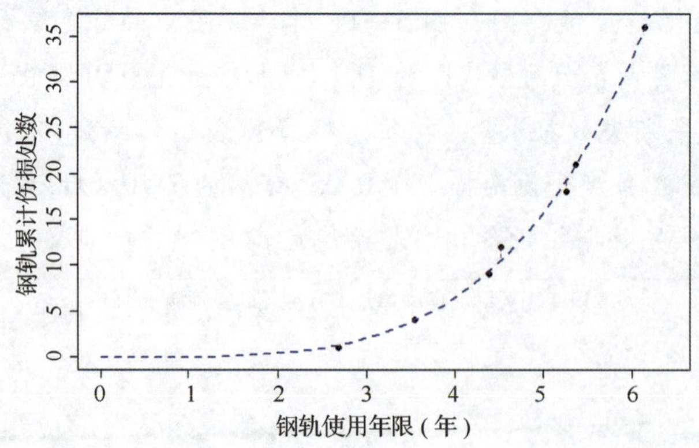


图 5—12　网格内钢轨累计伤损处数变化趋势预测图

## （三）伽玛分布

1. 分布函数

非负随机变量 $X$ 有密度函数：

$$f(t)=\frac{\lambda\,(\lambda t)^{\alpha-1}}{\Gamma(\alpha)}\mathrm{e}^{-\lambda t},t\geqslant 0;\lambda,\alpha>0 \tag{5—20}$$

其中，$\Gamma(\alpha)=\int_0^{\infty}x^{\alpha-1}\mathrm{e}^{-x}\mathrm{d}x$ 称 $X$ 遵从参数为 $(\alpha,\lambda)$ 的 $\Gamma$ 分布，其中 $\alpha$ 称作形状参数，$\lambda$ 为尺度参数，简记为 $X\sim\Gamma(\alpha,\lambda;t)$。

分布函数为：

$$F(t)=\int_{-\infty}^{t}\frac{\lambda\,(\lambda x)^{\alpha-1}}{\Gamma(\alpha)}\mathrm{e}^{-\lambda x}\mathrm{d}x \tag{5—21}$$

均值和方差分别为：

$$\begin{cases}\mathrm{E}X=\dfrac{\alpha}{\lambda}\\[2ex]\mathrm{Var}X=\dfrac{\alpha}{\lambda^{2}}\end{cases} \tag{5—22}$$

失效率函数为：

$$r(t)=\frac{1}{\int_0^{\infty}\left(1+\dfrac{u}{t}\right)^{\alpha-1}\mathrm{e}^{-\lambda u}\mathrm{d}u} \tag{5—23}$$

伽玛分布的失效率函数如图 5—13 所示，当 $\alpha<1$ 时，失效率 $r(t)$ 呈递减分布；当 $\alpha=1$ 时，失效率 $r(t)=\lambda$ 为常数，就是参数 $\lambda$ 的指数分布；当 $\alpha>1$ 时，失效率 $r(t)$ 呈递增分布，随着参数 $\alpha$ 的取值范围不同，符合“浴盆曲线”中早期失效期、偶然失效期和磨损失效期阶段的失效率变化趋势。因此，伽玛分布同韦布尔分布一样，可用于描述高速铁路设备在不同寿命阶段的寿命分布规律。

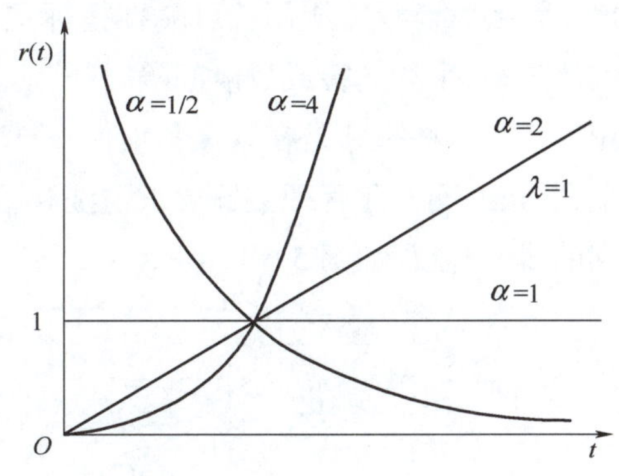


图 5—13　$\Gamma$ 分布失效率函数示意图

2. 模型构建

假设设备在全寿命周期各阶段的病害或故障时间点构成的时间序列截尾数据为 $\{x(1),x(2),\cdots,x(n)\}$，利用极大似然估计方法可确定该设备独特的参数 $\lambda$ 和 $\alpha$，进而构建出该设备 $\Gamma$ 型寿命分布模型。$\{x(1),x(2),\cdots,x(n)\}$ 根据设备的唯一编码，从设备大数据集中抽取的截尾数据，对应的极大似然函数为：

$$L_n=\prod_{i=1}^{n}f(x_i)=\frac{\lambda^{\alpha_n}}{\Gamma^n(\alpha)}\left(\prod_{i=1}^{n}x_i\right)^{\alpha-1}e^{-\lambda\sum_{i=1}^{n}x_i} \tag{5—24}$$

$\alpha$ 和 $\lambda$ 的极大似然估计 $\hat{\alpha},\hat{\lambda}$ 由 $\frac{\partial}{\partial\alpha}\ln L_n=0,\frac{\partial}{\partial\lambda}\ln L_n=0$ 解出。

将 $\hat{\alpha},\hat{\lambda}$ 代入公式（5—20）和公式（5—21）中，即可得到描述该设备寿命的密度函数和分布函数。

$$\hat{f}(t)=\frac{\hat{\lambda}(\hat{\lambda}t)^{\hat{\alpha}-1}}{\Gamma(\hat{\alpha})}e^{-\hat{\lambda}t},\quad t\geqslant 0 \tag{5—25}$$

$$\hat{F}(t)=\int_{-\infty}^{t}\frac{\hat{\lambda}(\hat{\lambda}t)^{\hat{\alpha}-1}}{\Gamma(\hat{\alpha})}e^{-\hat{\lambda}t}dx \tag{5—26}$$

3. 模型检验

伽玛分布参数检验方法与指数分布和韦布尔分布参数检验方法相同。

## 第三节　高速铁路网格状态评定

高速铁路设备状态是指设备在其全生命周期过程中某一时刻表现出的性能，网格的状态评定是基于网格内设备的整体表现，是对设备集合综合运行状态的度量。

网格及设备状态评定所用的可靠性指标主要有平均首次病害或故障前时间、平均病害或故障率、平均病害或故障间隔时间、病害或故障重复度、病害或故障集中度、稳态可用度等。这些指标是在采集各项检查、检测、监测和维修等大量事件属性数据的基础上，并按照网格化管理数据要求清洗和整合后，通过设备状态变化规律模型而计算得到的，评定流程如图 5—14 所示。

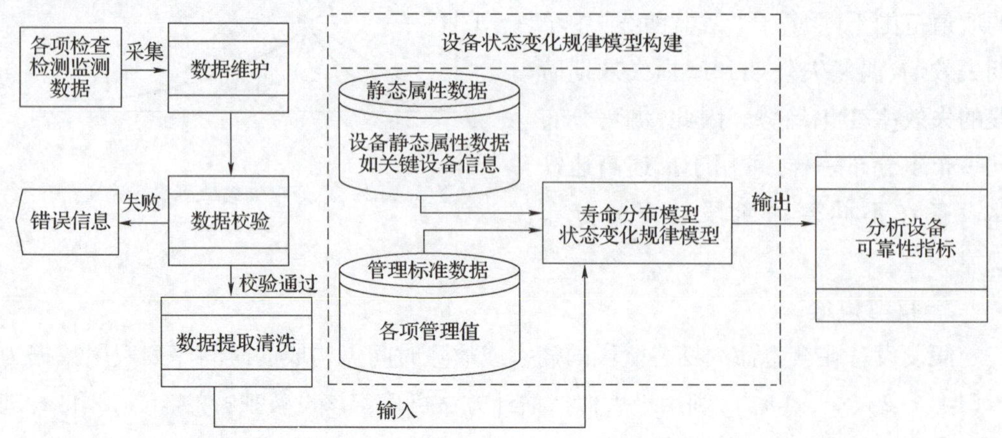


图 5—14　高速铁路设备评定流程

## 一、设备状态评定方法

### (一)评定指标

高速铁路设备状态的评定主要是采用平均首次病害或故障前时间、平均病害或故障率、平均病害或故障间隔时间、病害或故障重复度、病害或故障集中度、稳态可用度、使用寿命等可靠性指标的进行判定。

1. 平均首次病害或故障前时间

平均首次病害或故障前时间是设备首次发生病害或故障前的时间度量，反映了设备的时间质量，体现了设备在规定时间内保持功能的一种能力。由于高速铁路对高安全性的特殊需求，设备一旦发生故障可能带来灾难性的后果，因此，设备首次病害或故障前时间分布及其均值对设备管理具有重要指导作用，是高速铁路设备最重要的可靠性指标之一。

假设设备首次病害或故障前时间 $X_1$ 的分布为：

$$F_1(t) = P\{X_1 \leqslant t\} \tag{5—27}$$

则平均首次病害或故障前时间(MTTFF)为：

$$\mathrm{MTTFF} = \mathrm{E}X_1 = \int_0^{\infty} t\mathrm{d}F_1(t) \tag{5—28}$$

2. 平均病害或故障率

平均病害或故障率是指设备在单位时间内的病害或者故障次数，是衡量高速铁路设备状态“好”或“坏”的重要指标。一般来说，平均病害或故障率较高的设备是安全隐患较严重的设备，是安全管理应该关注的薄弱环节。该指标是编制维修计划的重要参考依据之一。

假设设备在$(0,t]$时间内第$j$类病害或故障发生的次数，用$N^j(t)$表示。不同类型的病害或故障是指病害或故障的类型不同或者等级不同。该设备在$(0,t]$时间内第$j$类病害或故障发生次数的分布为：

$$P_k^j(t)=P\{N^j(t)=k\},k=0,1,2,\cdots \tag{5—29}$$

式中 $k$——病害或故障发生次数。

设备在$(0,t]$时间内的第$j$类病害或故障平均发生次数为：

$$M^j(t)=\mathrm{E}N^j(t)=\sum_{k=1}^{\infty}kP_k^j(t) \tag{5—30}$$

设备在$(0,t]$时间内的所有类型的病害或故障平均发生次数为：

$$M(t)=\sum_{j=1}^{J}\omega_jM^j(t)=\sum_{j=1}^{J}\omega_j\sum_{k=1}^{\infty}kP_k^j(t) \tag{5—31}$$

式中 $\omega_j$——第$j$类病害或故障的权重，$\omega_j$的作用是将设备的不同等级的病害或故障相加时进行综合。不同等级的病害或故障对安全影响不同，管理要求不同，较为严重的病害或故障，$\omega_j$的值也较大。

设备在$(0,t]$时间内的平均病害或故障率为：

$$f(t)=\frac{M(t)}{t}=\frac{\sum_{j=1}^{J}\omega_j\sum_{k=1}^{\infty}kP_k^j(t)}{t} \tag{5—32}$$

3. 平均病害或故障间隔时间

平均病害或故障间隔时间(Mean Time Between Failure)又称平均无故障时间，是指设备相邻两次故障之间的平均时间，记为MTBF。MTBF反映了设备的时间质量，体现了设备在规定时间内保持功能的一种能力。该参数是预测高速铁路设备维修周期的重要参考，是确定设备预防性维修时间点的参数之一。

假设有一个可修复的设备在使用过程中，共计发生过$N$次故障，每次故障后经过修复又和新的一样继续投入使用，其工作时间分别为：$t_1,t_2,t_3,\cdots,t_N$，那么设备的平均故障间隔时间为：

$$\mathrm{MTBF}=\frac{1}{N}\sum_{i=1}^{N}t_i \tag{5—33}$$

4. 病害或故障重复度

病害或故障重复度是指设备在一定的时间范围内同一部位出现相同病害或故障

的次数,可以反映设备维修验收工作情况或设备设计上的缺陷,辅助管理人员把握设备质量状态。它是衡量高速铁路设备状态"好""坏"的重要参数,对该指标较大的设备,要么维修工作没有做好,要么设备病因没有诊断清楚,存在安全隐患,需要高度关注。对于轨道或路基等连续设备的病害,同一部位可理解为同一里程,由于采集数据时,里程难以精确定位,一般来说,当前后两次病害里程值相差绝对值小于一个特定值时,例如 50 m,可认为是重复病害。计算模型公式为:

$$\Delta_k = N_e^k \tag{5—34}$$

$$\Delta = \sum_{k=1}^{K} \omega_k \Delta_k = \sum_{k=1}^{K} \omega_k N_e^k \tag{5—35}$$

式中 $k$——重复病害或故障的类型;

$K$——重复病害或故障类型的集合;

$\Delta_k$——第 $k$ 类病害或故障的重复度;

$N_e^k$——第 $k$ 类病害或故障的重复点个数;

$\omega_k$——第 $k$ 类重复病害或故障的权重;

$\Delta$——设备病害或故障的重复度。

5. 病害或故障集中度

病害或故障集中度是指同一时刻设备单位延展长度空间内病害或故障的数量。对于有一定延展长度的设备(如钢轨、曲线、桥梁、隧道、长大下坡道等),可用病害或故障集中度衡量病害或故障在空间上密集发生的程度,利用该指标可确定整条线路需要重点关注的设备或地段。计算模型公式为:

$$\eta = \frac{\sum_{j=1}^{J} \omega_j x_j}{l} \tag{5—36}$$

式中 $\eta$——病害或故障集中度;

$J$——同一时刻检查出的病害或故障类型的总数目;

$\omega_j$——第 $j$ 类病害或故障的权重;

$x_j$——同一时刻检查出的第 $j$ 类病害或故障的个数;

$l$——设备延展长度。

6. 稳态可用度

稳态可用度是指设备在长时间运用过程中平均处于正常状态的时间比例,反映了设备在长期使用过程中经过反复磨合逐步稳定下来以后的可用程度,它对人们从设备全生命过程整体的角度认识设备的完好程度与设备持续工作能力方面具有十分重要的作用。在高速铁路设备管理中,利用该指标可估算设备维修工作量,同时稳态可用度较低的设备也是安全管理的重点对象。与稳态可用度直接相关的有瞬时可用度、平均可用度的概念。假设设备在时刻 $t$ 的状态用 $Z(t)$ 表示，则其在时刻的瞬时可用度定义为：

$$A(t) = P\{Z(t) = \text{正常}\} \tag{5—37}$$

即时刻 $t$ 设备处于正常状态的概率。瞬时可用度 $A(t)$ 只涉及 $t$ 时刻设备是否正常，与时刻 $t$ 以前设备是否发生故障没有关系。在瞬时可用度 $A(t)$ 的基础上，进一步定义[0,$t$]时间内平均可用度为：

$$\tilde{A}(t) = \frac{1}{t}\int_0^t A(u)\mathrm{d}u \tag{5—38}$$

若极限

$$A = \lim_{t\to\infty} A(t) \tag{5—39}$$

存在，则称 $A$ 为稳态可用度。

某隧道中心里程为 K211 +6615，隧道全长为 7.517 km。2013 年 4 月 1 日 ~6 月 30 日的历史病害数据统计结果见表 5—6。

表 5—6　隧道的历史病害数据(2013 年 4 月 1 日 ~6 月 30 日)

| 检查日期 | 病害部位里程(km) | 病害类型 | 病害描述 | 病害等级 |
|---|---|---|---|---|
| 20130416 | 207.903 | 隧道衬砌裂损及渗漏水劣化 | 下行拱腰裂纹 | B |
| 20130416 | 208.357 | 隧道衬砌裂损及渗漏水劣化 | 隧道基地冒水 | A1 |
| 20130416 | 208.653 | 隧道衬砌裂损及渗漏水劣化 | 侧边墙竖向裂纹 | C |
| 20130416 | 208.750 | 隧道衬砌裂损及渗漏水劣化 | 隧道基地冒水 | A1 |
| 20130416 | 209.120 | 隧道衬砌裂损及渗漏水劣化 | 拱顶渗水 1 处 | A1 |
| 20130416 | 215.420 | 隧道衬砌裂损及渗漏水劣化 | 基地局部冒白浆 | AA |
| 20130615 | 208.653 | 隧道衬砌裂损及渗漏水劣化 | 侧边墙竖向裂纹 | C |
| 20130615 | 208.800 | 隧道衬砌裂损及渗漏水劣化 | 隧道基地冒水 | A1 |
| 20130615 | 209.220 | 隧道衬砌裂损及渗漏水劣化 | 拱顶渗水 1 处 | A1 |
| 20130615 | 210.340 | 隧道衬砌裂损及渗漏水劣化 | 基地局部冒白浆 | AA |

设备可靠性指标的计算需要首先确定病害类型权重，病害类型权重主要反映不同类型的病害对行车安全的影响程度，对于权重系数，需要铁路专业人员在实践过程中逐步摸索确定。假定设备权重取值见表 5—7，则该座隧道的可靠性指标计算如下。

表 5—7　病害类型权重系数表

| 序号($i$) | 病害类型及等级 | 病害类型权重($\omega_i$) |
|---|---|---|
| 1 | 隧道衬砌裂损及渗漏水劣化，AA | 0.4 |
| 2 | 隧道衬砌裂损及渗漏水劣化，A1 | 0.3 |
| 3 | 隧道衬砌裂损及渗漏水劣化，B | 0.2 |
| 4 | 隧道衬砌裂损及渗漏水劣化，C | 0.1 |

(1)平均病害率

该隧道存在4类病害,隧道衬砌裂损及渗漏水劣化AA、A1、B、C,其对应的病害数分别为:2、5、1、2,该隧道在4月1日~6月30日的平均病害或故障率(次/d)为:

$$f(t)=\frac{M(t)}{t}=\frac{\sum_{i=1}^{4}\omega_i N_i}{t}=\frac{0.4\times2+0.3\times5+0.2\times1+0.1\times2}{91}=0.0297$$

(2)平均病害间隔时间

该座隧道仅有两个批次的历史病害数据,根据公式 $\mathrm{MTBF}=\frac{1}{N}\sum_{i=1}^{N}t_i$,该座隧道的平均病害或故障间隔时间即为这两次病害的间隔时间,MTBF=60(d)。

(3)病害重复度

假定隧道同一部位(或同一里程)再次出现的相同类型的病害或故障的时间范围为3个月,根据表5—6整理出该隧道的重复病害详细情况见表5—8。

表5—8 第7号隧道在2013年4月1日~6月30日重复病害详情

| 4月16日病害里程(km) | 6月15日病害里程(km) | 病害描述 | 病害等级变化 |
|---|---|---|---|
| 208.653 | 208.653 | 侧边墙竖向裂纹 | C-C |

可知,侧边墙竖向裂纹重复病害个数为1,即 $\Delta_4=1$;其他类重复病害个数为0,即 $\Delta_1=0$,$\Delta_2=0$,$\Delta_3=0$。故该隧道在2013年4月1日~6月30日病害或故障重复度(次)为:

$$\Delta=\sum_{k=1}^{4}\omega_k\Delta_k=0.1\times1=0.1$$

(4)病害集中度

2013年4月16日,该隧道发现AA级病害1处,A1级病害3处,B级病害1处,C级病害1处,故该隧道此时病害或故障集中度(处/km)为:

$$\eta^1=\frac{\sum_{i=1}^{4}\omega_i N_i^1}{l}=\frac{0.4\times1+0.3\times3+0.2\times1+0.1\times1}{215.420-207.903}=0.2129$$

同理,该隧道在2013年6月15日的病害集中度(处/km)为:

$$\eta^2=\frac{\sum_{i=1}^{4}\omega_i N_i^2}{l}=\frac{0.4\times1+0.3\times2+0+0.1\times1}{215.420-207.903}=0.1463$$

通过上述分析,可从线路里程维度出发,确定出全线同一时间范围内各隧道的平均病害率、病害重复度和病害集中度等可靠性指标,然后按照这些指标,将全线隧道对比排序,找出状态较差的隧道,进而确定需要重点关注的隧道;还可以从时间维度出发,确定出该隧道历史的平均病害、病害重复度和病害集中度等可靠性指标,进而分析这些可靠性指标随时间的变化规律。

## 二、网格状态评定方法

### (一)评定指标

1. 平均病害率

平均病害率是指网格内的所用设备在一定的时间范围内的平均病害或故障率的加权平均,是衡量网格内不同专业不同种类设备状态的综合评价指标,用于衡量网格状态的"好"或"坏",以及确定安全隐患较严重的网格。网格的在$(0,t]$时间内的平均病害率可定义为:

$$f(t) = \sum_{i=0}^{I} \omega_i f_i(t) \tag{5—40}$$

式中 $i$——网格内设备;

$I$——网格内各专业的设备的集合;

$\omega_i$——设备 $i$ 的平均病害或故障率的权重;

$f_i(t)$——设备 $i$ 在$(0,t]$时间内的平均病害或故障率;

$f(t)$——网格在$(0,t]$时间内的平均病害或故障率。

2. 平均病害重复度

平均病害重复度是指网格内的所有设备在一定的时间范围内的平均病害重复度的加权平均。平均病害重复度是衡量网格内不同专业不同种类设备状态的综合评价指标之一,对该指标较大的网格单元,需要高度关注,认真分析产生的原因,采取恰当的维修措施,积极解决存在的安全隐患。模型公式为:

$$\Delta_k^i = N_e^{ki} \tag{5—41}$$

$$\Delta^i = \sum_{k=1}^{K} \omega_k^i \Delta_k^i \tag{5—42}$$

$$\Delta = \sum_{i=1}^{I} \beta_i \Delta^i = \sum_{i=1}^{I} \beta_i \sum_{k=1}^{K} \omega_k^i N_e^{ki} \tag{5—43}$$

式中 $i$——网格内设备;

$I$——网格内各专业设备的集合;

$k$——重复病害或故障的类型;

$K$——重复病害或故障类型的集合;

$\Delta_k^i$——设备 $i$ 的第 $k$ 类病害或故障的重复度;

$N_e^{ki}$——设备 $i$ 的第 $k$ 类病害或故障的重复点个数;

$\omega_k^i$——设备 $i$ 的第 $k$ 类重复病害或故障的权重；

$\Delta^i$——设备 $i$ 的病害或故障的重复度；

$\beta_i$——设备 $i$ 的病害或故障重复度的权重；

$\Delta$——网格单元的病害或故障的重复度。

3. 平均病害集中度

平均病害集中度是指网格单元内的所有设备在同一时刻单位长度内的病害或故障的数量。平均病害集中度是衡量网格内不同专业不同种类设备状态的综合评价指标之一，用于衡量网格状态的“好”或“坏”，确定整条线路需要重点关注的网格。模型公式为：

$$\eta_i = \frac{\sum_{j=1}^{J} \omega_j^i x_j^i}{L} \tag{5—44}$$

$$\eta = \sum_{i=1}^{I} \beta_i \eta_i = \sum_{i=1}^{I} \beta_i \frac{\sum_{j=1}^{J} \omega_j^i x_j^i}{L} \tag{5—45}$$

式中　$i$——网格内设备；

$I$——网格内各专业的设备的集合；

$j$——病害或故障的类型；

$J$——病害或故障类型的集合；

$\omega_j^i$——同一时刻设备 $i$ 的第 $j$ 类病害或故障权重；

$x_j^i$——同一时刻设备 $i$ 的第 $j$ 类病害或故障的个数；

$L$——网格单元的区段长度；

$\eta_i$——设备 $i$ 的平均病害集中度；

$\beta_i$——设备 $i$ 的平均病害集中度的权重；

$\eta$——网格单元的平均病害集中度。

4. 平均可用度

平均可用度是网格内所用设备稳态可用度的加权平均，是衡量网格内不同专业不同种类设备状态的综合评价指标，根据该指标的大小，可对网格状态进行排序，确定需要进行重点管理的网格。网格的平均可用度可定义为：

$$A = \sum_{i=0}^{I} \omega_i A_i \tag{5—46}$$

式中　$i$——网格内设备；

$I$——网格内各专业的设备的集合；

$\omega_i$——设备 $i$ 的稳态可用度的权重；

$A_i$——设备 $i$ 的稳态可用度；

$A$——网格的平均可用度。

宁杭高铁网格(219.2.0～219.4 km 下行)内设备在 2013 年 5 月 1 日～31 日期间历史病害数据，见表 5—9。

表 5—9 2013 年 5 月 1 日～31 日网格(219.2.0～219.4 km 下行)病害详情

| 序号 | 检查日期 | 线编号 | 行别 | 里程(km) | 设备类型 | 病害类型 | |
|---|---|---|---|---|---|---|---|
| | | | | | | 超限类型 | 超限等级 |
| 1 | 20130503 | 3026 | 下 | 219.212 5 | 轨道 | 轨距变化率 | 1 |
| 2 | 20130503 | 3026 | 下 | 219.335 3 | 轨道 | 轨距变化率 | 1 |
| 3 | 20130503 | 3026 | 下 | 219.338 3 | 轨道 | 轨距变化率 | 1 |
| 4 | 20130503 | 3026 | 下 | 219.345 5 | 轨道 | 轨距变化率 | 1 |
| 5 | 20130503 | 3026 | 下 | 219.349 8 | 轨道 | 轨距变化率 | 1 |
| 6 | 20130503 | 3026 | 下 | 219.388 | 轨道 | 三角坑 | 1 |
| 7 | 20130504 | 3026 | 下 | 219.293 5 | 轨道 | 轨距变化率 | 1 |
| 8 | 20130506 | 3026 | 下 | 219.291 | 轨道 | 轨距变化率 | 1 |
| 9 | 20130506 | 3026 | 下 | 219.308 | 轨道 | 轨距变化率 | 1 |
| 10 | 20130506 | 3026 | 下 | 219.308 5 | 轨道 | 轨距 | 1 |
| 11 | 20130506 | 3026 | 下 | 219.314 8 | 轨道 | 轨距变化率 | 2 |
| 12 | 20130506 | 3026 | 下 | 219.329 8 | 轨道 | 轨距变化率 | 1 |
| 13 | 20130506 | 3026 | 下 | 219.342 | 轨道 | 轨距变化率 | 1 |
| 14 | 20130506 | 3026 | 下 | 219.355 5 | 轨道 | 轨距变化率 | 1 |
| 15 | 20130506 | 3026 | 下 | 219.363 8 | 轨道 | 轨距变化率 | 1 |
| 16 | 20130507 | 3026 | 下 | 219.251 5 | 轨道 | 轨距变化率 | 1 |
| 17 | 20130507 | 3026 | 下 | 219.259 8 | 轨道 | 轨距变化率 | 1 |
| 18 | 20130507 | 3026 | 下 | 219.264 | 轨道 | 轨距变化率 | 1 |
| 19 | 20130507 | 3026 | 下 | 219.306 | 轨道 | 轨距变化率 | 1 |
| 20 | 20130507 | 3026 | 下 | 219.364 | 轨道 | 轨距变化率 | 1 |
| 21 | 20130507 | 3026 | 下 | 219.384 3 | 轨道 | 轨距变化率 | 1 |
| 22 | 20130506 | 3026 | 下 | 219.212 5 | 钢轨 | 裂纹 | 轻伤 |
| 23 | 20130506 | 3026 | 下 | 219.335 3 | 钢轨 | 裂纹 | 轻伤 |
| 24 | 20130514 | 3026 | 下 | 219.335 3 | 钢轨 | 裂纹 | 轻伤 |
| 25 | 20130514 | 3026 | 下 | 219.345 5 | 钢轨 | 裂纹 | 轻伤 |
| 26 | 20130506 | 3026 | 下 | 219.293 5 | 钢轨 | 磨耗 | 轻伤 |
| 27 | 20130514 | 3026 | 下 | 219.293 5 | 钢轨 | 磨耗 | 重伤 |
| 28 | 20130514 | 3026 | 下 | 219.306 | 钢轨 | 焊缝 | 轻伤 |

续上表

| 序号 | 检查日期 | 线编号 | 行别 | 里程(km) | 设备类型 | 病害类型 | |
|---|---|---|---|---|---|---|---|
| | | | | | | 超限类型 | 超限等级 |
| 29 | 20130514 | 3026 | 下 | 219.308 5 | 钢轨 | 焊缝 | 轻伤 |
| 30 | 20130510 | 3026 | 下 | 219.342 | 道岔 | 轨距 | 1 |
| 31 | 20130510 | 3026 | 下 | 219.355 5 | 道岔 | 轨距 | 1 |
| 32 | 20130510 | 3026 | 下 | 219.363 8 | 道岔 | 轨距 | 1 |
| 33 | 20130510 | 3026 | 下 | 219.251 5 | 道岔 | 轨距 | 1 |
| 34 | 20130521 | 3026 | 下 | 219.384 3 | 道岔 | 三角坑 | 1 |
| 35 | 20130521 | 3026 | 下 | 219.259 8 | 道岔 | 三角坑 | 1 |
| 36 | 20130521 | 3026 | 下 | 219.264 | 道岔 | 三角坑 | 1 |

计算网格可靠性指标需要确定设备类型权重和病害类型权重，其中设备类型权重反映不同类型的设备在保障铁路运行安全的重要程度不同，病害类型权重反映不同类型的病害对行车安全的影响程度，假定其值见表5—10、表5—11。

表5—10 病害类型权重系数表

| 设备类型 | 序号($i$) | 病害类型及等级 | 病害类型权重($\beta_i$) |
|---|---|---|---|
| 轨道 | 1 | 轨道动态几何尺寸，1级超限 | 0.1 |
| | 2 | 轨道动态几何尺寸，2级超限 | 0.2 |
| | 3 | 轨道动态几何尺寸，3级超限 | 0.3 |
| | 4 | 轨道动态几何尺寸，4级超限 | 0.4 |
| 钢轨 | 1 | 钢轨伤损，轻伤 | 0.1 |
| | 2 | 钢轨伤损，轻伤发展 | 0.2 |
| | 3 | 钢轨伤损，重伤 | 0.3 |
| | 4 | 钢轨伤损，折断 | 0.4 |
| 道岔 | 1 | 道岔静态几何尺寸，1级超限 | 0.1 |
| | 2 | 道岔静态几何尺寸，2级超限 | 0.2 |
| | 3 | 道岔静态几何尺寸，3级超限 | 0.3 |
| | 4 | 道岔静态几何尺寸，4级超限 | 0.4 |

表5—11 设备类型权重系数表

| 序号($j$) | 设备类型 | 设备类型权重($\omega_j$) |
|---|---|---|
| 1 | 轨道 | 0.1 |
| 2 | 钢轨 | 0.2 |
| 3 | 道岔 | 0.1 |

根据表5—9～表5—11，该网格的可靠性指标如下。

(1)平均病害率

由表5—9可知，该网格内轨道在5月份轨距1级超限发生1次，三角坑1级超限发生1次，轨距变化率1级超限发生12次，轨距变化率2级超限发生1次，故该网格内轨道在5月份的平均病害率(次/d)为：

$$f_1(t)=f_{轨道}(t)=\frac{M_{轨道}(t)}{t}=\frac{\sum_{i=1}^{4}\beta_i N_i}{t}=\frac{0.1\times 14+0.2\times 1}{31}=0.052$$

同理：

$$f_2(t)=f_{钢轨}(t)=\frac{0.1\times 7+0.3\times 1}{31}=0.032$$

$$f_3(t)=f_{道岔}(t)=\frac{0.1\times 7}{31}=0.023$$

因此，该网格在5月份的平均病害率(次/d)为：

$$f(t)=\sum_{j=1}^{3}\omega_j f_j(t)=0.1\times 0.052+0.2\times 0.032+0.1\times 0.023=0.0139$$

(2)平均病害重复度

假定钢轨、道岔设备在一个月内同一部位(或同一里程)再次出现相同类型的病害或故障称为重复病害或故障。由于轨道检查车或综合检测车在轨道动态不平顺检测过程中，存在里程漂移的情况，故可将一个月内同一里程处前后50 m范围内发现的相同类型轨道动态不平顺病害，也认定为重复病害或故障。根据表5—9可知，该网格在5月份轨道轨距变化率重复病害数(1级到1级)为3，钢轨裂纹重复病害数(轻伤到轻伤)为1，钢轨磨耗重复病害数(轻伤到重伤)为1，重复病害详细情况见表5—12。

表5—12 网格在2013年5月1日～31日重复病害详情

| 设备类型 | 序号 | 上次病害里程 | 本次病害里程 | 病害类型 | 病害等级变化 |
|---|---|---|---|---|---|
| 轨道 | 1 | 5月4日219.293 5 km | 5月6日219.291 km,219.308 km,219.314 8 km | 轨距变化率 | 1级～1级 |
| | 2 | 5月6日219.291 km,219.308 km,219.314 8 km | 5月7日219.306 km | 轨距变化率 | 1级～1级 |
| | 3 | 5月6日219.329 8 km,219.342 km,219.355 5 km | 5月7日219.364 km | 轨距变化率 | 1级～1级 |
| 钢轨 | 1 | 5月6日219.335 3 km | 5月14日219.335 3 km | 裂纹 | 轻伤～轻伤 |
| | 2 | 5月6日219.293 5 km | 5月6日219.293 5 km | 磨耗 | 轻伤～重伤 |

故该网格内轨道、钢轨和道岔的病害重复度(次)分别为：

$$\Delta^1 = \Delta^{轨道} = 0.1 \times 3 = 0.3$$

$$\Delta^2 = \Delta^{钢轨} = 0.1 \times 1 + 0.3 \times 1 = 0.4$$

$$\Delta^3 = \Delta^{道岔} = 0$$

故该网格5月份的平均病害重复度(次)为：

$$\Delta = \sum_{j=1}^{3} \omega_j \Delta^j = 0.1 \times 0.3 + 0.2 \times 0.4 + 0 = 0.11$$

(3)平均病害集中度

以5月7日设备检查为例，由表5—9可知，轨道轨距变化率1级超限发现7处，钢轨裂纹轻伤发生2处，钢轨磨耗重伤发生1处，钢轨焊缝轻伤发生2处，道岔三角坑1级超限发生3处。故该网格内轨道、钢轨和道岔的平均病害集中度(处/km)分别为：

$$\eta_1 = \eta_{轨道} = \frac{0.1 \times 7}{0.2} = 3.5$$

$$\eta_2 = \eta_{钢轨} = \frac{0.1 \times 4 + 0.3 \times 1}{0.2} = 3.5$$

$$\eta_3 = \eta_{道岔} = \frac{0.1 \times 3}{0.2} = 1.5$$

故该网格在5月7日的平均病害集中度(处/km)为：

$$\eta = \sum_{i=1}^{3} \beta_i \eta_i = 0.1 \times 3.5 + 0.2 \times 3.5 + 0.1 \times 1.5 = 0.85$$

(4)平均可用度

计算网格的平均可用度，需首先确定网格内设备的稳态可用度。假定该网格内轨道的稳态可用度为0.9，钢轨的稳态可用度是0.95，道岔的稳态可用度为0.85，其他设备的稳态可用度为0.89，则该网格的平均可用度为：

$$A = \sum_{i=0}^{4} \omega_i A_i = 0.1 \times 0.9 + 0.2 \times 0.95 + 0.1 \times 0.85 + (1 - 0.1 - 0.2 - 0.1) \times 0.89 = 0.899$$

## 三、离散化管理

离散化是把无限空间中有限的个体映射到有限的空间中去，以此提高算法的时空效率，其基本思想就是在众多可能的情况中“只考虑我需要用的值”。高速铁路网格及设备的离散化管理是对其可靠性评价指标值划分成若干等级，方便掌握网格及设备状态"好"或"坏",一方面可对各等级的网格及设备分别制定不同的技术标准和管理标准,优化修程配置,合理配置人员、机具等资源;另一方面可明确维修期限,实现对网格及设备按其状态有针对性的管理和维修。

假定高速铁路某一设备实行了网格化管理,通过前述设备状态评定方法,可以得到该设备的某一项可靠性指标数值,对其进行离散化的过程如图 5—15 所示。图中,横坐标为时间,纵坐标为可靠性指标的幅值,曲线为该设备某可靠性指标值随时间变化的波形图;设定 4 个阈值($\alpha_1,\alpha_2,\alpha_3,\alpha_4$),用与横轴平行的 4 条虚线表示,分别作为可靠性指标容许程度管理值;Ⅰ、Ⅱ、Ⅲ、Ⅳ、Ⅴ为可靠性指标的幅值范围,对应不同维修和管理模式。

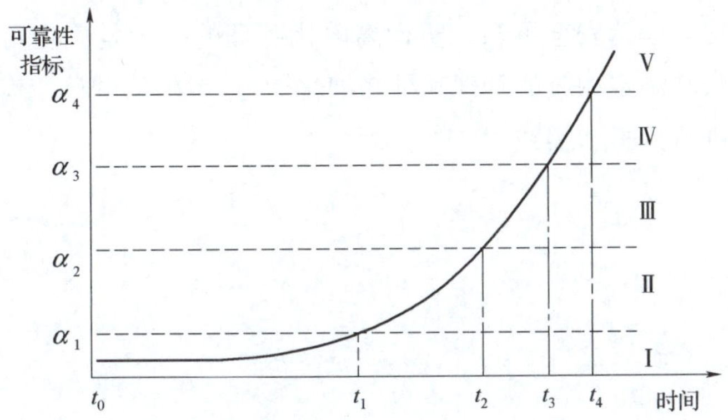


图 5—15　设备某项可靠性指标值离散化示意图

若对设备的可靠性指标值实施离散化的管理措施,见表 5—13。对于图 5—15 指标值变化规律,设备在 $t_0 \sim t_1$ 时间段,仅需对设备进行日常保养,主要进行检视和清洁,使设备工程保持正常;设备在临近 $t_1$ 时应安排小修计划,拆卸有关部件,进行检查、调整、更换或修复零件,恢复设备的正常功能;设备临近 $t_2$ 时应安排中修计划,对设备部分拆卸,检查,更换或修复失效的零件,必要时对基准件进行局部维修和调整精度,恢复所修部分的精度和性能;设备临近 $t_3$ 时应安排大修计划,将设备全部或大部分解体,修复基准件,更换或修复全部不合格的零件,达到全面消除修前存在的缺陷,恢复设备的规定功能和精度;设备临近 $t_4$ 时应安排更新计划,用新的设备更换或用先进的技术对原有设备进行局部改造。

表 5—13　设备可靠性指标离散化管理措施表

| 可靠性指标幅值范围 | 管理模式 | 指导措施 |
| --- | --- | --- |
| Ⅰ　幅值 $< \alpha_1$ | 保养 | 主要为清洁、检视,保持设备功能正常 |
| Ⅱ　$\alpha_1 \leq$ 幅值 $< \alpha_2$ | 小修 | 拆卸有关零配件,进行检查、调整、更换或修复,以恢复设备的正常功能 |

续上表

| 可靠性指标幅值范围 | 管理模式 | 指导措施 |
| --- | --- | --- |
| Ⅲ　$\alpha_2 \leqslant$ 幅值 $< \alpha_3$ | 中修 | 进行部分拆卸,检查,更换或修复失效的零件,必要时对基准件进行局部维修和调整精度,恢复所修部分的精度和性能 |
| Ⅳ　$\alpha_3 \leqslant$ 幅值 $< \alpha_4$ | 大修 | 将设备的全部或大部分解体,修复基准件,更换或修复全部不合格的零件,达到全面消除修前存在的缺陷,恢复设备的规定功能和精度 |
| Ⅴ　幅值 $\geqslant \alpha_4$ | 更新 | 用新的设备更换或用先进的技术对原有设备进行局部改造 |

通过上述案例可以看出,高速铁路网格及设备实施离散化管理,可以根据各自设备的状态变化规律,精细化管理、针对性地安排维修,能够有效节约成本,并使设备保持良好的状态,保障运营安全可靠。实行离散化管理的关键是确定可靠性评价指标值离散化的阈值,并制定相应的管理和维修细化措施,但阈值的确定有待于积累长期的数据,进一步进行探索和实践。

# 第六章

# 高速铁路网格化管理系统

高速铁路网格化管理信息系统是网格化管理必不可少的组成部分，是网格化管理的重要的辅助手段，管理系统基于计算机软硬件和网络环境，集成地理空间框架数据、单元网格数据、部件和事件数据等多种数据资源，通过多部门信息共享、协同工作，实现高速铁路电子文库建设、网格及设备状态分析评定、设备维修周期预测、故障诊断和风险管理等业务网格化管理功能。

## 第一节　高速铁路网格化管理系统基本架构设计

### 一、总体架构

高速铁路网格化管理系统总体架构的思路是基于网格化管理理论和方法，以高速铁路信息基础结构、信息安全机制和基础数据平台为支撑，同时考虑到与铁路既有的设备管理信息系统（如工务管理信息系统 PWMIS、电务管理信息系统 CSMIS、牵引供电管理信息系统 PSSMIS 等）的兼容关系，最终实现电子文库查询分析、设备状态分析及建模、设备状态对比和系统维护管理等应用功能，如图 6—1 所示。

基础数据平台由空间数据库、属性数据仓库和设备状态模型库以及描述这三类数据的元数据库互相关联而构成。数据来源于设备全生命周期各阶段所产生的状态数据，包括高速铁路建造期设备的设计、采购、加工、安装（施工）、验收过程中产生的数据，联试联调期间检测、调试数据，以及运营阶段的养护维修数据，重点是联调联试以及运营期间的数据。这些数据应与铁路系统正在使用的各种生产管理系统（PWMIS、CSMIS、PSSMIS、TDCS）相匹配，以增强系统的实用性和生命力。

铁路现有的生产管理系统主要是使运营阶段数据采集、统计报表等日常业务活动数字化，缺少对设备状态变化规律的深度分析。高速铁路网格化管理信息系统则致力于弥补这一不足，运用网格化管理、设备全生命周期管理等理论，利用大数据、地理信息系统等技术，突出个性化设备寿命分布模型构建及可靠性指标计算功能的设

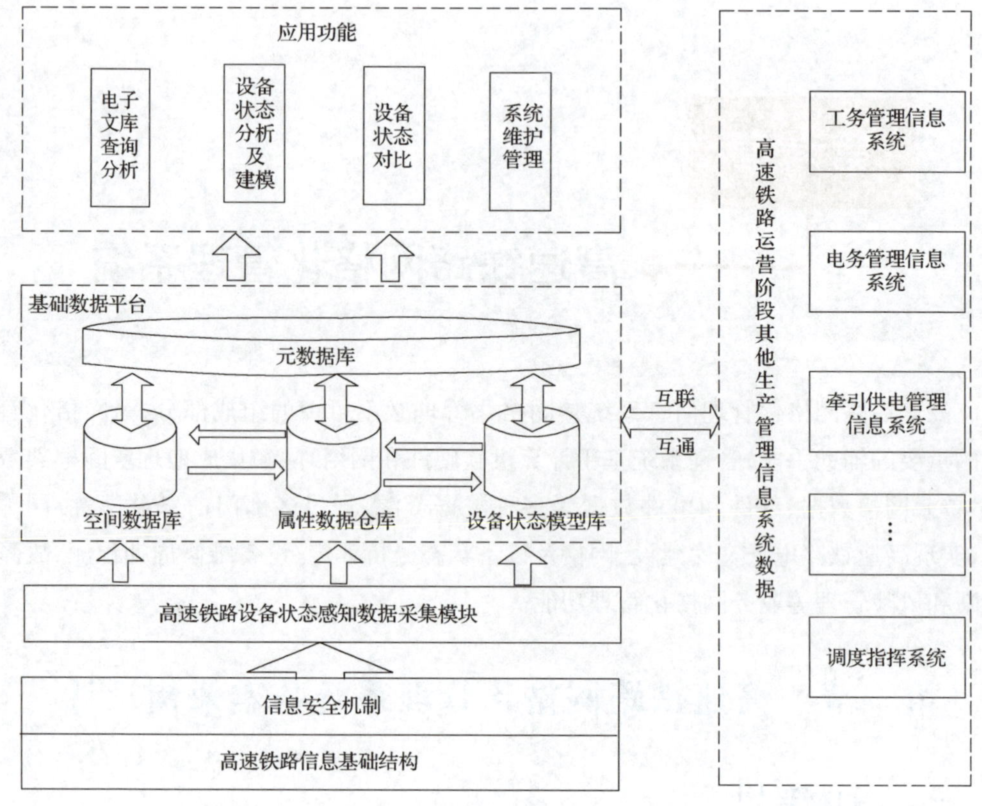


图 6—1　高速铁路网格化管理系统的总体架构

计，该系统与现有生产管理系统的数据资源相互共享，功能上相互补充，有广阔的应用空间。

## 二、技术架构

高速铁路网格化管理系统技术架构分为硬件/网络层、系统支撑层、应用支持层、应用层和用户访问层五个层面，如图 6—2 所示。

硬件/网络层由计算机硬件、网络和基础软件平台组成，是高速铁路网格化管理信息系统运行的物质基础。

系统支撑层是由数据库系统、软件工具、开发平台、运行支撑平台构成。高速铁路网格化管理系统可采用具有空间数据存储与管理功能的 ORACLE 数据库系统，采用 JAVA 语言作为开发和运行平台，配置地图管理引擎，支持地理信息的采集和发布。ORACLE 数据库系统，具有稳定性和跨平台性，可在许多不同的操作系统上运行，同时 ORACLE 数据库具有出色的大数据处理能力；JAVA 语言是一种跨平台的高级语言，代码可移植性好，能够实现程序无论运行在何种 CPU、操作系统上都能产生

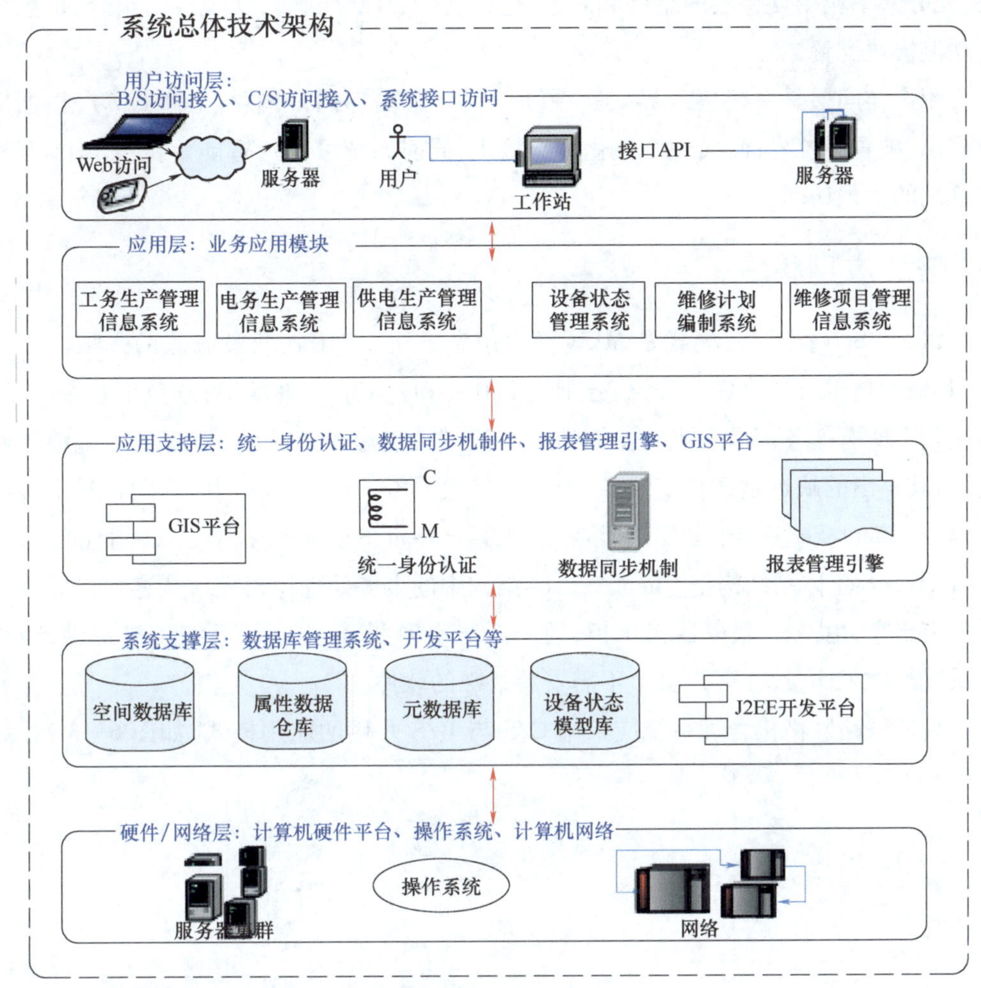


图 6—2 系统总体技术架构图

同样的结果。

应用支持层是系统设计的关键，也是系统核心。应用支持层是为统一应用系统的基础构件、核心流程和关键技术而设计的项目管理系统基础应用平台，包含地理信息平台（GIS）、统一的信息表现框架、身份认证、校验机制、统一授权管理、报表管理器、信息共享等核心功能模块。通过应用支持层的设计和实现，使各应用子系统在统一的结构体系上，实现数据共享，提高系统的扩展性，也提高了系统健壮性。GIS 是关键部分，高速铁路网格化管理强调基于空间、时间的时空分析能力，通过 GIS 技术，可实现铁路设备空间信息的编码、存储、转换、分析和多维显示。

应用层是由用户业务处理的各子系统或功能模块构成。随着业务和信息系统的发展，应用子系统的数量、范围是不断发展的。整个应用层的业务子系统或功能模块，充分共享应用支持层的组件和对象，进行功能和属性封装，实现自由组合、可插拔的功能模块配置。

用户访问层是系统接入界面。系统设计一个内部门户网站（PORTAL），根据用户需求，配置系统界面，实现个性化用户接入，同时系统可支持智能手机或 PDA 等移动终端的接入访问。

## 三、应用模式

Client/Server（C/S）模式是 MIS（管理信息系统）应用领域最成熟的一项应用技术，其核心技术就是将任务分解，分别由 Server 和各 Client 来承担，避免了在主机/终端模式下所有任务都由主机承担而造成主机端性能瓶颈的缺陷，提高了系统整体性能，但其突出的缺点是系统安装、维护工作量大。Browser/Server（B/S）模式是由传统的两层 Client/Server 结构发展而来的三层 Client/Server 结构在 Web 上的应用，Browser/Server 体系结构把 Client/Server 结构中的事务处理逻辑模块从客户机的任务中分离出来，由 Web 服务器来承担，便于系统集中部署，提高了系统可维护性，减少了系统维护工作量，在客户机上不需安装特殊的软件。

高速铁路网格化管理系统应采用 C/S 与 B/S 并用的应用模式，如图 6—3 所示。

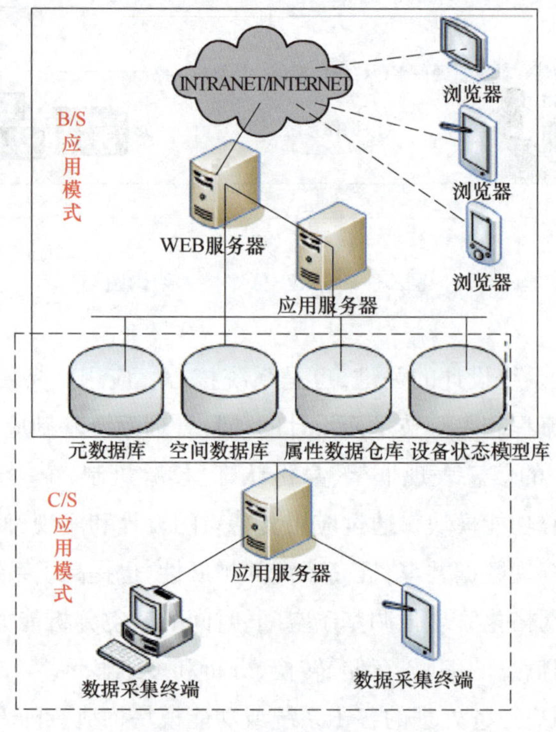


图 6—3　系统应用模式

C/S 模式应用于本系统，主要提供给专业技术人员，用来进行数据的采集与更新维护，如地理空间数据的维护比较复杂，且数据量较大，地图编辑需在工作站上进行，校核无误后再通过网络对服务器上的数据库进行更新；B/S 模式是信息查询、浏览共享最优的软件应用模式，可满足高铁网格化管理对更全面、更透彻感知网格内设备状态的需要，并且便于网格化管理系统的维护与升级，因此搭建系统架构采用 Browser/Server 模式。

## 第二节　高速铁路网格化管理系统功能设计

### 一、系统总体功能结构

根据高速铁路网格化管理业务需要，高速铁路网格化管理系统可分为数据采集、电子文库、设备状态分析、设备状态对比和系统维护管理五个功能模块，其总体功能结构如图 6—4 所示。

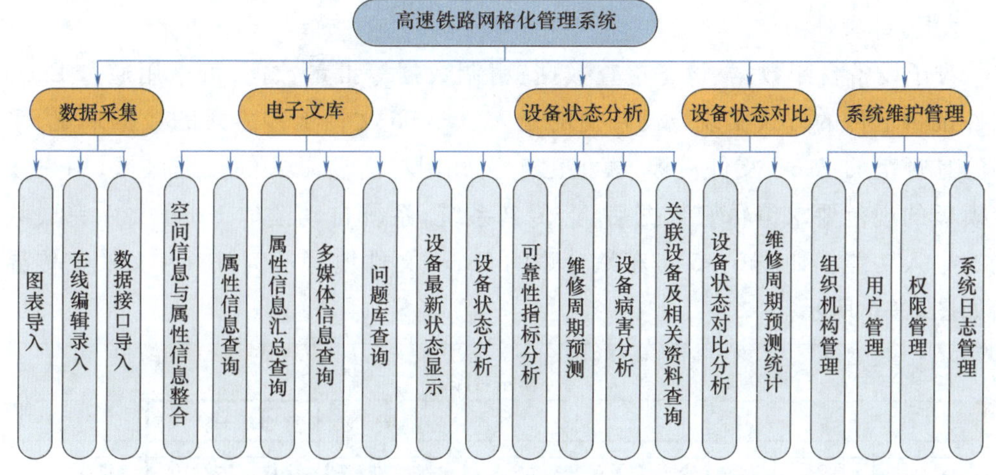


图 6—4　高速铁路网格化管理系统总体功能结构图

(1)数据采集功能模块是将网格、设备和事件相应的空间和属性数据全面采集录入到系统中。

(2)电子文库功能模块是将网格、设备、事件相关的空间数据、属性数据通过 GIS 技术整合到一个可视化平台上。

(3)设备状态分析功能模块应具有设备寿命分布建模、设备可靠性指标计算、设备状态变化规律分析以及设备的维修周期预测等功能。

(4)设备状态对比功能模块应具有对用户管辖范围的设备状态进行横向对比分析功能，可根据评判结果，找出全线病害集中地段、病害易发地段以及影响运输安全的关键设备。

(5)系统维护管理功能模块主要是进行组织机构管理、用户管理、权限管理以及系统日志管理。

系统主要功能模块之间的相互关系为：数据采集是系统各空间数据和属性数据的入口；电子文库是整合各类信息的平台，是进行设备状态分析与对比的基础；设备状态分析是设备网格化管理的核心，是个体设备状态劣化与维修周期预测主要依据；设备状态对比能够对全线各类设备状态从坏到好排序，是网格化管理的重要环节。

## 二、系统主要应用功能设计

### (一)数据采集功能

数据采集是进行各种数据的采集和录入。数据是系统的生命，系统的正常运行建立在数据基础上，数据采集可通过 Excel 文件上传、在线编辑录入、通过数据接口导入等方式实现。

1. Excel 文件上传

对于设备台账数据、设备检查数据、精调数据等批量数据，可采用通过 Excel 文件批量上传的方式实现方便快捷的录入。Excel 文件上传方式的数据采集，采用的是规范的 Excel 文件模板，模板已定义好用户需要录入的数据区域，用户按照模板的规范要求编辑好数据后，上传到系统，系统自动读取 Excel 文件完成数据的导入功能。如图 6—5 是车站台账的 Excel 文件填写示例，Excel 文件上传界面如图 6—6 所示。

车站台账

*录入单位：　　　*录入时间：20990101

| *局名 | 局编号 | *线名 | 线编号 | *行别 | *车站名 | *车站编号 | 拼音字头 | 股道数 | *中心里程 | 备注 |
|---|---|---|---|---|---|---|---|---|---|---|
| 上海局 | 07 | 宁杭高铁 | 3026 | 双 | 南京南线路所 | 302601 | NJNXLS | 2 | 2.721425 | 新建 |
| 上海局 | 07 | 宁杭高铁 | 3026 | 双 | 江宁东 | 302602 | JND | 4 | 10.804834 | 新建 |
| 上海局 | 07 | 宁杭高铁 | 3026 | 双 | 句容西 | 302603 | JRX | 4 | 24.659815 | 新建 |
| 上海局 | 07 | 宁杭高铁 | 3026 | 双 | 溧水 | 302604 | LS | 11 | 45.094815 | 新建 |
| 上海局 | 07 | 宁杭高铁 | 3026 | 双 | 瓦屋山 | 302605 | WWS | 4 | 67.013510 | 新建 |
| 上海局 | 07 | 宁杭高铁 | 3026 | 双 | 溧阳 | 302606 | LY | 4 | 96.698510 | 新建 |
| 上海局 | 07 | 宁杭高铁 | 3026 | 双 | 宜兴 | 302607 | YX | 16 | 127.790901 | 新建 |
| 上海局 | 07 | 宁杭高铁 | 3026 | 双 | 长兴 | 302608 | CX | 4 | 163.216395 | 新建 |
| 上海局 | 07 | 宁杭高铁 | 3026 | 双 | 湖州 | 302609 | HZ | 14 | 184.016100 | 新建 |
| 上海局 | 07 | 宁杭高铁 | 3026 | 双 | 德清 | 302610 | DQ | 4 | 219.758100 | 新建 |
| 上海局 | 07 | 宁杭高铁 | 3026 | 双 | 杭州东线路所 | 302611 | HZDXLS | 2 | 245.798991 | 新建 |

车站台账　填表说明

图 6—5　车站台账的 Excel 文件范本

**Excel文件上传** [选择文件] 铁跨铁立交台账.xls [开始上传]

**文件上传历史记录** 起始日期：2013-09-13 终止日期：2013-10-13 [查询记录]

2013-09-13至2013-10-13 Excel上传历史记录

| 序号 | 文件名 | sheet页数 | 上传时间 | 操作 |
|---|---|---|---|---|
| 1 | 养修记录.xlsx | 2 | 2013-10-09 14:55:10 | 查看 \| 下载 \| 删除 |
| 2 | 养修记录.xlsx | 2 | 2013-10-09 14:07:32 | 查看 \| 下载 \| 删除 |
| 3 | 正线钢轨表.xls | 2 | 2013-10-08 15:40:07 | 查看 \| 下载 \| 删除 |
| 4 | 养修记录.xlsx | 3 | 2013-10-08 14:13:45 | 查看 \| 下载 \| 删除 |
| 5 | 股道台账.xls | 2 | 2013-09-29 15:41:43 | 查看 \| 下载 \| 删除 |
| 6 | 车站.xls | 2 | 2013-09-29 15:02:28 | 查看 \| 下载 \| 删除 |
| 7 | 养修记录.xlsx | 3 | 2013-09-29 11:06:00 | 查看 \| 下载 \| 删除 |
| 8 | 养修记录.xlsx | 3 | 2013-09-29 10:49:43 | 查看 \| 下载 \| 删除 |

图 6—6 Excel 文件上传页面

2. 在线编辑录入

在线编辑录入是对一些简单的数据进行录入或修改，如单条设备台账信息的增加或修改以及设备照片上传等，可通过直接在页面上编辑的方式进行录入。如宁杭高速铁路网格设备台账的在线修改界面如图 6—7、图 6—8 所示，图片上传如图 6—9 所示。

| 网格编码 | 线名 | 线编号 | 设备管理单位 | 行别 | 起点里程(km) | 终点里程(km) | |
|---|---|---|---|---|---|---|---|
| 网格编码 2513 | 宁杭高铁 | 3026 | 杭州工务段 | 下 | 251.4 | 251.6 | 竣工资料 \| 设备状态 \| 修改 \| 删除 |
| 3026200004 | 宁杭高铁 | 3026 | 南京桥工段 | 下 | 0.6 | 0.8 | 竣工资料 \| 设备状态 \| 修改 \| 删除 |
| 3026200014 | 宁杭高铁 | 3026 | 南京桥工段 | 下 | 1.6 | 1.8 | 竣工资料 \| 设备状态 \| 修改 \| 删除 |
| 3026200024 | 宁杭高铁 | 3026 | 南京桥工段 | 下 | 2.6 | 2.8 | 竣工资料 \| 设备状态 \| 修改 \| 删除 |

图 6—7 宁杭高速铁路网格详细信息

修改

网格编码：3026202513
线编号：3026
行别：上
起点里程：251.4
终点里程：251.6
设备管理单位：杭州工务段

[确认修改] [重置] [取消]

图 6—8 网格台账信息修改

3. 数据接口导入

对于自动检测设备的动态检查数据，如轨检车的检查数据和波形数据，由于数据量大且数据内容和格式不便于人工处理，可采取设计数据上传接口，直接导入检测文

图 6—9　路基设备照片上传

件进行数据录入。如图 6—10 为轨检车检查数据的上传界面。

| 序号 | 文件名 | 上传时间 | 操作 |
| --- | --- | --- | --- |
| 1 | 宁杭高铁上行_全线_(254.640-0).iic | 2013-05-26 13:55:46 | 删除 |
| 2 | 宁杭高铁上行_全线_(245-0).iic | 2013-05-26 13:55:02 | 删除 |
| 3 | 宁杭高铁下行_全线_(0-252).iic | 2013-05-26 13:54:09 | 删除 |
| 4 | 宁杭高铁下行_全线_(0-252).iic | 2013-05-26 13:53:40 | 删除 |
| 5 | 宁杭高铁下行_全线_(0-252).iic | 2013-05-26 13:53:11 | 删除 |
| 6 | 宁杭高铁下行_全线_(0-252).iic | 2013-05-26 13:52:44 | 删除 |
| 7 | 宁杭高铁下行_全线_(0-252).iic | 2013-05-26 13:52:11 | 删除 |
| 8 | 宁杭高铁下行_全线_(0-252).iic | 2013-05-26 13:51:47 | 删除 |
| 9 | 宁杭高铁上行_全线_(252-0).iic | 2013-05-26 13:51:09 | 删除 |
| 10 | 宁杭高铁下行_全线_(0-252).iic | 2013-05-26 13:50:44 | 删除 |
| 11 | 宁杭高铁上行_全线_(245.8-0).iic | 2013-05-26 13:50:28 | 删除 |

图 6—10　轨检车检查文件上传界面

另外,对于其他系统已有的大量可共享数据,如 PWMIS 系统、CSMIS 系统的台账数据等,也可通过设计数据接口将数据导入到系统中。

## (二)电子文库

电子文库是系统所有基础资料查询的入口,以数据采集功能模块所采集的数据为基础,为用户提供网格、设备、事件、多媒体数据资料、设备问题信息等的查询、统计功能。电子文库功能的输入输出如图 6—11 所示。

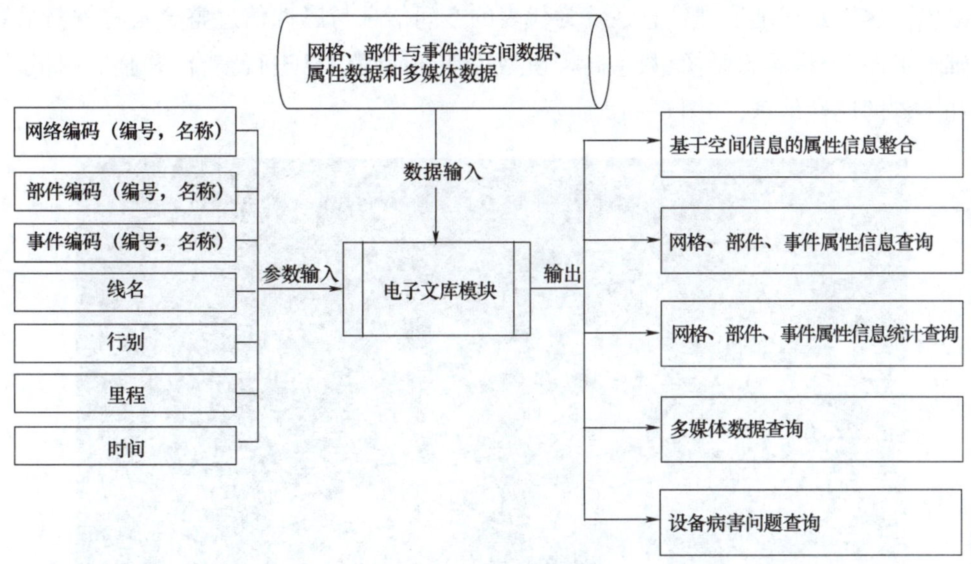


图 6—11　电子文库模块输入输出图

电子文库应包括以下各项功能。

1. 空间信息与属性信息整合

以线路设备综合图为代表的空间、属性信息的整合是按照里程信息整合设备的台账信息、网格信息、维修信息、病害信息等。如宁杭高速铁路线路设备综合图（图 6—12），图中绿色高亮区域表示网格在线路设备综合图中所处的位置，黑点代表设备

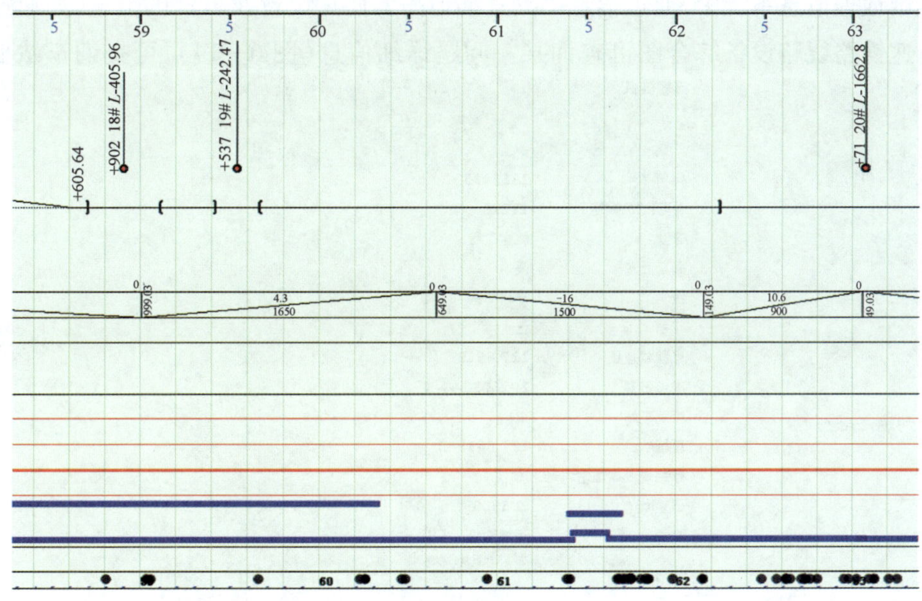

图 6—12　宁杭高速铁路线路设备综合图

病害信息，蓝线代表设备维修信息，这些信息同电子文库相关联，可实现图文互访。

以高速铁路三维地理信息系统为代表的空间信息与属性信息整合是将铁路沿线基础地形图、卫星遥感影像、数字高程模型等基础地理信息进行整合，并叠加网格、设备和事件的属性信息，如图6—13所示。

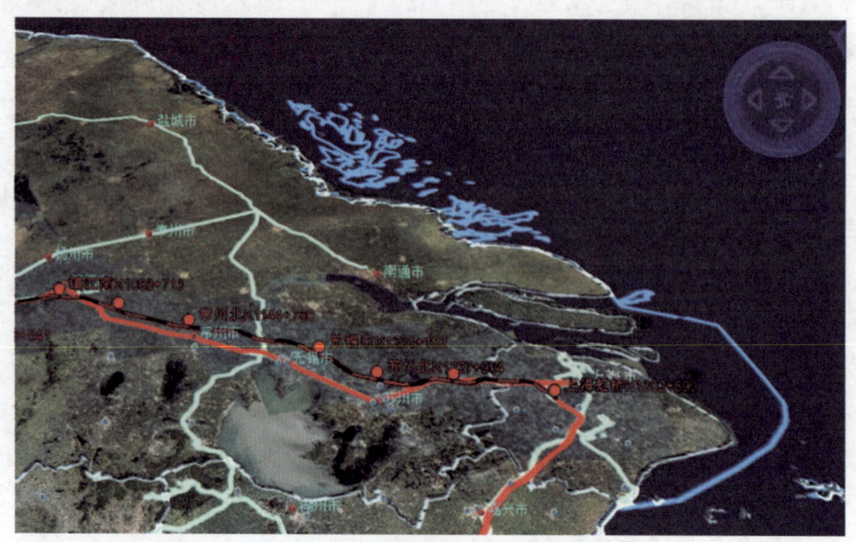


图6—13　高铁三维地理信息系统

2. 网格、设备、事件信息查询

网格、设备、事件信息查询功能是对设备全生命周期内相关信息进行追溯的基本功能，应按照图文互访模式实现空间信息、属性信息一体化查询。在线路设备综合图和三维地理信息系统中，通过信息工具查询地图上任意设备及事件的信息，如通过宁杭高速铁路线路设备综合图可查询某一问题详细信息(图6—14)，可查询车站信息

问题信息

| 字段名 | 字段值 |
| --- | --- |
| 严重程度编号 | 2 |
| 问题编号 | 1585433 |
| 检查方式编号 | 11110 |
| 专业 | 轨道工程 |
| 是否处理 | 是 |
| 线名 | 宁杭高铁 |
| 行别 | 上 |
| 里程或位置 | 127.8818 |
| 维修日期 | 20130504 |
| 行别车站 | 上 |
| 里程 | 127.8818 |
| 行别或股道道岔编号 | 上 |
| 日志id | 2039099 |
| 阶段 | 运营阶段 |

严重程度编号

图6—14　问题信息查询页面

列表(图6—15)、车站微观拓扑图(图6—16)和站场平面图(图6—17)等。

| 线名 | 行别 | 车站名 | 车站编号 | 拼音字头 | 股道数 | 竣工中心里程 | 施工中心里程 | 车站竣工图 | 站场平面图 | 车站照片 |
|---|---|---|---|---|---|---|---|---|---|---|
| 宁杭高铁 | 双 | 南京南线路所 | 302601 | | | 2.72143 | 2.72143 | 查询 | 查询 | 查询 |
| 宁杭高铁 | 双 | 江宁东 | 302602 | | | 10.80483 | 10.80483 | 查询 | 查询 | 查询 |
| 宁杭高铁 | 双 | 句容西 | 302603 | | | 24.65982 | 24.65982 | 查询 | 查询 | 查询 |
| 宁杭高铁 | 双 | 溧水 | 302604 | | | 45.09482 | 45.09482 | 查询 | 查询 | 查询 |
| 宁杭高铁 | 双 | 瓦屋山 | 302605 | | | 67.01351 | 67.01351 | 查询 | 查询 | 查询 |
| 宁杭高铁 | 双 | 溧阳 | 302606 | | | 96.69851 | 96.69851 | 查询 | 查询 | 查询 |
| 宁杭高铁 | 双 | 宜兴 | 302607 | | | 127.7909 | 127.7909 | 查询 | 查询 | 查询 |
| 宁杭高铁 | 双 | 长兴 | 302608 | | | 163.2164 | 163.2164 | 查询 | 查询 | 查询 |
| 宁杭高铁 | 双 | 德清 | 302610 | | | 219.7581 | 219.7581 | 查询 | 查询 | 查询 |
| 宁杭高铁 | 双 | 杭州东线路所 | 302611 | | | 245.79899 | 245.79899 | 查询 | 查询 | 查询 |
| 宁杭高铁 | 双 | 湖州 | 302609 | | | 184.0161 | 184.0161 | 查询 | 查询 | 查询 |

图6—15　宁杭高速铁路车站信息列表

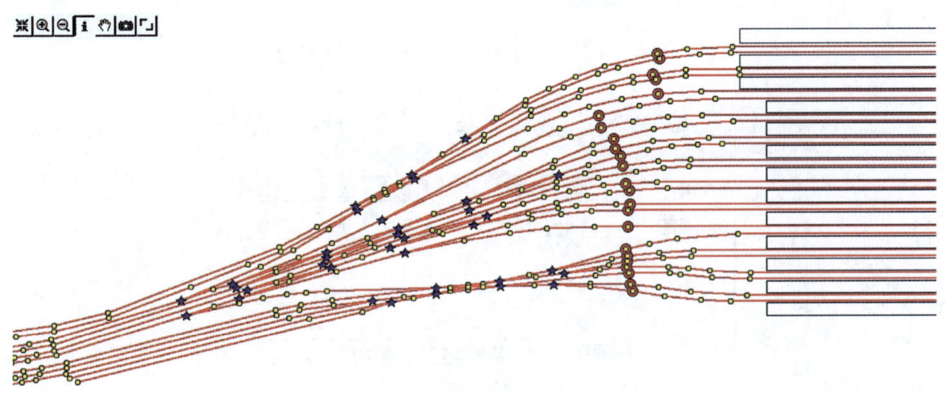

图6—16　车站微观拓扑图

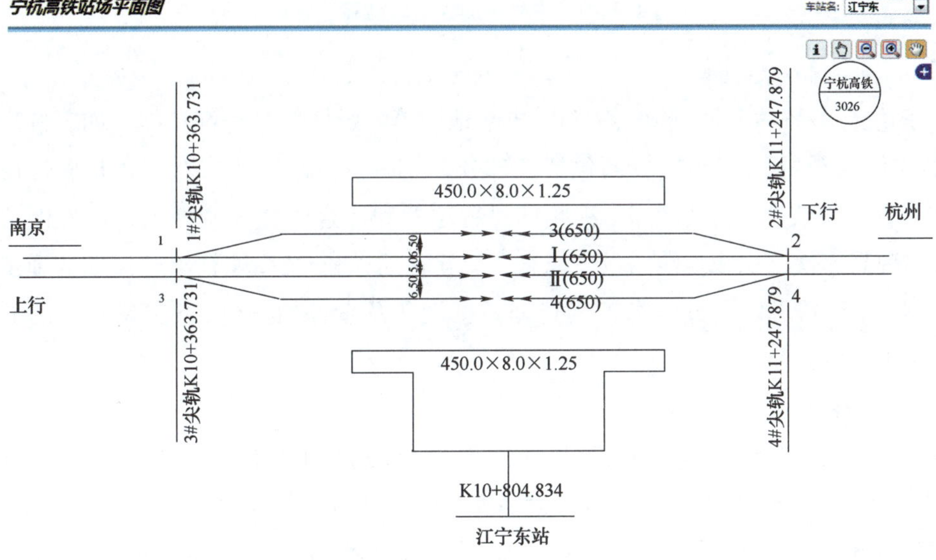


图6—17　站场平面图

3. 网格、设备、事件属性信息统计查询

信息统计应按照里程、设备、时间等多维度组合设计。以车站为例，按照拥有股道的数量对车站进行统计分析，其汇总统计信息查询如图6—18所示；也可以通过自定义筛选条件对车站进行统计查询，如图6—19所示。

**车站统计信息**

| 股道数(N) | 车站数 | 道岔数 |
|---|---|---|
| 股道数小于5 | 8 | 24 |
| 股道数大于15 | 0 | 0 |
| 股道数大于10，小于15 | 2 | 37 |
| 股道数大于5，小于10 | 1 | 22 |
| 合计 | 11 | 93 |

图6—18　宁杭高速铁路车站统计信息

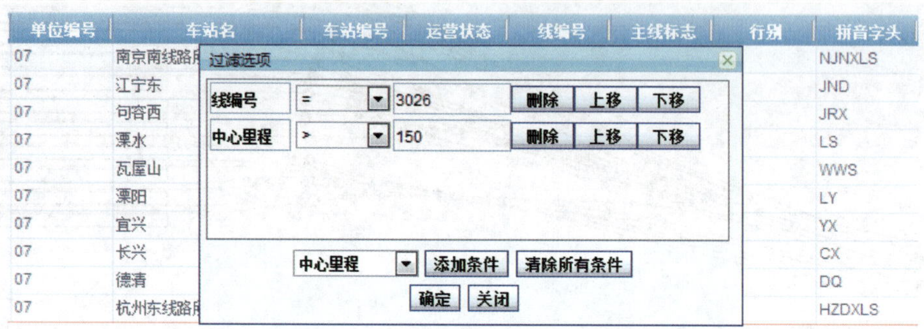


图6—19　宁杭高速铁路车站筛选统计

4. 多媒体信息查询

系统应具备线路视频、设备照片、电子地图等多媒体信息查询功能。如宁杭高速铁路二图联动(图6—20)，页面包括三部分，左上角是视频窗口，左下角是属性信息窗口，右面是线路设备综合图，视频的里程位置和综合图红线所处里程位置保持一致，实现高速铁路视频与线路设备综合图交互联动；如宁杭高速铁路建设期的施工手册(图6—21)，可以通过信息工具查询任意设备及事件的信息，可实现对地图的放大、缩小、移动。

5. 设备病害问题查询

系统应具备设备病害、故障及其处理情况的查询功能。如图6—22是静态检查问题库页面，主要包括专业、设备类型、设备编码、里程、问题描述、发现日期、管理单位等。在图6—22的系统页面中可查看问题的详细信息，如图6—23所示。

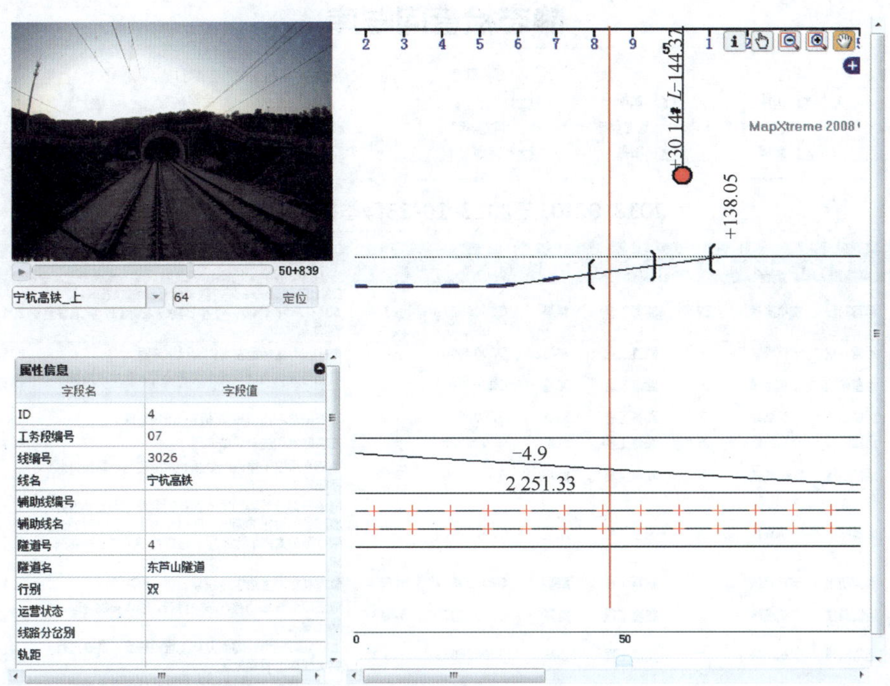


图 6—20 宁杭高速铁路二图联动主页面

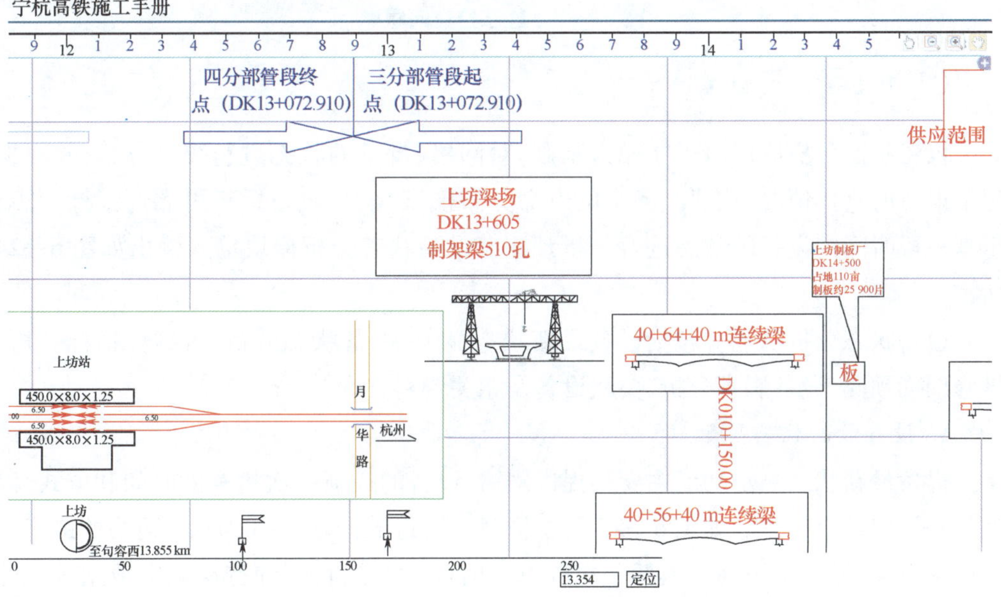


图 6—21 宁杭高速铁路施工手册图（局部）

**静态检查问题库**

线 名：全部 行 别：全部 车 站：全部 起点里程： 终点里程： 是否处理：全部 查询 新增

阶 段：全部 专 业：全部 设备类型：路基 问题类型：全部 起始日期：2013-02-01 终止日期：2013-10-13

2013-02-01至2013-10-13静态检查问题库

| 序号 | 阶段 | 线名 | 行别车站 | 专业 | 设备类型 | 设备编码 | 里程 | 问题描述 | 发现日期 |
|---|---|---|---|---|---|---|---|---|---|
| 1 | 运营阶段 | 宁杭高铁 | 双 | 路基工程 | 路基 | G20000079 | 187.96 | DK187+960~+965双侧沟间断5m,造成DK187+960~+DK188+008—段侧沟水无出水口，要求联通侧沟 | 20130220 |
| 2 | 运营阶段 | 宁杭高铁 | 下 | 路基工程 | 路基 | G20000001 | 1.9 | 1—1.0m盖板涵左右侧沟积水严重 | 20130220 |
| 3 | 运营阶段 | 宁杭高铁 | 下 | 路基工程 | 路基 | G20000001 | 2 | 右侧与宣杭老线间排水沟未施工，造成线路排水不良 | 20130220 |
| 4 | 运营阶段 | 宁杭高铁 | 下 | 路基工程 | 路基 | G20000001 | 4.21 | 左右侧水沟内淤积需清理，盖板破损 | 20130220 |
| 5 | 运营阶段 | 宁杭高铁 | 下 | 路基工程 | 路基 | G20000001 | 3.822 | 左右侧水沟内淤积需清理 | 20130220 |
| 6 | 运营阶段 | 宁杭高铁 | 下 | 路基工程 | 路基 | G20000001 | 3.822 | 两侧水沟由于中间两处涵洞水位较高，导致排水不畅 | 20130220 |
| 7 | 运营阶段 | 宁杭高铁 | 下 | 路基工程 | 路基 | G20000074 | 151.05 | 隧道口仰坡坡脚挡墙墙顶抹面层发生剥落，主要原因是未设置伸缩缝；DK151+050隧道口仰坡框架梁部分盒内培土不足，造成框架梁侧面外露严重 | 20130220 |
| 8 | 运营阶段 | 宁杭高铁 | 下 | 路基工程 | 路基 | G20000077 | 178.4 | 堑坡高挡墙上边缘堆积弃石块，要求清理 | 20130220 |
| 9 | 运营阶段 | 宁杭高铁 | 双 | 路基工程 | 路基 | G20000073 | 148.37 | 隧道口仰坡坡顶存在部分孤石，须作清除处理，防止滑落 | 20130220 |
| 10 | 运营阶段 | 宁杭高铁 | 上 | 路基工程 | 路基 | G20000073 | 148.37 | 上线坡脚侧沟外墙面上弃土堆积较多，需要进行刷坡和弃土清运处理 | 20130220 |
| 11 | 运营阶段 | 宁杭高铁 | 双 | 路基工程 | 路基 | G20000073 | 148.43 | 两线间基底沉降观测桩中间活动杆没露出地面，无法观测；相应两侧路肩未设基底观测桩 | 20130220 |
| 12 | 运营阶段 | 宁杭高铁 | 下 | 路基工程 | 路基 | G20000074 | 150.4 | 堤坡坡脚处存在5处直径1米的土洞，要求夯填处理 | 20130220 |

图 6—22 静态检查问题库

## （三）设备状态分析

设备状态分析应以电子文库为基础，对网格、设备的状态进行统计分析，并根据每个设备的具体情况，构建其各自的寿命分布模型，获得设备运行可靠性指标，并对未来一段时间内设备的状态进行分析预测。设备状态分析模块输入输出如图 6—24 所示。

设备状态分析功能应包括设备最新状态显示、设备状态分析、可靠性指标分析、维修周期预测、设备病害分析、关联设备及相关资料查询等。

### 1. 设备最新状态显示

设备最新状态显示功能主要是提供网格、设备的最新一次检查的时间和方式，以及状态评定结果信息。如图 6—25 是宁杭高速铁路下行 0.2 ~ 0.4 km 网格的最新状态信息页面，显示了该网格最新一次检查的时间、方式、状态和待修病害数据等。此外，也可根据检查数据显示系统运算出的该网格的病害率、病害密集度、病害重复度等指标结果。

### 2. 设备状态分析

以宁杭高速铁路 219.2 ~ 219.4 km 网格单元为例（图 6—26），可将网格的

**路基 路基排水 病害信息**

***问题基本信息***

问题类别：路基排水　　线 名：宁杭高铁　　行 别：下　　里 程：12.6

问题描述：排水沟不畅，积水

要求整改措施：修整

整改期限：20130228　　责任单位：中铁4局　　管理单位：南京桥工段

***整改前问题照片及示意图***

***整改后设备照片及整改示意图***

图 6—23　病害详细信息

TQI 数据、轨检车超限数据、动检车超限数据、维修数据、病害率、病害密集度、病害重复度、沉降观测数据、通过总重等数据按时间序列进行统计分析。如表格显示了宁杭高速铁路联调联试期间历次轨道动态不平顺检测数据，描述这些检测数据的字段细化到检测日期、TQI、轨距、水平、三角坑、左轨向、右轨向、左高低、右高低等。

根据图 6—26 中所统计的 TQI 统计数据，系统可生成检测出的 TQI 随时间的变化趋势图（图 6—27），其中横轴代表时间，纵轴代表 TQI 值，图中蓝色圆点表示该网格在某一时刻的 TQI 值，绿色三角形表示该网格在某一时刻进行了轨道精调维修。

3. 可靠性指标计算及维修周期预测

通过积累的大量网格及设备属性数据，可拟合其个性化的寿命分布模型，计算出

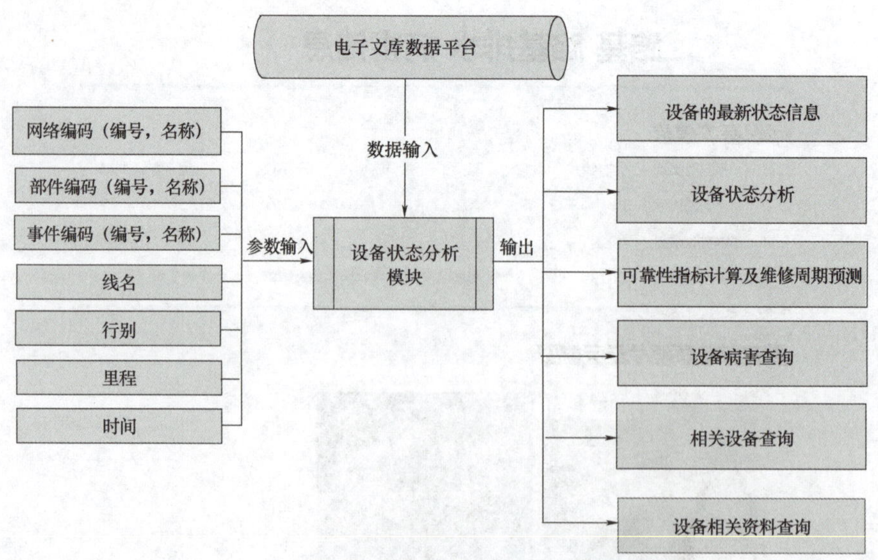


图 6—24　设备状态分析模块输入输出图

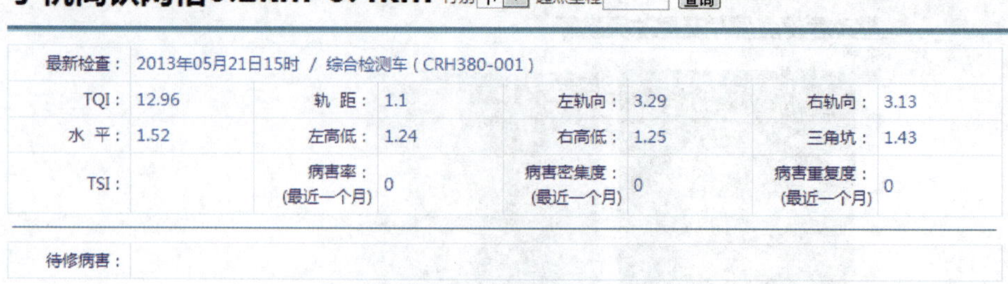


图 6—25　网格最新状态信息

| 检查日期 | TQI | 轨距 | 左轨向 | 右轨向 | 水平 | 左高低 | 右高低 | 三角坑 |
|---|---|---|---|---|---|---|---|---|
| 20130311 | 2.81 | 0.41 | 0.46 | 0.33 | 0.29 | 0.47 | 0.49 | 0.39 |
| 20130310 | 2.76 | 0.34 | 0.39 | 0.28 | 0.29 | 0.46 | 0.49 | 0.39 |
| 20130301 | 4.21 | 0.7 | 0.8 | 0.91 | 0.37 | 0.42 | 0.57 | 0.51 |
| 20130312 | 2.75 | 0.42 | 0.41 | 0.31 | 0.29 | 0.44 | 0.5 | 0.39 |
| 20130313 | 2.96 | 0.4 | 0.34 | 0.41 | 0.34 | 0.51 | 0.5 | 0.47 |
| 20130312 | 2.75 | 0.42 | 0.41 | 0.31 | 0.29 | 0.44 | 0.5 | 0.39 |
| 20130315 | 2.57 | 0.32 | 0.38 | 0.28 | 0.28 | 0.46 | 0.47 | 0.37 |
| 20130313 | 2.72 | 0.35 | 0.44 | 0.29 | 0.29 | 0.46 | 0.51 | 0.38 |
| 20130313 | 2.72 | 0.35 | 0.44 | 0.29 | 0.29 | 0.46 | 0.51 | 0.38 |
| 20130314 | 2.59 | 0.36 | 0.42 | 0.31 | 0.26 | 0.45 | 0.46 | 0.32 |



图 6—26　宁杭高速铁路 219. 2 ~219. 4 km 网格单元 TQI 数据表

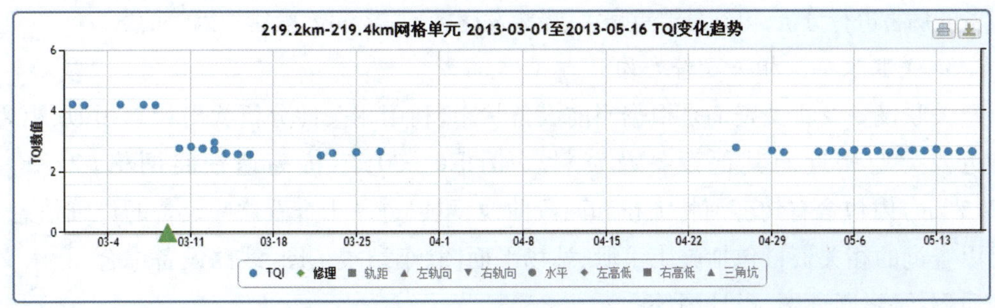


图 6—27　宁杭高速铁路 219. 2 ~219. 4 km 网格单元 TQI 趋势图

网格及部件的各种可靠性指标(首次病害前平均时间、平均可用度、平均病害次数等),绘制状态变化趋势图,并对维修周期进行预测。图 6—28 是可靠性指标及维修周期预测功能界面的示例,因为系统对每个网格都建立了独立的的计算模型(根据历史数据所生成),指标为空时,表示数据不足,尚不能进行系统分析;图 6—28 右边是通过分布模型和大量数据分析得出的网格未来 TQI 的变化趋势,管理者可识别该网格的 TQI 在未来何时将达到临界点,为修理决策提供依据。

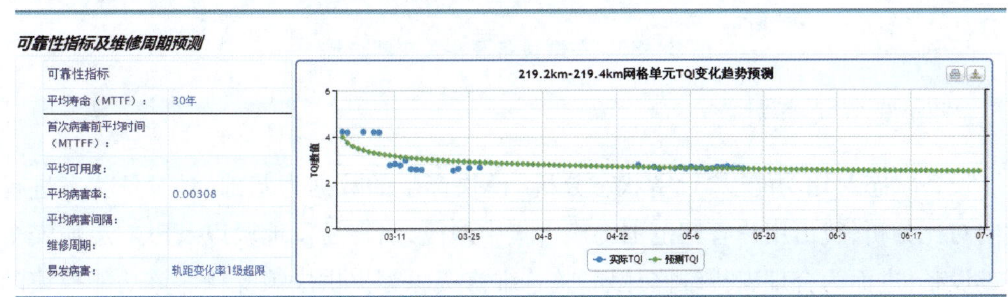


图 6—28　可靠性指标及维修周期预测

4. 设备病害查询

该功能可查询选定设备的全部病害历史信息,并对这些病害进行统计分析,统计出该设备的最严重病害、最频发病害、影响运营安全的关键设备以及病害原因分析等。如图 6—29 显示的是网格的病害信息,包括问题编号、问题类别、问题描述等信息,据此可以对

设备病害　起始日期：2013-03-01　终止日期：2013-10-13　查询

病害历史　病害分析

22.0km-22.2km网格单元 2013-03-01至2013-10-13 病害历史

| 问题编号 | 问题类别 | 线名 | 行别 | 里程 | 发现时间 | 问题描述 | 整改措施 | 整改期限 | 责任 |
|---|---|---|---|---|---|---|---|---|---|
| 1581941 | 轨距变化率 | 宁杭高铁 | 下 | | | 轨距变化率: .85 | | | |
| 1582281 | 轨距变化率 | 宁杭高铁 | 下 | | | 轨距变化率: .85 | | | |
| 1597305 | 右高低 | 宁杭高铁 | 下 | | | 右高低: -3.15 | | | |
| 1597306 | 右高低 | 宁杭高铁 | 下 | | | 右高低: -3.32 | | | |
| 1588811 | 三角坑 | 宁杭高铁 | 下 | | | 三角坑: 3.1 | | | |

第 1页 | 每页 50 条 | 导出Excel　　第 1 - 5条, 共 1页 5条数据

图 6—29　设备病害信息

设备的病害进行分析,得到最严重病害、最频发病害、关键部位、病害原因等信息。

5. 关联设备及相关资料查询

关联设备及相关查询是根据当前设备状态,利用相关性分析找出状态相似、距离相近或类型相近的其他设备及资料。如图 6—30,宁杭高速铁路网格(22.0 ~ 22.2 km)内包含有句容河特大桥和两段曲线,可以进一步查看这些设备的详细信息;可以查询的相关资料包括施工手册、站场平面图、车站竣工图、线路设备综合图、水文地质图、平纵断面图、设计图等。

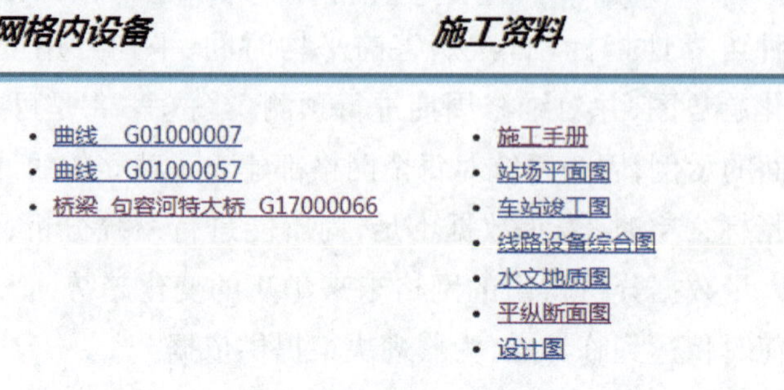


图 6—30 关联设备及相关资料查询

## (四)设备状态对比

设备状态对比功能以“设备状态分析”模块产生的数据为基础,对设备状态进行横向对比分析,找出用户管辖范围内病害集中地段,病害易发地段以及影响运输安全关键设备,进而为合理安排维修计划、整合维修资源等提供决策支持。该功能模块的输入输出如图 6—31 所示。

设备状态对比功能具体包括两方面。

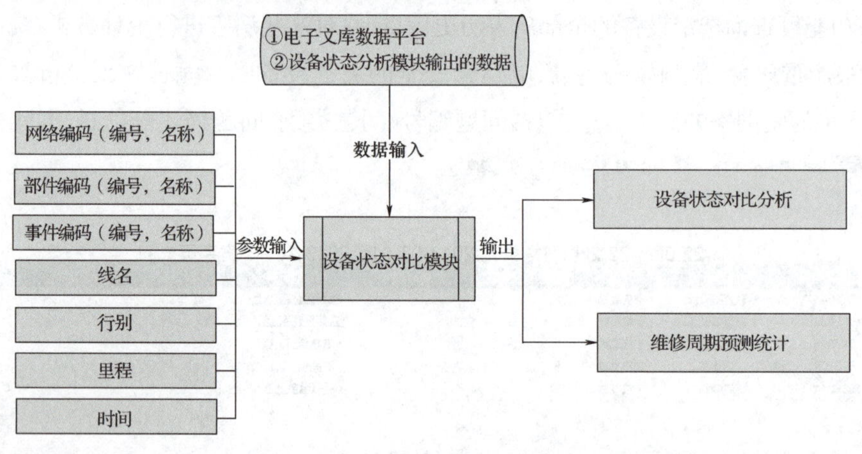


图 6—31 设备状态对比模块输入输出图

1. 设备状态对比分析

设备状态对比分析主要是以线名、行别和截止日期为维度，按照不同的衡量指标（如病害率、病害密集度、病害重复度等），将全线设备状态由“坏”到“好”排序（如网格排序、公里排序、道岔排序、曲线排序、桥梁排序、隧道排序、路基排序和信号机排序等），可找出各类设备中状态最差的设备。此外，在查询结果页面中，通过设备编码链接，可进入对应设备的状态分析功能模块和电子文库功能模块。

宁杭高速铁路网格状态对比排序的页面如图6—32所示，可通过选择排序指标和名次数对网格进行排序，排序结果以表格形式呈现，名次越小代表状态越差；同时，通过页面链接可对病害详情进行查询。公里排序和曲线排序状态对比分析的查询页面如图6—33和图6—34所示。

2013-05-31网格状态对比排序

| 名次 | 网格编码 | 定位查询 | 里程（KM） | 排序指标 | 病害查询 |
|---|---|---|---|---|---|
| 1 | 3026102515 | 定位 | 251.8 | 16.7 | 病害详情 |
| 2 | 3026102514 | 定位 | 251.8 | 16.7 | 病害详情 |
| 3 | 3026102513 | 定位 | 251.6 | 13.88 | 病害详情 |
| 4 | 3026102514 | 定位 | 251.6 | 13.88 | 病害详情 |
| 5 | 3026102513 | 定位 | 251.4 | 9 | 病害详情 |
| 6 | 3026102512 | 定位 | 251.4 | 9 | 病害详情 |
| 7 | 3026102512 | 定位 | 251.2 | 6.6 | 病害详情 |
| 8 | 3026102511 | 定位 | 251.2 | 6.6 | 病害详情 |
| 9 | 3026102503 | 定位 | 250.6 | 5.37 | 病害详情 |
| 10 | 3026102504 | 定位 | 250.6 | 5.37 | 病害详情 |

图6—32　网格状态分析

2013-05-31公里状态排序

| 名次 | 公里编码 | 定位查询 | 里程 | 排序指标 | 病害查询 |
|---|---|---|---|---|---|
| 1 | GL30260251 | 定位 | 251 | 122 | 病害详情 |
| 2 | GL30260000 | 定位 | 0 | 61 | 病害详情 |
| 3 | GL30260003 | 定位 | 3 | 0 | 病害详情 |
| 4 | GL30260004 | 定位 | 4 | 0 | 病害详情 |
| 5 | GL30260005 | 定位 | 5 | 0 | 病害详情 |
| 6 | GL30260006 | 定位 | 6 | 0 | 病害详情 |
| 7 | GL30260007 | 定位 | 7 | 0 | 病害详情 |
| 8 | GL30260008 | 定位 | 8 | 0 | 病害详情 |
| 9 | GL30260009 | 定位 | 9 | 0 | 病害详情 |
| 10 | GL30260010 | 定位 | 10 | 0 | 病害详情 |

图6—33　公里状态对比分析

全线设备状态对比分析 ◉上行 ○下行 截止日期：2013-05-31

网格排序 | 公里排序 | 道岔排序 | 曲线排序 | 桥梁排序 | 隧道排序 | 路基排序 | 涵渠排序

曲线排名最差10名 最差 10 名 ◉病害率 ○病害密集度 ○病害重复度 ○沉降 查询

2013-05-31曲线状态排序

| 名次 | 曲线编码 | 定位查询 | 起点里程 | 终点里程 | 排序指标 | 病害查询 |
|---|---|---|---|---|---|---|
| 1 | G01000001 | 定位 | 0.17931 | 2.2772 | 0 | 病害详情 |
| 2 | G01000002 | 定位 | 3.03251 | 5.63665 | 0 | 病害详情 |
| 3 | G01000003 | 定位 | 6.20586 | 7.0833 | 0 | 病害详情 |
| 4 | G01000004 | 定位 | 8.69842 | 9.71378 | 0 | 病害详情 |
| 5 | G01000005 | 定位 | 11.38346 | 12.96254 | 0 | 病害详情 |
| 6 | G01000006 | 定位 | 15.15106 | 16.80215 | 0 | 病害详情 |
| 7 | G01000007 | 定位 | 18.89551 | 20.43042 | 0 | 病害详情 |
| 8 | G01000008 | 定位 | 25.29929 | 26.9651 | 0 | 病害详情 |
| 9 | G01000009 | 定位 | 29.96448 | 33.22326 | 0 | 病害详情 |
| 10 | G01000010 | 定位 | 35.26533 | 38.12951 | 0 | 病害详情 |

第 1 页 | 每页 10 条 | 导出Excel | 第 1-10条, 共 1页 10条数据

图 6—34　曲线状态对比分析

2. 维修周期预测统计

根据设备状态分析模块中构建的每个设备状态变化规律模型，可预测出未来每年需要维修的设备。如根据网格化管理系统预测，宁杭高速铁路 2014 年需要维修的设备如图 6—35 所示。

维修周期预测统计

维修周期预测 ◉2014 ○2015 ○2016 查询

2014年维修周期预测

| 序号 | 设备类型 | 设备编号 | 设备名称 | 里程 | 维修时间 | 平均寿命 |
|---|---|---|---|---|---|---|
| 1 | 钢轨 | GG030032 | K14,2# | 14 | 2015-05-05 | 2 |
| 2 | 钢轨 | GG030052 | K24,2# | 24 | 2015-05-05 | 2 |
| 3 | 钢轨 | GG030072 | K44,2# | 44 | 2015-05-05 | 2 |
| 4 | 钢轨 | GG030082 | K54,2# | 54 | 2015-05-05 | 2 |
| 5 | 钢轨 | GG030122 | K64,2# | 64 | 2015-05-05 | 2 |
| 6 | 道岔 | GG040052 | 句容西4# | 33 | 2015-05-06 | 1 |
| 7 | 道岔 | GG040032 | 句容西7# | 35 | 2015-05-06 | 1 |
| 8 | 道岔 | GG040024 | 句容西9# | 39 | 2015-05-06 | 1 |

第 1 页 | 每页 10 条 | 导出Excel | 第 1-8条, 共 1页 8条数据

图 6—35　维修周期预测

## (五)系统维护管理

系统维护管理主要是对网格管理信息系统进行管理，包括组织机构管理、用户管理、权限管理等功能。系统管理员可通过维护组织机构、用户和分配用户权限，保证用户根据业务需要正常有序使用系统。

1. 组织机构管理

组织机构管理要求结合单位实际业务，在系统中划分对应的组织机构。上海铁路局高速铁路网格化管理系统中的组织机构管理图设定如图6—36所示，可以对组织机构名称、显示顺序、类型、标志等信息进行维护。

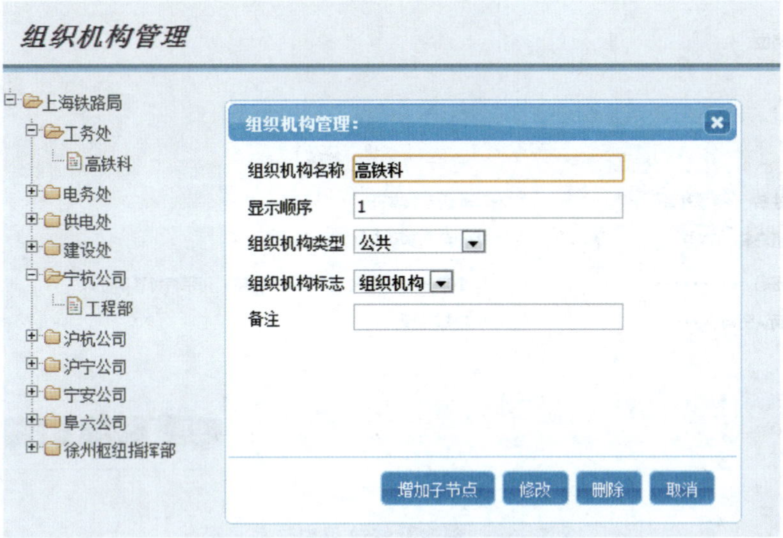

组织机构管理

上海铁路局
- 工务处
  - 高铁科
- 电务处
- 供电处
- 建设处
- 宁杭公司
  - 工程部
- 沪杭公司
- 沪宁公司
- 宁安公司
- 阜六公司
- 徐州枢纽指挥部

组织机构管理：

| 组织机构名称 | 高铁科 |
| --- | --- |
| 显示顺序 | 1 |
| 组织机构类型 | 公共 |
| 组织机构标志 | 组织机构 |
| 备注 | |

增加子节点　修改　删除　取消

图6—36　组织机构管理图

2. 用户管理

用户管理是通过对用户的组织机构、岗位、姓名、密码等基本信息的管理以及用户状态的控制，对用户进行严格的管理，保证系统信息完整和正确性、安全性。授权的用户应按照自己的用户名和密码登录系统，在权限范围内进行操作。上海铁路局高速铁路网格化管理系统用户管理界面如图6—37、图6—38所示。

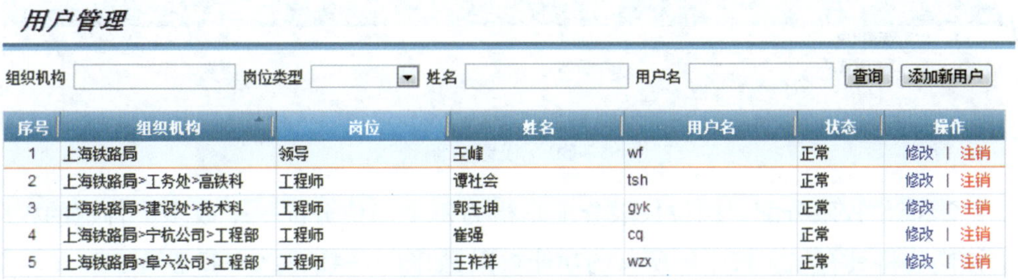

用户管理

组织机构　岗位类型　姓名　用户名　查询　添加新用户

| 序号 | 组织机构 | 岗位 | 姓名 | 用户名 | 状态 | 操作 |
| --- | --- | --- | --- | --- | --- | --- |
| 1 | 上海铁路局 | 领导 | 王峰 | wf | 正常 | 修改 ǀ 注销 |
| 2 | 上海铁路局>工务处>高铁科 | 工程师 | 谭社会 | tsh | 正常 | 修改 ǀ 注销 |
| 3 | 上海铁路局>建设处>技术科 | 工程师 | 郭玉坤 | gyk | 正常 | 修改 ǀ 注销 |
| 4 | 上海铁路局>宁杭公司>工程部 | 工程师 | 崔强 | cq | 正常 | 修改 ǀ 注销 |
| 5 | 上海铁路局>阜六公司>工程部 | 工程师 | 王祚祥 | wzx | 正常 | 修改 ǀ 注销 |

图6—37　用户管理界面图

图 6—38　创建及修改用户信息界面

3. 权限管理

为了保证系统用户认证管理及权限分配具有较好的安全性和可扩展性，应通过权限分组、岗位权限分配、用户岗位设置 3 个步骤来进行权限管理。

（1）权限分组。上海铁路局高铁网格化管理系统分为普通用户组和系统管理员组，权限分组管理如图 6—39 所示，权限组授权设置如图 6—40 所示。

**权限分组管理**

权限组名称 [　　　] 查询　添加新权限组

| 序号 | 权限组名称 | 状态 | 操作 |
| --- | --- | --- | --- |
| 1 | 普通用户 | 正常 | 修改 \| 注销 |
| 2 | 系统管理员 | 正常 | 修改 \| 注销 |

图 6—39　权限分组管理

（2）岗位权限分配。岗位权限分配是指为每个岗位分配一个或多个合适的权限组，该岗位将具有相应权限组所有的功能权限，如图 6—41、图 6—42 所示。

（3）用户岗位设置。用户岗位设置是根据高速铁路网格化管理业务需要，在创建用户时，将其分配到合适的岗位，则该用户具备系统中岗位所具有的权限，用户岗位设置如图 6—38 所示。

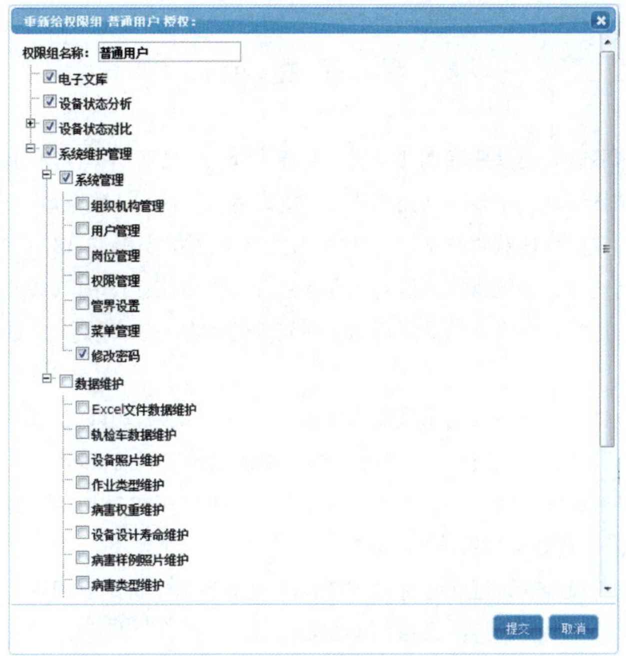


图 6—40　权限组授权设置

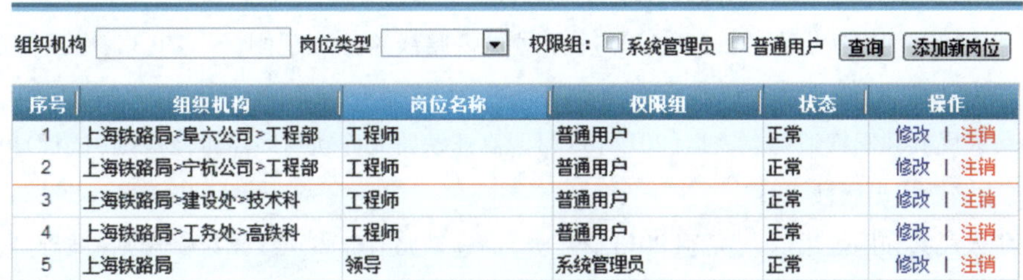


| 序号 | 组织机构 | 岗位名称 | 权限组 | 状态 | 操作 |
|---|---|---|---|---|---|
| 1 | 上海铁路局>阜六公司>工程部 | 工程师 | 普通用户 | 正常 | 修改 \| 注销 |
| 2 | 上海铁路局>宁杭公司>工程部 | 工程师 | 普通用户 | 正常 | 修改 \| 注销 |
| 3 | 上海铁路局>建设处>技术科 | 工程师 | 普通用户 | 正常 | 修改 \| 注销 |
| 4 | 上海铁路局>工务处>高铁科 | 工程师 | 普通用户 | 正常 | 修改 \| 注销 |
| 5 | 上海铁路局 | 领导 | 系统管理员 | 正常 | 修改 \| 注销 |

图 6—41　岗位管理

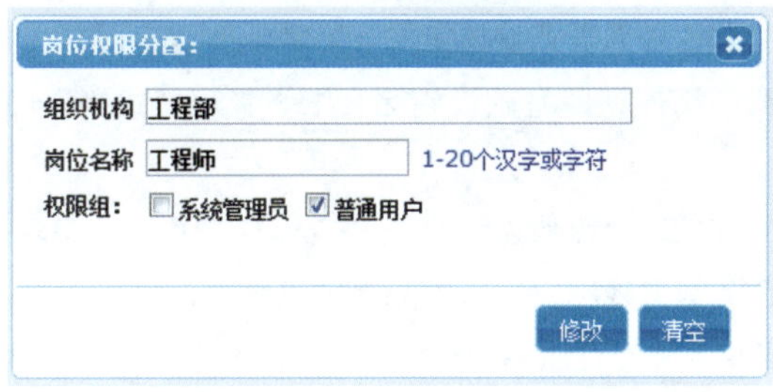


图 6—42　岗位权限分配

# 参 考 文 献

[1]王峰,姚建伟,张骏. 高速铁路联调联试管理与技术[M]. 北京:中国铁道出版社,2013.

[2]中华人民共和国铁道部. 中长期铁路网规划(2008 年调整)[J]. 铁道知识,2008(6):4-7.

[3]何华武. 创新的中国高速铁路技术[J]. 中国工程科学,2007(10):4-18.

[4]程先东. 中国高速铁路系统集成方法与工程实践[J]. 中国铁路,2010(12):38-41.

[5]孙启鹏,冯雪松,边凯. 日本高速铁路运营组织管理的借鉴与思考[J]. 交通运输系统工程与信息,2011(5):11-16.

[6]杜欣. 我国高速铁路运营概况与未来需求展望[J]. 中国铁路,2011(1):31-33,39.

[7]赵吉山,肖贵平. 铁路运输安全管理[M]. 北京:中国铁道出版社,1999.

[8]康高亮. 高标准讲科学不懈怠全面推进工务工作深入发展—在 2010 年全路工务工作会议上的讲话(摘要)[J]. 中国铁路,2010(2):16-21.

[9]康高亮. 推进安全风险管理强化工务基础建设实现工务工作科学发展—在全路工务工作会议上的讲话(摘要)[J]. 中国铁路,2013(1):23-29.

[10]康高亮. 建立高铁维修管理体系加强安全基础建设管理推进工务工作全面发展—在 2011 年全路工务工作会议上的讲话(摘要)[J]. 中国铁路,2011(2):16-21,33.

[11]康高亮. 强化安全基础建设提高工务管理水平开创工务工作新局面—在全路工务工作会议上的讲话(摘要)[J]. 中国铁路,2012(1):10-15.

[12]中华人民共和国铁道部. 铁运〔2006〕146 号 铁路线路修理规则[S]. 北京:中国铁道出版社,2006.

[13]中华人民共和国铁道部. 铁运〔2012〕83 号 高速铁路无砟轨道线路维修规则(试行)[S]. 北京:中国铁道出版社,2012.

[14]中华人民共和国铁道部. 铁运〔2013〕29 号 高速铁路有砟轨道线路维修规则(试行)[S]. 北京:中国铁道出版社,2013.

[15]朱洪波. 浅谈高速铁路的综合维修设计[J]. 科技信息,2012(9):337-338.

[16]中华人民共和国铁道部. 铁路营业线施工安全管理办法[M]. 北京:中国铁道出版社,2012.

[17]马良民,顾建华. 我国高速铁路基础设施综合维修管理模式探讨[J]. 铁道标准设计,2011(7):18-21.

[18]朱洪波. 浅谈高速铁路的综合维修设计[J]. 科技信息,2012(9):337-338.

[19]IBM 商业价值研究院. 智慧地球[M]. 北京:东方出版社,2009.

[20]聂建伟. 基于软件 Q4 的海洋石油 FPSO 设备全生命周期管理[D]. 天津:天津大学,2007.

[21]J. Lee,J. Niet al. Intelligent Prognostics Tools and T-maintenance[J]. Computers in Industry,2006(6):476-489.

[22]ChangK. Introduction to Geographic Information Systems[M]. New York: McGraw-Hill,2010.

[23]FGDC. United States National Grid[S]. FGDC-STD-011-2001. 2011.

[24]阎耀军．城市网格化管理的特点及启示[J]．城市问题,2006(2):76-79.
[25]陈平．北京东城区城市管理新模式[J]．地球信息科学,2006(3):1-6.
[26]陈平．依托数字城市技术创建城市管理新模式[J]．中国科学院院刊,2005(3):220-222.
[27]中华人民共和国建设部．CJ/T 215—2005　城市市政综合监管信息系统地理编码[S]．北京:中国标准出版社,2005.
[28]李琦,等．基于不规则网格的城市管理网格体系与地理编码[J]．武汉大学学报(信息科学版),2005(5):408-411.
[29]铁四院(湖北)工程监理咨询有限公司．客运专线铁路工程检验批填写范例(含无砟轨道)[M]．北京:中国铁道出版社,2009.
[30]Rink D R, S. J. E.. Product Life Cycle Research: Literature Review[J]. Journal of Business Research,1979(3):219-242.
[31]肖保生．设备管理系统[M]．西安:西北工业大学出版社,1997.
[32]梅沁．江苏省电力公司电力生产设备管理流程再造—从全生命周期管理视角分析[D]．南京:东南大学,2009.
[33]赵涛,毛华,刘曙．设备管理理论体系与发展趋势[J]．工业工程,2001(4):1-4.
[34]燕鑫炜,朱映露．电气设备全周期生命管理[J]．北京电力高等专科学校学报(自然科学版),2012(7):360.
[35]胡煜,黄坤,李彦启．设备全生命周期管理方案刍议[J]．实验室研究与探索,2011(4):173-175.
[36]王金安,李少宁．发射场地面设施设备寿命评估及延寿方法研究[C]．中国宇航学会发射工程与地面设备专业委员会学术会议,2005.
[37]王磊．发电企业关键设备全生命周期风险分析及评价方法研究[D]．广州:广东工业大学,2009.
[38]张爱国．设备运行阶段风险管理研究[D]．天津:天津大学,2006.
[39]Zhanxia W, Yilun L. LCAM & Maintenance Cost Budget under ERP: Case of Shanghai Electric Power Company[C]//2010 2nd IEEE International Conference on Information and Financial Engineering. 2010:798-801.
[40]曹晓东．全生命周期设备管理信息建模与集成技术研究[D]．大连:大连理工大学,2005.
[41]孟小峰,慈祥．大数据管理:概念、技术与挑战[J]．计算机研究与发展,2013(1):146-169.
[42]IBM 全球企业咨询服务部．分析:大数据在现实世界的应用[Z]. IBM 公司,2013.
[43]王文健．轮轨滚动接触疲劳与磨损耦合关系及预防措施研究[D]．成都:西南交通大学,2008.
[44]刘玮,王红梅,肖青,等．物联网概念辨析[J]．电信技术,2010(1):5-8.
[45]孙其博,刘杰,黎彝,等．物联网:概念、架构与关键技术研究综述[J]．北京邮电大学学报,2010(3):1-9.
[46]龚健雅．地理信息系统基础[M]．北京:科学出版社,2001.
[47]龚健雅,高文秀．地理信息共享与互操作技术及标准[J]．地理信息世界,2006(3): 18-27.

[48]李德仁,等. 论空间数据挖掘和知识发现[J]. 武汉大学学报(信息科学版),2001(6):491-499.

[49]中华人民共和国建设部. CJ/T 214—2007 城市市政综合监管信息系统管理部件和事件分类、编码及数据要求[S]. 北京:中国标准出版社,2007.

[50]中华人民共和国建设部. CJ/T 213—2005 城市市政综合监管信息系统 单网格划分与编码规则[S]. 北京:中国标准出版社,2005.

[51]薛伟良. 基于用友系统中物料编码规则及存货分类规划[J]. 锻压装备与制造技术,2012(1):103-106.

[52]中华人民共和国国家质量监督检验检疫总局,中国国家标准化管理委员会. GB/T 13923—2006 基础地理信息要素分类与代码[S]. 北京:中国标准出版社,2006.

[53]汤国安,等. 地理信息系统教程[M]. 北京:科学出版社,2007.

[54]黄杏元,马劲松. 地理信息系统概论[M]. 第3版. 北京:高等教育出版社,2008.

[55]邬伦,刘瑜,马修军,等. 地理信息系统:原理、方法和应用[M]. 北京:科学出版社,2001.

[56]宋小冬,叶嘉安. 地理信息系统及其在城市规划与管理中的应用[M]. 北京:科学出版社,2001.

[57]吴信才. 空间数据库[M]. 北京:科学出版社,2012.

[58]余春红. 数据仓库及其相关技术综述[J]. 长江大学学报(自然科学版),2004(1):23-27.

[59]ChaudhuriS, DayalU. An Overview of Data Warehousing and OLAP Technology[J]. ACMSigmodrecord, 1997(1):65-74.

[60]Oracle 公司. Oracle 技术白皮书:数据整合[R]. 美国红木城:Oralle 公司,2004.

[61]铁道部运输局. 工务线路视频信息查询系统数据采集制作技术要求[S],2007.

[62]罗林,等. 轮轨系统轨道平顺状态的控制[M]. 北京:中国铁道出版社,2006.

[63]陈宪麦,等. 用于铁路轨道不平顺预测的综合因子法[J]. 中国铁道科学,2006(6):27-31.

[64]董肇君. 系统工程学原理[M]. 大连:大连交通大学出版社,1987.

[65]徐鹏. 铁路轨检车检测数据里程偏差修正模型及轨道不平顺状态预测模型研究[D]. 北京:北京交通大学,2013.

[66]Liu, R., P. Xu and F. Wang. Research on a Short-Range Prediction Model for Track Irregularity over Small Track Lengths[J]. Journal of Transportation Engineering,2010(12):1085-1091.

[67]Xu, P., et al. A Short-range Prediction Model for Track Quality Index[J]. Proceedings of the Institution of Mechanical Engineers, Part F: Journal of Rail and Rapid Transit, 2011(3):277-285.

[68]Xu, P., et al. A Novel Description Method for Track Irregularity Evolution[J]. International Journal of Computational Intelligence Systems,2011(6):1358-1366.

[69]伊承贵,刘仍奎. 建设中国数字铁路的理论和技术研究[J]. 铁路计算机应用,2001(8):35-38.

[70]刘中新,朱慧丽,陈正洪. 京九铁路江淮段降水型路基坍塌的地质、降水条件分析[J]. 岩土力学,2010(10):3254-3259,3264.

[71]朱大奇,于盛林. 基于知识的故障诊断方法综述[J]. 安徽工业大学学报(自然科学版),2002(3):197-204.

[72]陈玉林,陈允平,孙金莉,等. 电网故障诊断方法综述[J]. 中国电力,2006(5):27-31.

[73]曹晋华,程侃. 可靠性数学引论[M]. 北京:高等教育出版社,2012.

[74]詹刚,许玉德,周宇. 重载铁路曲线钢轨型面的发展规律分析[J]. 石家庄铁道大学学报(自然科学版),2012(4):72-76.

[75]British-Standards-Institute. BS7543 Guide to Durability of Buildings and Building Elements, Products and Components[S]. London: British Standards Institute, 1999.

[76]CEB. Design Guide for Durable Concrete Structures[M]. London: Thomas Telford,1992.

[77]王立超. 系统可用度匹配化分析与设计[D]. 南京:南京理工大学,2008.

[78]Kyte T. Expert Oracle Database Architecture: Oracle Database 9i, 10g, and 11g Programming Techniques and Solutions, Second Edition[M]. New York: Apress, 2010.

[79]Burleson D. High Performance Oracle Database Applications[M]. Arizona: Coriolis Group,1999.

[80]埃克尔. Java 编程思想[M]. 第 4 版. 北京:电子工业出版社,2011.

[81]Liang Y. D. Java 语言程序设计[M]. 北京:机械工业出版社,2011.

# 附　　录

# 上海铁路局会议纪要

（23）

上海铁路局办公室（党委办公室）　　2011 年 3 月 25 日

## 京沪高铁联调联试专业管理与技术创新工作会议纪要

2011 年 3 月 21 日，路局王峰常务副局长在南京组织召开京沪高铁联调联试专业管理与技术创新专题工作会议，路局安监室，运输、机务、车辆、工务、电务、建设处，上海机务段等部门和单位负责人员参加会议。会议对京沪高铁前阶段联调联试及综合试验工作进行了总结，研究、确定了下阶段试验安排及重点工作，王峰常务副局长就进一步加强联调联试专业管理和技术创新工作进行了部署并提出要求。现将有关会议内容纪要如下。

一、充分认识在京沪高铁联调联试中加强专业管理和技术创新活动的重要意义。京沪高铁是目前世界上一次建成里程最长、建设标准最高、试验项目最多、运营速度最快的高速铁路，京沪高速铁路联调联试对提升我国高速铁路试验以及运营管理水平都具有重要意义。路局相关部门和单位要组织成立专门的领导小组，根据联调联试的整体安排和部署，按照“科学、严谨、精细、创新”的工作要求，立即着手开展工作，系统研究，探索规律，积累总结，并结合联调联试，培养储备一批高铁运营管理的拔尖人才，形成一套我局高铁联调联试和运行试验技术、管理体系以及系统的、行之有效的高铁运营维护、管理技术标准。

二、找准定位，确定方向。

各相关部门和单位要发挥好领导组织作用，系统组织、专业负责。工务专业要选取典型的曲线、道岔、线桥及特殊的结合部等建立研究区段，利用联调联试积累的大量数据，对动静态偏差的量化关系、扣件系统衰减规律、合理养修周期、偏差值标准及作业标准等进行分析研究。通信信号专业要针对不同速度级、不同区段、不同线型高速铁路的应答器安装方式、位置，列车高速运行下轨道电路的参数调整，RBC 与车载系统的连接等技术关键以及道岔信号系统的检查保养周期、管理制度等方面进行重点研究。运输调度组织要针对联调联试工作中的施工与计划组织方式、限制性的工程节点、相关系统的配套保障、试验行车组织优化等开展研究，制定固定化、标准化、区域化的管理模式和制度。车辆检修要根据车辆性能，针对不同车型，按照每车一档建档原则，建立故障处理问题库，分析不同车型、不同故障或相同故障、相同车型不同故障的检修处理规律；深入研究轮型变化对列车运行的影响，受电弓磨耗变化等规律。牵引供电专业要组织设备单位及施工单位人员技术力量，选取路基直线段、曲线段、分相区段等典型的接触网锚段以及 AT 所、分区所、箱变等建立研究体系，研究隧道出入口接触网的设置；要力争建立格式化的管理制度。机车运行操作要对不同车型、不同线路、不同环境条件下的机车操作建立固定、标准化的机车检查、试验及操作规程。安监部门要针对联调联试期间各项安全重点，深化“行车不施工，施工不行车”的安全理念，在安全管理层次、保障体系、流程等方面进行总结分析，建立系统的安全管理卡控模式。

三、建立高效的工作机制，充分发动各方资源。

1. 各专业处室及相关站段要立即成立工作小组，抽调精兵强将组建团队，发扬团体协作精神，建立现场作业、试验数据分析、成果研究的管理体系。各专业于 3 月 26 日前形成工作大纲，确定主题，明确节点，落实人员，确保有计划、有要求、有目标的开展工作。各专业技术创新成果 4 月中旬要形成初稿，5 月上旬报部审查，6月中旬申请部成果鉴定。各专业部门和单位每周要组织召开一次专题会议，全面分析总结阶段性工作，每周将工作开展内容上报联调联试指挥部。

2. 充分利用各方资源，找准理论研究方法。要充分发挥各设备管理单位和施工单位的专业特长，积极收集国内外各方面的新资料、新信息，充分利用联调联试各项检测资料，并发挥我局完成了多条高速铁路联调联试工作的优势，借鉴沪宁、沪杭高铁联调联试经验开展工作；要联合相关高校深入开展研究，深化理论，确保成果有深度，有指导作用。

3. 各专业部门和单位要高度重视，确保此项工作取得实效，在管理层面上要形成一整套创新、高效、标准化的管理制度体系，在技术层面上要立足实际，形成切实可行的技术、规章标准，为高速铁路的联调联试和运营提供经验，要确保取得重要成果。

附件：参加会议人员名单。

**附件：**

## 参加会议人员名单

| | |
|---|---|
| 路局常务副局长 | 王　峰 |
| 路局工务处 | 李传勇 |
| 路局电务处 | 吕永昌 |
| 路局运输处 | 周解群 |
| 路局建设处 | 张　骏 |
| 路局机务处 | 方海龙 |
| 路局车辆处 | 方前明 |
| 路局安监室 | 钱家辉 |
| 上海机务段 | 钱建庆 |

# 上　海　铁　路　局

上铁建函〔2011〕488号

## 关于加强京沪高铁上海段联调联试专业管理和技术创新工作的通知

为进一步加强京沪高铁联调联试安全管理，提高京沪高铁工程实体质量和运营管理水平，根据部批复《京沪高速铁路联调联试及运行试验大纲》的有关要求，现将加强京沪高铁联调联试专业管理和技术创新工作的有关要求通知如下，请认真贯彻执行。

**一、指导思想**

坚持“科学、严谨、精细、创新”的工作要求，坚持“科学管理、专业负责、过程控制、项项签认、设备评定”的工作方法，系统研究，探索规律，积累总结，形成一套高铁联调联试技术、管理的标准体系。

**二、工作目标**

（一）总体目标

实现京沪高铁上海局管段设备质量稳定可靠，按设计速度目标值一次性、全功能开通运营的目标；努力实现京沪高铁设备“一次成优，全线精品”的总体目标。

（二）具体目标

1. 通过专业管理，系统、全面的开展专项治理，及时整治影响联调联试及开通运营的设备质量和安全问题，系统完善，确保联调联试和运行试验以及正式开通运营安全。

2. 通过专业管理，结合试验数据，认真总结，及时系统分析、研究，探索设备变化规律，提供技术储备，完善高铁运营管理规章制度，有效指导高铁运营管理。

3. 通过专业管理和技术创新，建立先进的高铁运营管理理念，系统排查、整治设备质量，积累经验，锻炼培养高铁运营管理队伍，为高铁运营管理提供人才储备。

**三、组织机构**

1. 路局成立京沪高铁联调联试专业管理领导小组。

组　长：龙　京（路局局长）

副组长：王　峰（路局常务副局长）、侯文玉（路局副局长）、赵　峻（路局副局长）、池毓敢（路局副局长）、何胜利（路局副局长）

组　员：路局安监室，运输、机务、车辆、工务、电务、建设处，调度所相关人员；上海、杭州、蚌埠、徐州、阜阳、合肥、芜湖工务段，南京桥工段，上海维修基地，徐州、南京、上海电务段，上海通信段，徐州、南京、杭州供电段，徐州、蚌埠、南京、常州、苏州、上海站，合肥车辆段，上海动车客车段，徐州、南京东、上海机务段负责人；铁科院，相关车辆厂；京沪高铁相关设计、监理、施工单位。

职　责：研究、制定、部署京沪高铁联调联试专业管理和技术创新的工作重点及推进计划；协调解决京沪高铁联调联试专业管理过程中发现的重大问题，并组织部署、审定和落实整改；对专业管理工作进行督导检查，及时发现和解决过程中各专业需协调的问题。

2. 成立六个专业工作小组

（1）工程组工务

组　长：李传勇（工务处处长助理）

组 员:工务处相关人员,徐州、蚌埠、阜阳、合肥、芜湖、宁波、杭州、上海工务段,南京桥工段,上海客专维修基地,铁科院

(2)牵引供电组

组 长:张永健(机务处副处长)

组 员:机务处相关人员,徐州、南京、杭州供电段,铁科院,京沪高铁设计单位,中铁电化局

(3)通信信号组

组 长:吕永昌(电务处副处长)

组 员:电务处相关人员,徐州、南京、上海电务段,上海通信段,铁科院、通号公司

职 责:负责组织实施本专业工作重点和推进计划,解决专业管理中发现的重大问题,检查、督促、配合施工单位进行整改。组织相关专业人员、站段对现场设备精调、整治手段进行量化统计,对重点设备发现的问题进行梳理、整治,对试验数据进行具体分析,探索设备变化规律,形成系统的技术标准和工艺方法。

(4)动车运行组

组 长:方前明(车辆处处长助理),钱建庆(上海机务段副段长)

组 员:车辆处相关人员,合肥车辆段,徐州、南京东、上海机务段,铁科院,南车、北车集团

职 责:负责组织实施机车车辆设备质量检查、检修,制定机车车辆设备管理规定、操作规程。结合试验过程中机车车辆设备测试的问题进行梳理、总结,探索设备变化规律,并形成系统的技术标准和操作规程。对机车操作进行规律总结,形成机车运行标准化、固定化的操作流程。

(5)运输组织组

组 长:周解群(运输处处长助理)

组 员:运输处、调度所相关人员,徐州、蚌埠、南京、常州、苏州、上海站

职 责:负责每日运输计划的制定和审核,根据试验情况,动态组织、优化调整试验大纲项目及试验行车计划,处理试验中的行车调度问题。负责组织专业人员结合试验大纲对行车计划进行优化,根据试验情况,研究提高试验效率的运输组织计划,与铁科院共同研究相关试验共同搭载的可行性。

(6)安全管理组

组 长:钱家辉(安监室副主任)

组 员:路局安监室,监察大队,京沪高铁各施工单位

职 责:负责清道、安全确认等试验安全管理工作,对试验发生的安全问题分析处理;组织安监人员结合试验制定系统、全面的安全管理体系。

**四、工作重点**

1. 系统排查、整治,确保设备质量。重点包括:

(1)钢轨的焊缝质量、平顺性是否达标,轨道扣件扭矩、道岔相关配件的完整性、滑床板是否满足要求;桥梁支座是否存在装反、吊空及梁端遮板竖墙顶死等问题,桥梁沉降、徐变观测及资料是否达标;底座板裂纹是否贯通、是否存在破损,砂浆层厚度是否达标、砂浆层是否破损,轨道板承轨台是否完好、轨道板质量及外观是否达标,沉降变形观测设备、元件及观测资料是否齐全、达标;线路标志标记的安装及喷涂、声屏障和栅栏封闭、防抛网安装、排水孔和排水坡等设置是否符合要求;联络线、到发线的线路质量是否达标等。

(2)通信信号设备的实体质量是否达标;道岔连锁、信号地面应答器等相关电务设备质量,应答器的安装位置是否达标;列控系统相关软硬件设备质量是否无故障、无缺少;电务设备机房配备及相关设备设置质量是否满足运营需要;电缆是否存在裸露及同槽等问题。

(3)接触网精调、分相设置、支柱基础,电缆敷设、标示牌,是否符合要求;牵引变电所及其他相关设备机房质量是否满足功能使用要求;上跨和邻近接触网的地方相关线路、铁塔的电气安全距离是否满足要求并确认;对树木的砍伐和修剪状况进行检查,是否确保接触网供电安全。

(4)审查试验列车行车计划的合理性、可行性;审查行车组织是否满足试验大纲要求;检查试验质量、效率、项目、试验计划性。

(5)检查试验车、轨检车等试验用车检修质量;检查检修所及相关设备质量。把关检查列车检修质量和检修效率;检查车辆运行的操作。

(6)检查施工安全管理是否到位;施工作业、安全确认是否按要求执行;动车组、检测车开行前安全确认的落实;安全防护设施、大型机械(机具)使用、路料堆放等是否满足安全要求。

2. 系统分析、研究,提供技术储备。重点包括:

(1)结合试验过程中的设备精调,选择不同半径曲线、典型道岔、典型地段的轨道几何状态偏差,建立全过程问题库、数据库;组织专业技术人员对检测数据、波形图进行汇总分析,及时对轨道几何状态进行调整、统计、总结,提出偏差值对高速铁路轨道几何状态的影响规律。针对轨道几何状态对动车组动力学响应、轨道结构动力性能、道岔动力性能、路桥动力性能等测试发现的问题进行梳理,分析轨道几何状态偏差对动力学特性的影响,结合动力学检测数据,开展工电联整,从道岔框架尺寸不良及结构偏差分析引起动力学超限的原因,研究整治规律,调整方法;结合静态测量及精测数据,对静态偏差值与动态检测数据进行对比,分析静态偏差与动态超限之间的关系,研究偏差变化规律。

(2)结合试验过程中设备精调,选择重点车站、道岔、基站、应答器、轨道电路等,建立全过程设备变化动态跟踪,建立台账、问题库。从干扰类别、距离等方面分类汇总,对 GSM－R 存在的环境干扰问题,协调解决处理方案。对 GSM－R 系统试验中断、呼叫失败、频率干扰等问题分析原因,查找相对应的设备问题和影响范围,形成系统的经验材料;对应用业务测试中存在的调度台、车站呼叫,调度台信号功能,CTC 的动车组接受等问题进行研究分析,查找故障原因。探索 C2、C3 等系统调试、转换及开通中存在的影响因素,以及不同车型、不同车载系统与 C3 的兼容性问题,研究处理措施。

(3)结合设备精调,选择重点锚段、牵引变电所、AT 所、分区所、开闭所及软件系统等对设备变化动态跟踪,建立全过程台账、问题库。对拉出值超限,高差、硬点超标等数据进行分析,研究静态偏差对动态超限的影响,制定静态超限值的具体标准和作业标准;对弓网状态、检测数据进行汇总,对接触力平均值、离线试验、燃弧次数不达标等试验过程中检测出的问题进行分析,查找不同故障对应原因,指导故障处理;针对牵引供电测试中故障点与静态标定点存在偏差的问题,建立数据库,对比分析偏差产生原因和规律。

(4)结合试验运输计划,选取南京南、蚌埠南、徐州东等综合枢纽站和相关联络线、动车所,针对试验运行计划,建立台账,探索高效的调度、运输协调组织模式,故障处理应急措施。对联调联试中试验列车编组、运行组织,停放、列检等方案不断研究优化;根据试验完善联调联试的行车办法、运行指挥和协调制度,建立高效、简洁的行车调度制度;针对联调联试不同阶段设备条件,建立不同典型场景下的运输组织方式、列车调度方案、行车组织重点,形成较为系统的联调联试运输组织指导意见。

(5)选取 $CRH_2$、380AL、380BL 以及高速检测动车等不同车型,建立典型易发故障台账、问题库。全过程掌握和研究 $CRH_2$、380AL、380BL 以及高速检测动车等不同车型的故障规律;针对动车故障及检修特性,深入分析,从对不同车型、相同故障,相同车型、不同故障,形成有效的检修处置作业指导书,切实提高车辆检修的标准化和快速化;针对不同车型运行中的列检工作,研究列检重点、应急预案、故障预防等工作;针对 $CRH_2$、380AL、380BL 以及高速检测动车等不同车型、不同线路及速度区段,研究形成固定的操作规程,指导运营行车的标准化、规范化;针对不同车型、不同线路及速度区段的机车操作,研究并形成固定的操作规程,指导运营行车的标准化、规范化;结合选取的典型车型,探索行车检查及操作规律,形成系统的技术标准和检修工艺,以及合理的车辆检修保养周期。

(6)安全隐患、关键点的研究,施工作业、安全检查确认体系的建立,通道管理,试验速度管理确认制度的建立,施工机具的安全管理,安全保卫工作等。

(7)对联调联试发现的主要问题进行全面梳理,结合设备检查、测量及试验,建立典型的案例和试验段,对数据进行定性定量分析,研究、确定合理的检修周期和标准,探索设备变化规律,形成较为系统的技术标准和工艺方法,形成系统的联调联试各项管理制度。

3. 技术攻关重点。

(1)高速铁路工务设备检修周期与相关作业标准研究;

(2)运营过程中路基沉降对设备状态的影响及整治措施研究;

(3)车辆动力学响应与轨道整修的量化关系研究;

(4)运营状态下大胜关大桥检修模式研究;

(5)大胜关大桥伸缩器养护技术的研究;

(6)京沪、沪宁高铁共用GSM-R基站区段联调联试关键技术研究;

(7)联条联试期间高速道岔工作性能及整治措施研究;

(8)联调联试期间轨道电路状态变化规律研究;

(9)接触网紧固件扭力衰变规律研究;

(10)不同环境下接触网构件安全距离研究;

(11)联调联试期间综合调度管理体系的研究;

(12)联调联试试验组织与施工管理的匹配关系研究;

(13)联调联试期间行车组织一体化研究;

(14)车辆动力学响应与轮对修形的量化关系研究;

(15)新一代动车组检修技术标准体系研究;

(16)联调联试期间全方位安全评估体系研究;

(17)不同车型、不同线路、不同速度区段和不同运行时分条件下的动车操作规程研究。

**五、管理措施**

1. 严格工作机制

(1)路局京沪高铁上海段联调联试现场指挥部每日16:00在南京召开日例会,分析、总结当日联调联试的实施情况,各专业小组对当日存在的问题进行汇报分析,提出处理意见和整改措施。针对存在的问题,京沪高铁公司要确定相关主体责任单位,路局业务处室确定相关配合单位,各相关单位对问题整改情况在次日例会上进行报告,逐项销号。

(2)各专业小组每周要组织召开本专业专题会议,对阶段性的问题集中分析,确定专业研究内容,并每周将阶段进展情况、整理分析后的数据和指导性意见汇总上报联调联试指挥部。

(3)各专业小组针对存在的问题要加强与施工单位进行对接,安排专人督导整改,确保整改一处、合格一处。

(4)各专业小组之间要加强协调,对系统性的质量缺陷,组织专业的、系统的整治,避免问题的重复。

(5)各专业小组要按照“专业负责,专业包保”的原则,安排专业人员及时分析存在的问题,建立数据库,现场作业要形成定量统计,对作业量、作业后现场状态进行登记,每日报专业小组。

(6)京沪高铁公司要做好存在问题的整治和完善工作,制定推进计划,确保施工一处、达标一处、成优一处,会同施工、设备运营管理单位共同检查确认。

2. 严格时间节点

京沪高铁联调联试专业管理及技术创新工作分三个阶段实施,时间为2011年3月15日~4月30日。

第一阶段:全线徒步排查阶段(3月15日~4月10日)。各专业小组要根据路局统一布置,全面梳理,明确重点,每天归纳总结,形成问题库,并在日例会上汇报专业管理、专项整治情况,制定整改计划,落实整改责任人和整改期限,边排查,边整改,整改一项、销号一项,彻底整治、消除质量安全隐患。

第二阶段:系统完善阶段(3月15日~4月20日)。针对存在的问题,本着“服务运输,不给后期运营留遗憾”的原则,京沪高铁公司及相关设计、监理、施工单位要进行专题研究,路局各专业处室、相关设备运营管理单位深度参与,进行专业指导和督促,确保系统完善、一次达标。

第三阶段:分析总结阶段(4月20日~30日)。各专业小组要对联调联试中存在的问题认真分析,对工艺标准、经验、规律形成成果,指导接管运营。

3. 严格责任落实

为确保京沪高铁联调联试和运行试验专业管理取得实效,对专业管理存在的问题要从严要求,从严管理;在工作过程中要不留情面,不讲情面,不达标的坚决返工、坚决整改;对过程中不履职尽责的要严肃分析,并严格进行责任追究。

对施工单位纳入京沪高铁联调联试每日红、黄、白旗评比,对严重不履行责任的,路局将建议京沪高铁公司对责任人进行清退处理。对路局相关专业处室、设备运营管理单位的工作,纳入路局每月的安质效考核和年度考核。

六、有关要求

1. 加强领导，全面部署。各参试单位要按照联调联试指挥部的整体安排和部署，成立由主要领导任组长的专业管理领导小组，要按照“分工负责、落实包保、突出重点、全面整改”的原则，围绕各个环节和各项重点进行细化分解，组织制定切实可行的、周密的推进计划。

2. 抓住关键，举一反三。各单位要以“更加扎实、更加认真、更加细致”的工作要求落实专业管理，各参试单位要按照“工作高标准、管理更严格、作用全发挥、计划全落实、件件成精品、处处保安全”的要求，紧紧抓住各专业的关键工作，分管领导亲自带队，全员参与，逐项逐公里彻底排查。

3. 建立问题库，实行责任追究。各专业小组要制定统一表格，建立问题库；路局各专业处室要深入现场一线，检查专业管理落实情况，帮助解决实际问题。

4. 以我为主，逐项整改。各参试单位要紧紧盯住“一次成优，全线精品”的目标，本着“边查边改”的原则，以我为主，对专业管理中发现的问题要进行集中梳理，统一汇总分析，集中优势力量，全力围歼。要落实专业包保，专人负责，严格首查负责制，严格落实各单位整改责任人和整改期限，实行销号管理。路局各专业处室要按照职责分工，加强专业指导和督促，定措施，盯整改，迅速整治危及联调联试和运营的各类质量安全隐患，为联调联试和接管运营提供保障。

5. 深入开展系统研究，提供技术储备。各参试单位要根据本单位、本专业的实际情况，结合试验数据和存在的问题，成立由分管领导为组长的攻关小组，研究联调联试中设备变化规律，对问题整治前后的检测数据进行汇总，对整治方案、措施进行对比，研究科学合理的整治方案和措施，指导设备管理及运营；各业务处室分管领导要加强专业指导，针对确定的课题，亲自上手，落实专人负责，对相关数据资料整理归纳，形成我局联调联试期间各专业的技术标准、管理要点、规章制度和工艺标准。

二〇一一年四月四日

# 上 海 铁 路 局 文 件

上铁建〔2013〕172 号

## 上海铁路局关于宁杭、杭甬、沪杭引入、杭州枢纽联调联试期间建立设备电子文库实行网格单元化管理的通知

为进一步加强宁杭、杭甬、沪杭引入、杭州枢纽联调联试工作，不断提高设备质量，路局决定在联调联试期间对宁杭、杭甬、沪杭引入、杭州枢纽工程的工务、电务、供电、站房及客服等设备建立电子文库实行网格单元化管理。现将有关要求通知如下：

**一、总体要求**

坚持精益管理的理念，以专业管理、专业负责为原则，对宁杭、杭甬、沪杭引入、杭州枢纽所有设备开展划小单元检查、摄影、建档、存档，建立电子文库并实行网格单元化管理，全面掌握设备状态，研究探索设备变化规律，为科学养修提供依据、奠定基础。

**二、组织领导**

1. 路局成立宁杭、杭甬、沪杭引入、杭州枢纽设备电子建库实行网格单元化管理领导小组。

组 长：王 峰（路局常务副局长）、张 扬（杭甬客专公司总经理兼路局副局长）

副组长：何 晓（路局副总工程师）、高静华（杭甬客专公司常务副总经理）、周 钧（宁杭铁路公司总经理）、曹 阳（沪杭客专公司总经理）、许明来（杭州枢纽公司总经理）

组 员：程若斤（运输处副处长）、于东明（客运处副处长）、赵朝蓬（供电处副处长）、徐伟昌（工务处副处长）、周根火（电务处副处长）、何志超（建设处副处长）、谢芳敏（房生处副处长）、崔建岷（信息化处处长）。

主要职责：研究、制定、部署宁杭、杭甬、沪杭引入、杭州枢纽设备电子建库实行网格单元化管理工作重点和推进计划；对电子建库实行网格单元化管理工作进行督导检查，及时发现和解决各专业的重大问题。

2. 下设5个建立电子文库实行网格单元化管理专业组。

（1）工务组

组 长：徐伟昌（工务处副处长）

组 员：张志远（上海高铁维修段副段长）、黄安宁（南京桥工段副段长）、金祖敏（杭州工务段副段长）、黄传岳（宁波工务段副段长），工务处相关人员。

（2）电务组

组 长：周根火（电务处副处长）

组 员：刘 兵（上海高铁维修段副段长）、房 刚（南京电务段段长助理）、俞 可（杭州电务段副段长）、梅 靖（上海通信段副段长），电务处相关人员。

（3）供电组

组 长：赵朝蓬（供电处副处长）

组 员：金立荣（上海高铁维修段副段长）、刘建新（南京供电段副段长）、刘小平（杭州供电段段长助理），供电处相关人员。

(4)站房组

组 长:谢芳敏(土房处副处长)

组 员:汤玉成(南京房建段副段长)、楼文灿(杭州房建段副段长),杭州站、南京站、宁波车务段、嘉兴车务段分管站房设备的分管领导,土房处相关人员。

(5)客服组

组 长:于东明(客运处副处长)、崔建岷(信息化处处长)

组 员:余迎利(南京站副站长)、陆永泉(嘉兴车务段副段长)、杨汉裕(杭州站副站长)、陈　枫(宁波车务段副段长),客运处,信息化处相关人员。

主要职责:制定本专业设备电子文库实行网格单元化管理工作重点和推进计划,统一录入格式,组织专业人员对现场工程实体和设备质量进行小单元、全方位检查,利用数码相机等电子设备对设备状态进行摄影或摄像,并利用设备状态的各种图表、图片,整理、建立、保存各专业设备的电子文库。

**三、电子文库建档重点**

各专业组要按照精益管理的思路,按照网格化管理要求,划小单元,明确重点。

1. 工务专业要细化到每组道岔、每块轨道板、每个焊缝等。

重点:建立高铁道岔结构状态电子文库,详细记录每根岔枕位置上的硫化垫板、调高垫板、垫板螺栓、盖板、轨下橡胶垫板、轨下微调垫板、偏心套、T型螺栓、盖型螺帽、螺母、轨距块、弹条、平垫圈、顶铁、防跳装置、滚轮等状态参数;建立高铁线路零配件结构电子文库,详细记录螺旋道钉、平垫圈、绝缘轨距块、轨距挡板、弹条、轨下垫板、轨下微调垫板、铁垫板、弹性垫板、调高垫板等状态参数。

2. 电务专业要细化到每个基站、每个机房、每段光缆、每个信号机、每个铁塔、每组道岔连锁、每个转辙机、每个密贴检查器、每个中继站、每个地面应答器等。

重点:建立站场设备概况、道岔转换设备、信号机、轨道电路设备及附属设施、应答器设备、继电器设备、室内变压器设备、电源设备、UPS设备、微机联锁、列控中心、CTC、微机监测、室内外综合接地系统、防雷原件、室内外断路器等设备基础台账和状态台账,建立有源应答器端子对应表、室内外设备分线盘位置对照表、电力电缆与信号电缆交叉点等基础数据。

3. 供电专业要细化到每个接触网锚段、每个AT所、每个分区所、每个开闭所等。

重点:建立接触网管理单元设备包含接触悬挂、附加悬挂、支柱、中心锚结、绝缘关节、非绝缘关节、电分相、线岔、电连接、分段绝缘器、补偿装置、隔离开关、避雷器、硬横梁、吸上线、供电电缆、上跨桥、上跨电力线、轨旁设备、化学锚栓、隧道预埋件等基础数据和状态数据。建立各所进线高压设备、自耦变压器及附属设备、主变压器二次侧设备、所内设备、户外其他设备础数据和状态数据。

4. 站房专业要细化到每座站房、每个站台、每个雨棚、每个地道、每个天桥等。

重点:雨棚屋面、焊缝、吊顶板材、天桥玻璃栏板、天桥下照明灯具、综合接地、站台面标高、泄水孔、站台面铺装、地道内排水,地道内石材铺装、地道出入口等。

5. 客服专业要细化到每个站、每个终端等。

重点:建立机房、设备间(配线间)、安检设备、售票设备、检票设备、引导显示设备、监控设备、客服系统等设备的电子文库,详细记录相关设备的数量、品牌、型号、安装时间、安装位置和现场照片。

**四、实施阶段安排**

1. 资料收集阶段。2013年4月18日~4月28日,由各专业组牵头组织,抽调设备管理、建设、设计、施工、监理等单位人员,形成10个普查组,每组不少于10人,制定文档模板,开展现场普查,形成各专业系统标准电子文库数据源。

2. 资料整理阶段。2013年4月29日~5月15日,完成各专业系统标准录入,整理分析验收问题整改,评定设备状态,对所建电子文档进行评审、核对,初步形成各专业设备的电子文库。

3. 文库完善阶段。2013年5月16日~5月20日,各专业组系统分析设备电子文库,做好现场状态与文库资料的对比,经修改完善后形成各专业设备的电子文库。

4. 状态检查阶段。2013 年 5 月 21 日 ~6 月 20 日，在运行试验期间，做好设备状态每日、每周、每月的变化情况的检查和录入，形成设备状态变化情况数据源。

5. 状态评估阶段。2013 年 6 月 21 日 ~6 月 30 日，分析运行试验期间的设备状态变化规律，建立设备状态动态档案，研究形成关键设备的养修、操作和管理手册。

**五、有关要求**

1. 高度重视。各单位要高度重视宁杭、杭甬、沪杭引入、杭州枢纽工程设备电子文库建档实行网格单元化管理工作。当前要牢牢抓住联调联试期间的宝贵时间，科学组织，全力以赴做好设备专业电子文库建档工作，确保宁杭、杭甬、沪杭引入、杭州枢纽工程按期优质投入运营。

2. 坚持专业负责。各业务处室、站段要结合本专业实际，抽调业务最精湛的专业人员，组建一线优秀团队，扎实、认真、细致的进行电子文库建档工作。

3. 坚持样板引路。由各业务处室分管领导牵头，工务专业以杭甬高铁绍兴北站道岔整治为样板，电务专业以宁杭高铁南京南站联调联试为样板，供电专业以杭州枢纽相关杭州东站的联调联试为样板，房建专业以宁杭高铁宜兴站的联调联试（含保障配套）为样板，客服系统专业以宁杭高铁湖州站的联调联试为样板，制定标准电子文档样本，研讨完善后，全面推进宁杭、杭甬、沪杭引入、杭州枢纽工程各专业系统标准电子文库建档工作。

4. 严格录入标准。要针对各类管理单元，按照不同专业的管理特点，建立相应的电子文库。电子文库按基础状态记录和动态检查记录分类，每次巡视、保养、维修作业后，应及时按表记录，并与标准状态参数比较，与基础状态记录进行核对，对设备状态发生变化的应提出针对性措施并及时处理。

5. 严格责任落实。路局各专业处室和相关站段要深入现场，抓好具体工作的推进落实，对因工作不到位造成质量问题影响后期开通运营的，路局将对相关单位及人员严肃追究。

附件：1. 高速铁路线路零配件结构台账样表（WJ –7）
2. 高速铁路线路零配件结构台账样表（WJ –8）
3. 高速铁路焊缝记录表
4. 高速铁路道岔结构状态记录表
5. 高速铁路道岔设备基础记录表（S700K）
6. 高速铁路道岔设备基础记录表（ZD6）
7. 高速铁路信号机设备基础记录表
8. 高速铁路 ZPW2000 设备基础记录表
9. 高速铁路 ZPW2000-K 基础数据记录表
10. 高速铁路 3V 化 25 Hz 轨道电路设备基础记录表
11. 高速铁路轨道电路信号标志牌基础记录表
12. 高速铁路轨道电路道岔跳线及分支并联线基础记录表
13. 高速铁路轨道电路横向连接线、吸上线、回流线、回流断点基础记录表
14. 高速铁路应答器设备基础记录表
15. 高速铁路有源应答器端子对应记录表
16. 高速铁路继电器设备基础记录表
17. 高速铁路室内变压器设备基础记录表
18. 高速铁路电源设备基础记录表
19. 高速铁路 UPS 设备基础记录表
20. 高速铁路微机联锁设备基础记录表
21. 高速铁路列控中心设备基础记录表
22. 高速铁路 CTC 设备基础记录表
23. 高速铁路微机监测设备基础记录表
24. 高速铁路室外综合接地系统基础记录表
25. 高速铁路室内综合接地系统基础记录表

26. 高速铁路厢式机房综合接地系统基础记录表
27. 高速铁路防雷元件记录表
28. 高速铁路室内(外)断路器设备基础记录表
29. 高速铁路电力电缆与信号电缆交叉点基础记录表
30. 高速铁路接触网支柱记录表
31. 高速铁路所亭牵引设变电设备记录表
32. 高速铁路客服专业设备记录表
33. 高速铁路客站雨棚专业设备记录表

二〇一三年四月十九日

**附件 4：**

### 高速铁路道岔

日期：________车站：________ 行别、道岔编号、开向：________ 记录人：

| 岔枕号 | 硫化垫板 | | 调高垫板 | | 垫板螺栓 | | | | | | 盖板 | | | | | | 轨下橡胶垫板 | | | | 轨下微调垫板 | | | | 偏心套（直基本轨侧） | | | 偏心套（曲基本轨侧） | | | T型螺栓 | | | | | | | | 盖型 | | | |
|---|---|---|---|---|---|---|---|---|---|---|---|---|---|---|---|---|---|---|---|---|---|---|---|---|---|---|---|---|---|---|---|---|---|---|---|---|---|---|---|---|---|---|
| | 直基本轨下 | 曲基本轨下 | 直基本轨下 | 曲基本轨下 | 直基本轨侧 | | | 曲基本轨侧 | | | 直基本轨侧 | | | 曲基本轨侧 | | | 直基本轨下 | 曲尖轨下 | 直尖轨下 | 曲基本轨下 | 直基本轨下 | 曲尖轨下 | 直尖轨下 | 曲基本轨下 | 外 | 中 | 内 | 外 | 中 | 内 | 直基本轨 | | 曲尖轨 | | 直尖轨 | | 曲基本轨 | | 直基本轨 | | 曲尖轨 | |
| | | | | | 外 | 中 | 内 | 外 | 中 | 内 | 外 | 中 | 内 | 外 | 中 | 内 | | | | | | | | | 外内 | 外内 | 外内 | 外内 | 外内 | 外内 | 外侧 | 内侧 | 外侧 | 内侧 | 外侧 | 内侧 | 外侧 | 内侧 | 外侧 | 内侧 | 外侧 | 内侧 |
| 栏号 | 1 | | 2 | | 3 | | | | | | 4 | | | | | | 5 | | | | 6 | | | | 7 | | | 8 | | | 9 | | | | | | | | | | | |
| 1 | | | | | | | | | | | | | | | | | | | | | | | | | | | | | | | | | | | | | | | | | | |
| 2 | | | | | | | | | | | | | | | | | | | | | | | | | | | | | | | | | | | | | | | | | | |
| … | | | | | | | | | | | | | | | | | | | | | | | | | | | | | | | | | | | | | | | | | | |
| … | | | | | | | | | | | | | | | | | | | | | | | | | | | | | | | | | | | | | | | | | | |
| … | | | | | | | | | | | | | | | | | | | | | | | | | | | | | | | | | | | | | | | | | | |
| … | | | | | | | | | | | | | | | | | | | | | | | | | | | | | | | | | | | | | | | | | | |
| … | | | | | | | | | | | | | | | | | | | | | | | | | | | | | | | | | | | | | | | | | | |
| … | | | | | | | | | | | | | | | | | | | | | | | | | | | | | | | | | | | | | | | | | | |
| … | | | | | | | | | | | | | | | | | | | | | | | | | | | | | | | | | | | | | | | | | | |
| … | | | | | | | | | | | | | | | | | | | | | | | | | | | | | | | | | | | | | | | | | | |
| … | | | | | | | | | | | | | | | | | | | | | | | | | | | | | | | | | | | | | | | | | | |
| … | | | | | | | | | | | | | | | | | | | | | | | | | | | | | | | | | | | | | | | | | | |
| … | | | | | | | | | | | | | | | | | | | | | | | | | | | | | | | | | | | | | | | | | | |
| … | | | | | | | | | | | | | | | | | | | | | | | | | | | | | | | | | | | | | | | | | | |
| … | | | | | | | | | | | | | | | | | | | | | | | | | | | | | | | | | | | | | | | | | | |
| … | | | | | | | | | | | | | | | | | | | | | | | | | | | | | | | | | | | | | | | | | | |
| … | | | | | | | | | | | | | | | | | | | | | | | | | | | | | | | | | | | | | | | | | | |
| … | | | | | | | | | | | | | | | | | | | | | | | | | | | | | | | | | | | | | | | | | | |
| … | | | | | | | | | | | | | | | | | | | | | | | | | | | | | | | | | | | | | | | | | | |
| … | | | | | | | | | | | | | | | | | | | | | | | | | | | | | | | | | | | | | | | | | | |
| … | | | | | | | | | | | | | | | | | | | | | | | | | | | | | | | | | | | | | | | | | | |
| … | | | | | | | | | | | | | | | | | | | | | | | | | | | | | | | | | | | | | | | | | | |
| … | | | | | | | | | | | | | | | | | | | | | | | | | | | | | | | | | | | | | | | | | | |
| 133 | | | | | | | | | | | | | | | | | | | | | | | | | | | | | | | | | | | | | | | | | | |

注：1. 标准配置不填，其他的填变化过程；

2. 道岔单元定义为道岔及前后线路各 200 m，原则上一站四个大单元；

3. 第 2，6，11，14 栏为调查项目。其他的栏目记录状态或更换情况。

结构状态记录表

| 螺帽 | | | | 螺母 | | | | | | | | 轨距块 | | | | | | | | 弹条 | | | | | | | | 平垫圈 | | | | | | | | 顶铁 | | 防跳装置 | | 滚轮 | |
|---|---|---|---|---|---|---|---|---|---|---|---|---|---|---|---|---|---|---|---|---|---|---|---|---|---|---|---|---|---|---|---|---|---|---|---|---|---|---|---|---|---|
| 直尖轨 | | 曲基本轨 | | 直基本轨 | | 曲尖轨 | | 直尖轨 | | 曲基本轨 | | 直基本轨 | | 曲尖轨 | | 直尖轨 | | 曲基本轨 | | 直基本轨 | | 曲尖轨 | | 直尖轨 | | 曲基本轨 | | 直基本轨 | | 曲尖轨 | | 直尖轨 | | 曲基本轨 | | 直基本轨侧 | 曲基本轨侧 | 直基本轨侧 | 曲基本轨侧 | 直基本轨侧 | 曲基本轨侧 |
| 外侧 | 内侧 | 外侧 | 内侧 | 外侧 | 内侧 | 外侧 | 内侧 | 外侧 | 内侧 | 外侧 | 内侧 | 外侧 | 内侧 | 外侧 | 内侧 | 外侧 | 内侧 | 外侧 | 内侧 | 外侧 | 内侧 | 外侧 | 内侧 | 外侧 | 内侧 | 外侧 | 内侧 | 外侧 | 内侧 | 外侧 | 内侧 | 外侧 | 内侧 | 外侧 | 内侧 | 插片厚度 | 插片厚度 | | | | |
| 10 | | | | 11 | | | | | | | | 12 | | | | | | | | 13 | | | | | | | | 14 | | | | | | | | 15 | | 16 | | 17 | |
| | | | | | | | | | | | | | | | | | | | | | | | | | | | | | | | | | | | | | | | | | |
| | | | | | | | | | | | | | | | | | | | | | | | | | | | | | | | | | | | | | | | | | |
| | | | | | | | | | | | | | | | | | | | | | | | | | | | | | | | | | | | | | | | | | |
| | | | | | | | | | | | | | | | | | | | | | | | | | | | | | | | | | | | | | | | | | |
| | | | | | | | | | | | | | | | | | | | | | | | | | | | | | | | | | | | | | | | | | |
| | | | | | | | | | | | | | | | | | | | | | | | | | | | | | | | | | | | | | | | | | |
| | | | | | | | | | | | | | | | | | | | | | | | | | | | | | | | | | | | | | | | | | |
| | | | | | | | | | | | | | | | | | | | | | | | | | | | | | | | | | | | | | | | | | |
| | | | | | | | | | | | | | | | | | | | | | | | | | | | | | | | | | | | | | | | | | |
| | | | | | | | | | | | | | | | | | | | | | | | | | | | | | | | | | | | | | | | | | |
| | | | | | | | | | | | | | | | | | | | | | | | | | | | | | | | | | | | | | | | | | |
| | | | | | | | | | | | | | | | | | | | | | | | | | | | | | | | | | | | | | | | | | |
| | | | | | | | | | | | | | | | | | | | | | | | | | | | | | | | | | | | | | | | | | |
| | | | | | | | | | | | | | | | | | | | | | | | | | | | | | | | | | | | | | | | | | |
| | | | | | | | | | | | | | | | | | | | | | | | | | | | | | | | | | | | | | | | | | |
| | | | | | | | | | | | | | | | | | | | | | | | | | | | | | | | | | | | | | | | | | |
| | | | | | | | | | | | | | | | | | | | | | | | | | | | | | | | | | | | | | | | | | |
| | | | | | | | | | | | | | | | | | | | | | | | | | | | | | | | | | | | | | | | | | |
| | | | | | | | | | | | | | | | | | | | | | | | | | | | | | | | | | | | | | | | | | |
| | | | | | | | | | | | | | | | | | | | | | | | | | | | | | | | | | | | | | | | | | |
| | | | | | | | | | | | | | | | | | | | | | | | | | | | | | | | | | | | | | | | | | |
| | | | | | | | | | | | | | | | | | | | | | | | | | | | | | | | | | | | | | | | | | |

**附件 22：**

**高速铁路 CTC 设**

| 序号 | 线别 | 车站名称 | 设备概况 | | | 设备器材 | | | | | | | | | | | | | | | | | | | | | | | | | | | | 设备环境 | | | | | | | | |
|---|---|---|---|---|---|---|---|---|---|---|---|---|---|---|---|---|---|---|---|---|---|---|---|---|---|---|---|---|---|---|---|---|---|---|---|---|---|---|---|---|---|---|
| | | | 上道年月 | 采集机型号 | 生产厂家 | 机柜 | 双机切换板 | CPU板 | 通信板 | 电源板 | 交换机 | 路由器 | 2M通道协转 | 协转电源 | 传输电路质量监督系统 | 车务终端A | 车务终端B | 信号员终端A | 信号员终端B | 电务维修机 | 维修机显示器 | 维修机键盘/鼠标 | 视频切换器 | KVM延长器 | 机柜配电 | 电源防雷 | 通道防雷 | 值班员显示器 | 打印机 | 音箱 | 键盘 | 鼠标 | 控制台配电 | 取样点 | 联锁协议 | CTC协议 | CTC输入口 | 站号 | 路由器名1 | 路由器名2 | [1]loop0 | [2]loop0 |
| 1 | | | | | | | | | | | | | | | | | | | | | | | | | | | | | | | | | | | | | | | | | | |
| 2 | | | | | | | | | | | | | | | | | | | | | | | | | | | | | | | | | | | | | | | | | | |
| 3 | | | | | | | | | | | | | | | | | | | | | | | | | | | | | | | | | | | | | | | | | | |
| 4 | | | | | | | | | | | | | | | | | | | | | | | | | | | | | | | | | | | | | | | | | | |
| 5 | | | | | | | | | | | | | | | | | | | | | | | | | | | | | | | | | | | | | | | | | | |
| 6 | | | | | | | | | | | | | | | | | | | | | | | | | | | | | | | | | | | | | | | | | | |
| 7 | | | | | | | | | | | | | | | | | | | | | | | | | | | | | | | | | | | | | | | | | | |
| 8 | | | | | | | | | | | | | | | | | | | | | | | | | | | | | | | | | | | | | | | | | | |
| 9 | | | | | | | | | | | | | | | | | | | | | | | | | | | | | | | | | | | | | | | | | | |
| 10 | | | | | | | | | | | | | | | | | | | | | | | | | | | | | | | | | | | | | | | | | | |
| 11 | | | | | | | | | | | | | | | | | | | | | | | | | | | | | | | | | | | | | | | | | | |
| 12 | | | | | | | | | | | | | | | | | | | | | | | | | | | | | | | | | | | | | | | | | | |
| 13 | | | | | | | | | | | | | | | | | | | | | | | | | | | | | | | | | | | | | | | | | | |
| 14 | | | | | | | | | | | | | | | | | | | | | | | | | | | | | | | | | | | | | | | | | | |
| 15 | | | | | | | | | | | | | | | | | | | | | | | | | | | | | | | | | | | | | | | | | | |
| 16 | | | | | | | | | | | | | | | | | | | | | | | | | | | | | | | | | | | | | | | | | | |
| 17 | | | | | | | | | | | | | | | | | | | | | | | | | | | | | | | | | | | | | | | | | | |
| 18 | | | | | | | | | | | | | | | | | | | | | | | | | | | | | | | | | | | | | | | | | | |
| 19 | | | | | | | | | | | | | | | | | | | | | | | | | | | | | | | | | | | | | | | | | | |
| 20 | | | | | | | | | | | | | | | | | | | | | | | | | | | | | | | | | | | | | | | | | | |
| … | | | | | | | | | | | | | | | | | | | | | | | | | | | | | | | | | | | | | | | | | | |

备基础记录表

| IP 地址表 | | | | | | | | | | | | | | | | | | | | | | | | | | | | | | | | | | | | | |
|---|---|---|---|---|---|---|---|---|---|---|---|---|---|---|---|---|---|---|---|---|---|---|---|---|---|---|---|---|---|---|---|---|---|---|---|---|---|
| loop0掩码 | [1]loop0网络号 | [2]loop0网络号 | [1]F0/0 | [1]F0/1 | [2]F0/0 | [2]F0/1 | 掩码 | [1]网络号 | [2]网络号 | [1]广播地址 | [2]广播地址 | LIRCA机[1] | LIRCA机[2] | LIRCB机[1] | LIRCB机[2] | STPC1[1] | STPC1[2] | STPC2[1] | STPC2[2] | 维护机[1] | 维护机[2] | stprinterA(车务) | stprinterB(电务) | stsrA[1] | stsrA[2] | stsrB[1] | stsrB[2] | 控显A[1] | 控显A[2] | 控显B[1] | 控显B[2] | 防火墙A[1] | 防火墙A[2] | 防火墙B[1] | 防火墙B[2] | 通信质量监督[1] | 通信质量监督[2] |
| | | | | | | | | | | | | | | | | | | | | | | | | | | | | | | | | | | | | | |
| | | | | | | | | | | | | | | | | | | | | | | | | | | | | | | | | | | | | | |
| | | | | | | | | | | | | | | | | | | | | | | | | | | | | | | | | | | | | | |
| | | | | | | | | | | | | | | | | | | | | | | | | | | | | | | | | | | | | | |
| | | | | | | | | | | | | | | | | | | | | | | | | | | | | | | | | | | | | | |
| | | | | | | | | | | | | | | | | | | | | | | | | | | | | | | | | | | | | | |
| | | | | | | | | | | | | | | | | | | | | | | | | | | | | | | | | | | | | | |
| | | | | | | | | | | | | | | | | | | | | | | | | | | | | | | | | | | | | | |
| | | | | | | | | | | | | | | | | | | | | | | | | | | | | | | | | | | | | | |
| | | | | | | | | | | | | | | | | | | | | | | | | | | | | | | | | | | | | | |
| | | | | | | | | | | | | | | | | | | | | | | | | | | | | | | | | | | | | | |
| | | | | | | | | | | | | | | | | | | | | | | | | | | | | | | | | | | | | | |
| | | | | | | | | | | | | | | | | | | | | | | | | | | | | | | | | | | | | | |
| | | | | | | | | | | | | | | | | | | | | | | | | | | | | | | | | | | | | | |
| | | | | | | | | | | | | | | | | | | | | | | | | | | | | | | | | | | | | | |
| | | | | | | | | | | | | | | | | | | | | | | | | | | | | | | | | | | | | | |
| | | | | | | | | | | | | | | | | | | | | | | | | | | | | | | | | | | | | | |
| | | | | | | | | | | | | | | | | | | | | | | | | | | | | | | | | | | | | | |
| | | | | | | | | | | | | | | | | | | | | | | | | | | | | | | | | | | | | | |
| | | | | | | | | | | | | | | | | | | | | | | | | | | | | | | | | | | | | | |
| | | | | | | | | | | | | | | | | | | | | | | | | | | | | | | | | | | | | | |

附件 30：

高速铁路接触网

站场：

| 基础数据 | 腕臂柱安装图号 | 正馈线安装图号 | K 公里标 | 接触线导高 | 接触线拉出值 | 侧面限界 | 外轨超高 | 结构高度 | 安装数据 |
|---|---|---|---|---|---|---|---|---|---|
| | | | | （mm） | （mm） | （mm） | （mm） | （mm） | |
| | | | | | | | | | |
| 照片 | | | | | | | | | |
| 重点设备照片 | | | | | | | | | |
| | | | | | | | | | |
| | | | | | | | | | |

注：1.“重点零部件与设备照片定位线夹”应与对应的照片建立超级链接；

2. 根据厂家的型号，若不能全面反映实际安装情况，应正反面拍照。

## 支柱记录表

锚段号：　　　　　　　　　　　　　　　　支柱号

| 平腕臂管长度（φ70） | 平腕臂套管位置 | 承力索座位置 | 斜腕臂管长度（φ70） | 腕臂支撑管长度 | 斜腕臂套管单耳位置 | “定位管长度（φ55）” | 定位环位置 | 定位器类型 | 定位器支座位置 | 防风拉线 | 防风拉线环在定位管位置 | 定位管吊线长度 | 吊线固定钩在定位管位置 |
|---|---|---|---|---|---|---|---|---|---|---|---|---|---|
| （mm） | （mm） | （mm） | （mm） | （mm） | （mm） | （mm） | （mm） | （mm） | （mm） | （mm） | （mm） | （mm） | （mm） |
| | | | | | | | | | | | | | |
| 部件／项目 | 承力索座 | | | 双套管连接器 | | | 定位管连接器 | | 定位支座 | 套管单耳 | | 防风拉线环 | 吊线固定钩 |
| 名称 | 顶丝 | 背母 | 压紧螺栓 | 顶丝 | 背母 | 螺栓销 | 销钉 | U 螺栓 | U 螺栓 | U 螺栓 | U 螺栓 | U 螺栓 | U 螺栓 |
| 规格型号 | | | | | | | | | | | | | |
| 标准力矩 | | | | | | | | | | | | | |
| 部件／项目 | 电气跳线 | 双耳套筒 | | 定位器 | | | | 锚段关节 | | 弹性吊索线夹 | 锚支定位卡子 | 承中锚线夹 | 线中锚线夹 |
| 名称 | 螺栓 | 顶丝 | 背母 | 线夹螺栓 | 止钉间隙 | 抬升量 | 定位坡度 | 水平距离 | 垂直距离 | 螺栓 | 定位线夹 | 螺栓 | 螺栓 |
| 规格型号 | | | | | | | | | | | | | |
| 标准力矩 | | | | | | | | | | | | | |
| 安装载流环后切割吊弦长度（mm） | | | | | | YD1 | D1 | D2 | D3 | D4 | D5 | D6 | YD1 |
| | | | | | | | | | | | | | |